Pere Hereu, ed.

Los signos incondicionales en el arte
Humbert de Superville

Col·lecció rquitectura

25

Este libro es una traducción del original:
Essai sur les signes inconditionelles dans l'art
de David Pierre Giottin Humbert de Superville

Primera edición: septiembre de 2009

©   Pere Hereu, 2009

©   Edicions UPC, 2009
       Edicions de la Universitat Politècnica de Catalunya, SL
       Jordi Girona Salgado 1-3, 08034 Barcelona
       Tel.: 934 137 540   Fax: 934 137 541
       Edicions Virtuals: www.edicionsupc.es
       E-mail: edicions-upc@upc.edu

Producción: LIGHTNING SOURCE

Depósito legal: B-38298-2009
ISBN: 978-84-9880-377-8

Cualquier forma de reproducción, distribución, comunicación pública o transformación de esta obra solo puede ser realizada con la autorización de sus titulares, salvo excepción prevista por la ley. Diríjase a CEDRO (Centro Español de Derechos Reprográficos, www.cedro.org http://www.cedro.org) si necesita fotocopiar o escanear algún fragmento de esta obra.

PRESENTACIÓN

La edición de esta traducción del *Essai sur les signes inconditionnels dans l'art* de David Pierre Giottin Humbert de Superville se ha podido llevar a cabo gracias a la colaboración que se acordó mediante un convenio firmado entre el Departament de Traducció i Filologia de la Universitat Pompeu Fabra, el Departament de Composició Arquitectònica de la Universitat Politècnica de Catalunya y la Escola Tècnica Superior d'Arquitectura de Barcelona. Según este convenio, el Departament de Composició elegiría y contextualizaría una serie de textos referidos al arte y a la arquitectura no disponibles en la actualidad o de difícil acceso; el Departament de Traducció i Filologia propondría la traducción de estos textos como trabajo académico de final de carrera de los estudiantes del cuarto curso de Traducción e Interpretación y dirigiría específicamente este trabajo; y, finalmente, las traducciones realizadas tendrían que ser editadas por la Escola d'Arquitectura a través de Edicions UPC.

El primer fruto de este entramado de relaciones es el *Essai* que ofrecemos. Ha sido una tarea compleja articular el trabajo de tanta gente, de organismos tan diferentes, pero estamos convencidos de la utilidad de este esfuerzo. Poner al alcance del público interesado una obra tan recóndita como el *Essai* de Humbert de Superville constituye una aportación bastante satisfactoria. Pero, quizás, más que esto, nos satisface el tipo de experiencia interuniversitaria que hemos realizado y gracias a la cual nuestros departamentos han mostrado que no son entidades estancas, que tienen como objetivos prioritarios la investigación y la difusión del conocimiento más allá del estricto marco universitario, y que el trabajo de los departamentos en el logro de estos objetivos constituye la tarea que realizan conjuntamente los profesores y los estudiantes.

Janette Decesaris,
Directora del Departament de Traducció i Filologia de la Universitat Pompeu Fabra

Pere Hereu Payet,
Director del Departament de Composició Arquitectònica de la Universitat Politècnica de Catalunya

Jaume Sanmartí Verdaguer,
Director de la Escola Tècnica Superior d'Arquitectura de Barcelona

CRÉDITOS

« Essai sur les signes inconditionnels dans l'art »
David Pierre Giottin Humbert de Superville

Edición y prólogo :   Pere Hereu i Payet

Traductores :   Helena Álvarez de la Miyar
            Sara Duran Tomas
            Beatriz Giménez Zumaquero
            Rita Martínez Romero
Dirección :   Joëlle Rey Vanin
Coordinación :   Janet De Cesaris

Maquetación :   Àngel Menargues Rajadell
Coordinación :   Carmen Rodríguez Pedret

ÍNDICE

Presentación 3

Introducción 7

Ensayo sobre los signos incondicionales en el arte. En tres libros 25

Tabla a modo de prólogo 26

Libro primero. El principio 27

Libro segundo. El arte 53

De la arquitectura 55

De la estatuaria 71

De la pintura 89

Libro tercero. La aplicación 107

Apéndice del tercer libro 113

Notas 121

Artículo adicional 163

Explicación y remisión de las quince planchas del atlas 169

Revisión del ensayo sobre los signos incondicionales en el arte 173

Cuadro como respuesta provisional al llamamiento 185

La numeración de página de este índice está referida al número que figura en la parte inferior de cada una de las páginas de la presente edición. Además de esta numeración, en la parte superior de cada página aparece entre paréntesis la referencia a la numeración original de la edición de 1827-1839, a la cual remiten las notas y la revisión que incluye Humbert de Superville (Nota del editor)

INTRODUCCIÓN

En el *Essai sur les signes inconditionnels dans l'art*, David Pierre Giottin Humbert de Superville realiza un temprano intento de descubrir y explotar los mecanismos psicológicos a partir de los cuales los objetos del mundo natural y, en especial, las obras de arte nos parecen expresivas y cargadas de vida y, por ello, emocionantes.

La concepción de la capacidad expresiva del arte con la que se relaciona el texto de Humbert de Superville surge en el marco de la valoración de la subjetivitdad que se había aferrado cual carta de naturaleza del pensamiento occidental desde el siglo XVII. Esa concepción se basa en el supuesto que las particularidades estrictamente formales de la obra de arte son capaces de manifestar las emociones que experimentan su creador y de suscitar el mismo orden de emociones en el que las percibe, que, con ello actúan como vínculos de comunicación intersubjetiva. Todo ello encontraría su origen en mecanismos mentales que actúan de manera no consciente y aliena al control de la razón. Por lo tanto, las reacciones emocionales suscitadas por la obra de arte se producirían de manera "incondicional", es decir, inevitable e independientmente del contenido –narrativo, alegórico, etc.– que representan.

Dentro del contexto de estas ideas, Humbert de Superville intenta determinar, en el *Essai sur les signes inconditionnels dans l'art*, cuáles son los mínimos de forma y color que aún son capaces de provocar sentimientos elementales de alegría, tristeza o serenidad y hacer de estos mínimos formales los elementos básicos que tienen que hacer posible tanto la comprensión de las nuestras respuestas emotivas ante las obras de arte del pasado como la generación de un nuevo arte destinado a condicionar sentimentalmente el comportamiento humano con el fin de favorecer con esto a una sociedad armónica y coherente.

HUMBERT DE SUPERVILLE

David Pierre Humbert nació en la Haya en el año 1770, en el sino de una familia procedente de Ginebra y establecida en Holanda en el siglo XVIII, pero aún estrechamente vinculada a su ciudad de origen. Desde joven, David Pierre Humbert añadió a su apellido el sufijo "de Superville", propio de la familia materna, y, después de sus viajes por Italia, completó su denominación con el nombre de "Giottino" o "Giottin", en homenaje al pintor italiano. El nombre con que signa su Essai es, pues, el de David Pierre Giottin Humbert de Superville. (1)

Sin duda por influencia de su padre, el pintor Jean Humbert, Humbert de Superville mostró una inclinación precoz por el arte y, en concreto, la pintura y el dibujo, y esta inclinación hizo que, en el año 1789, realizase un "Grand Tour" por Italia que tenía que durar hasta 1800.

La estancia en ese país constituyó, sin duda, una experiencia decisiva en la vida de Humbert de Superville, por tal como le permitió inserirse en uno de los ambientes intelectuales más vivos de la Europa del momento. Aunque Italia –y, en concreto, Roma– ya no era, en esa época, un centro creativo de importancia, sí que era, en cambio, un punto de encuentro en el que confluyeron muchos de los más interesantes personajes europeos del mundo de la cultura y el arte. Las academias establecidas en Roma y los viajes de estudios casi obligados para todos los artistas y *dilettanti* de la época hicieron que Italia, a finales del siglo XVIII, fuera un paraje privilegiado para el intercambio de ideas, el debate y la crítica.

Humbert de Superville llega a Roma el año 1789 y se queda en Italia hasta 1800. En 1792 viaja a Orvieto con William Young Ottley para estudiar allí los frescos de Signorelli. En 1793 ambos visitan Asís, donde realizan numerosos apuntes de los primitivos italianos, especialmente de Cimabue y Giotto, y en 1798 se encuentran en la Toscana, en Florencia, Lucca y Pisa haciendo copias de Andrea Pisano, Tadeo Gaddi, Giovanni da Milano y Paolo Ucello, entre otros. En Roma frecuenta los grupos de artistas franceses e ingleses que hacen sus estudios en la Ciudad Santa, colabora en las actividades filorevolucionarias de los grupos de pensionados de la Academia Francesa y se adhiere con gran entusiasmeo a la República Romana proclamada el año 1798. En 1799 Roma cae ante las tropas del rey de Nápoles y Humbert de Superville, que había combatido con los republicanos, es encarcelado en Civitavecchia, donde permanece hasta el año siguiente, en que es aliberado y abandona Italia.

Durante su estancia en Roma, Humbert de Superville experimenta la influencia de dos grupos de personas y de mentalidades que se poueden personificar en sus amigos Jean Baptiste Wicar y William Young Ottley.

Wicar, pintor oriundo de Lille, discípulo y amigo de David, en ese momento es pensionado en la Academia Francesa en Roma y comparte –hasta dirige– la efervescencia revolucionaria que agita la Academia y que convirtió ese centro en un punto de difusión de las ideas revolucionarias en la Ciudad Eterna. Sin duda, Humbert de Superville se contagió de las ansias de renovación que se hacían patentes en ese ambiente, pero también desde el punto de vista artístico, la relación con la gente de la Acadèmia Francesa parece haberle dejado huella. Con Wicar comparte tanto un inicial purismo davidiano como un ya más decisivo entusiasmo por los primitivos italianos que, desde luego, tenía que culminar gracias a su relación con el otro gran compañero de sus años italianos: William Young Ottley.

Ottley, futuro director del gabinete de grabados del British Museum, antes de su estanciaen Italia fue alumno de John Brown –un oscuro discípulo de Henry Fuseli– y había formado parte del círculo de artistas e intelectuales organizado entorno al Dr. Johnson, Edmund Burke y William Blake. En cierto modo, Ottley fue el personaje que actuó como guía intelectual y como mediador cultural de Humbert de Superville.

En primer lugar, Ottley puso en relación Humbert de Superville con John Flaxman, que en esos momentos era el miembro más notable de la colonia artística inglesa, y la influencia de Flaxman se manifiesta en los dibujos de estilo "bascular" de Humbert de Superville, algunos de los cuales reproducen de manera casi literal temas "flaxmanianos" (2).

En segundo lugar, Ottley hizo conocer a Humbert de Superville todo el mundo figurativo e ideológico de Fuseli y Blake. El amor por la pintura de Miguel Ángel, Giulio Romano y los manieristas y el arrebatado sentido de lo que es sublime y sobrenatural que hicieron saber descubrir en esos artistas fueron asumidos por Humbert de Superville como una carga de oscuro irracionalismo místico que, amalgamado con otras aportaciones posteriores, tenía que perpetuarse a lo largo de toda su vida y encontrar su manifestación en muchas de las páginas del *Essai*.

En tercer lugar, Humbert de Superville encuentra en Ottley el compañero que comparte su entusiasmo y sus trabajos sobre los primitivos italianos y su voluntad de encontrar en la obra de esos pintores tardomedievales y del primer Renacimiento un punto de partida para la revitalitzación del arte. El interés por los pintores primitivos italianos permitio que Ottley y Humbert de Superville entrasen en contacto con el círculo de Seroux de Agincourt y colaborasen en su *Histoire de l'Art con* algunos de sus dibujos (3).

Por lo tanto, Humbert de Superville, seguramente pudo entrar en contacto, en sus años italianos, con los aspectos más vitales de la cultura europea de finales del siglo XVIII: evidentemente el neoclasicismo revolucionario francés y las corrientes estéticas inglesas gracias a la presencia de Wicar y Ottley, pero también, y de manera más concreta, el interés por la historia del arte de Johan Joachim Winckelman, el conde Caylus y Séroux de Agincourt, y la curiosidad por la capacidad expresiva y el valor simbólico del arte que la obra de Fuseli y Blake hacía patente y que podían encontrar un soporte teórico en los textos de Court de Gebelin y de Viel de Saint-Maux. Así pues, un panorama de influencias que nos permite situar Humbert de Superville en la encrucijada de unas líneas que tenían que confluir de lleno en el romanticismo y que constituirán las claves esenciales para entender la obra.

Después de irse de Italia, en 1800, Humbert de Superville se dirige hacia París, donde se queda hasta 1802 o 1803; será en esta ciudad donde podrá aumentar sus conocimientos gracias a las valiosas aportaciones de obras de arte con que las requisas napoleónicas habían enriquido la capital del imperio.

Después de su estancia en París, vuelve a Holanda y, desde entonces y en contraste con sus agitados años en Italia, lleva una vida que aparenta ser altamente asosegada. En 1803 se encuentra en Amsterdam, donde es admitido como miembro de la asociación de artistas "Felix Meritis". Entre 1805 y 1812 es profesor de geografía, dibujo, arquitectura, italiano y francés en la Academia Naval en Feyenord y Enckhuysen y es nombrado corresponsal de cuarta clase del Real Instituto de Holanda. Pasa el 1812 en Leyden, donde trabaja como primer profesor de dibujo de la academia "Ars Aemula Naturae" y es lector de francés e italiano en la universidad de la ciudad. En el año 1822 es nombrado miembro del Real Instituto de Holanda y, en 1825, primer director del gabinete de grabados de la universidad. Humbert de Superville se queda en Leyden hasta que muere, en 1849.

En el transcurso de su vida en Holanda, Humbert de Superville realiza su breve y heterogénea obra escrita y los dibujos y grabados que la tienen que acompañar. Se trata, sobretodo, de una propuesta museística –*D'un projet et d'une description d'un Musée de plâtres antiques*–, una obra dramatica sobre la vida de Jesús –*Jesús, essai dramatique*–, algunos ensayos, editados o no, sobre temas artísticos y arqueológicos concretos –*L'Apol·lo de Belvedere, La màscara de la Medusa, L'església de Sant Pancraç de Leyden, Els dos edificis, etc.*–, que constituyen, en cierto modo, el material preparatorio o colateral de su obra más importante, *l'Essai sur les signes inconditionnels dans l'Art*, de la cual nos ocuparemos.

Paralelamente a sus trabajos, Humbert de Superville continúa nudriendo en Holanda su gran curiosidad que ahora parece interesarse por el pensamiento alemán, en especial por la obra de Kant, aunque este interés se podría haber iniciado en Italia gracias a su relación con el pintor Asmus Carstens, amigo de Ottley. También continúa su relación con Inglaterra, gracias a la recepción de los libros y revistas especialitzados que se publicando en ese país, y con Francia, también gracias a las publicaciones que recibe y su correspondencia con Wicar.

Finalmente, es necesario decir que, juntamente con este conjunto de conocimientos a los que acabamos de hacer referencia, no se puede olvidar su amplia cultura clásica, sus conocimientos bíblicos y sus curiosas y a veces alocadas nociones antropológicas, mitológicas y geográficas, que convierten su obra en una estraña y compleja malla de referencias y alusiones.

EL ESSAI SUR LES SIGNES INCONDITIONNELS DANS L'ART

Como ya hemos dicho, la obra más ambiciosa y de mayor trascendencia de Humbert de Superville es el *Essai*. Curiosamente se trata de una obra frustrada en la que, después de la rotunda afirmación de unos principios y la prolija demostración de su validez, el autor renuncia explícitamente a ofrecer las consecuencias a las que parecía tender todo el trabajo, es decir, la aplicación práctica de sus principios con el fin de renovar y dignificar el arte y promover una sociedad más justa y armónica gracias al influjo civilizador de ese arte renovado.

El *Essai sur les signes inconditionnels dans l'art* fue publicado mediante suscripción y con la ayuda de una subvención del rey Guillermo I, entre los años 1827 y 1839. El dilatado período de tiempo de la edición se corresponde con la naturaleza fragmentaria de la obra: la edición de los libros primero, segundo e inicio del tercero, con una extensión total de 76 páginas, está fechada en 1827; las páginas 77 y 78, donde se justifica la supresión del resto del tercer libro llevan la fecha de 17 de abril de 1832; un apéndice al tercer libro que trata sobre la estatuaria como arte absoluto (páginas I a VII) lleva la fecha 1830-32; y finalmente una "*Révision de l'Essai sur les signes inconditionnels dans l'art*" de ocho páginas de extensión (páginas 1 a 8) aparece fechada en 1839. Además de todo eso, figuran sin fecha determinada las notas a los tres primeros libros (páginas 1 a 30), un *"Article aditionnel en forme de note aux paroles du texte livre* II *page* 34, *ligne* 1 *et* 2" (páginas 31 a 34) y la *"Explication et renvoi des quinze planches de l'Atlas"* (páginas 35-36).

El cuerpo fundamental del *Essai* está –o debía de estar– constituido por los tres libros de la edición de 1827 –con su complemento de notas al margen–. En el primer libro, *"Le principe"*, Humbert de Superville formula abstractamente lo que considera las leyes básicas de su teoría, los signos lineales y coloreados que, de forma incondicional influyen en el ánimo del espectador de la naturaleza y de la obra de arte y le producen determinadas emociones. El segundo libro, *"L'art"*, está dedicado a analizar cómo aquellas leyes básicas se cumplen inexorablemente en las grandes realizaciones artísticas que el hombre ha producido. En el tercer libro, *"L'application"*, más que inconcluso tan sólo iniciado, debía de haberse formulado un proyecto de renovación del arte a partir de la utilización consciente de aquella relación incondicional entre la forma y el color y las respuestas emotivas detalladas en *"Le principe"* y, como consecuencia, una exposición de "las únicas relaciones saludables que pueden establecer las tres Artes entre el hombre, sus semejantes y su Dios". Este libro finaliza abruptamente con una dolorida manifestación de fracaso ante "las graves circunstancias de todo tipo que, desde hace un par de años, se presentan a nuestro alrededor" (los sucesos que conducen a la ruptura civil, política y religiosa del reino de Holanda y a la separación de Holanda y Bélgica). Humbert de Superville parece descubrir que la realidad escapa a la capacidad transformadora del arte.

LA VIDA DE LAS FORMAS

La proyección psicológica del individuo sobre los objetos del mundo que lo rodea, a la que Humbert de Superville trata de dar explicación, constituye una de las experiencias más primordiales del hombre y, sin duda, el arte y los mitos religiosos hallan en esa clase de experiencias buena parte de sus motivaciones. A pesar de su obviedad, es útil enumerar algunas de esas experiencias.

En primer lugar, la capacidad de nuestra imaginación de descubrir formas conocidas en objetos "informes". La casi automática facilidad con la que vemos animales o rostros humanos en las nubes, la posibilidad de hallar en una vieja pared multitud de caras expresivas de las que nos habla Leonardo y la posibilidad de extraer paisajes imaginarios a partir de unas simples manchas de tinta, con la que Cozens constituye su método de pintura de paisaje –o, simplemente, el test de Rorschach usado por la moderna psiquiatría– dan prueba de una aportación subjetiva capaz de organizar nuestras percepciones de acuerdo con nuestras expectativas formales.

En segundo lugar, la propensión a asociar entre sí sensaciones pertenecientes a sentidos distintos o sensaciones con sentimientos, estados de ánimo o valores: un color cálido, un olor picante, un dulce sueño, una amarga derrota, una idea luminosa, etc. Tanto el lenguaje común como el literario registran continuamente muchas de esas curiosas y ambiguas asociaciones.

En tercer lugar, la capacidad de atribuir a los objetos, los animales y las plantas valores y sentimientos humanos. Llamar noble al caballo, altivo a un monte o humilde a una violeta, decir que un sauce llora, que un paisaje es alegre o que un color es triste constituyen adjudicaciones totalmente subjetivas.

Por último, el hombre ha conseguido siempre comunicar sus sentimientos no sólo mediante la palabra, sino también mediante sus gestos, las configuraciones de su rostro y la entonación e intensidad con las que articula sus palabras. Esta capacidad de comunicación se basa en la acción de quien la ejecuta y en la automática y no racionalizada asunción del sentido de esa acción por parte de quien la percibe. Es una identificación, por tanto, del receptor en la acción del ejecutante.

El conjunto tan dispar que formaban fuentes del lenguaje metafórico y simbólico, de la poesía, de los mitos y de los hechos estéticos y elementos omnipresentes en el lenguaje común y en los comportamientos de la vida cotidiana denotaba una actividad del espíritu que escapaba al dominio de lo estrictamente racional. Por ello, estos fenómenos sólo pudieron ser plenamente considerados a partir del momento en que la aportación psicológica empezó a ser asumida como condición de posibilidad de la relación del individuo con el mundo.

En Inglaterra y a lo largo del siglo XVIII, la estética y la crítica artística prestaron una gran atención a aquellos fenómenos, ya que su origen parecía encontrarse en el mismo asociacionismo que, según la filosofía empirista, permite a nuestra mente constituir nuestras ideas a partir de nuestras percepciones. Respaldados por el pensamiento empirista, los teóricos de lo pintoresco y de lo sublime vieron en aquellos fenómenos la clave de la actividad artística (4).

Paralelamente, la reflexión sobre la música que se produjo en esta misma época permitió llevar la discusión sobre las posibilidades expresivas del arte a un nivel de gran abstracción (5). Los ejemplos musicales permitieron afirmar que las emociones que el arte despierta no dependen de la imitación de la naturaleza sino que se deben a una respuesta psicológica ante ciertas construcciones formales que por sí mismas tienen el poder de conmover o de producir agrado o desagrado (6).

También en Francia, y por influencia del pensamiento inglés, se produjeron este tipo de reflexiones. Buena prueba de ello son, por ejemplo, los curiosos trabajos del Padre Castel en torno a la creación de un clavecín que había de producir conjuntamente sonidos y colores, basándose en la pretendida equivalencia entre notas musicales y colores del espectro para despertar idénticas emociones en el espectador-auditor. Otro testimonio lo hallamos en el Génie de l'Architecture de Le Camus de Méziéres (7), en el que este autor establece una decidida relación de causa-efecto entre la forma, la disposición, el color y la textura de las distintas dependencias de un edificio y las sensaciones y emociones que deben experimentarse con cada una de ellas.

Podemos ver, en definitiva, que a finales del siglo XVIII aparece bien definida y ampliamente aceptada la concepción empirista y sensualista, según la cual las emociones experimentadas por el hombre ante la naturaleza y el arte obedecen, al menos en parte, a una respuesta psicológica inmediata y casi mecánica motivada por la configuración de los objetos percibidos. Esta concepción inicia una diferenciación entre lo que se ha llamado el "contenido" de la obra de arte y su estricta entidad formal, a la que se juzga capaz de hacer que la obra nos parezca bella, sublime o pintoresca y de constituirla en vehículo de comunicación de emociones, es decir, de hacerla expresiva.

Seguramente Humbert de Superville debió de familiarizarse con esas ideas durante su estancia en Roma. Sus relaciones con los grupos de artistas ingleses y franceses, de las que ya hemos hablado, debieron de permitirle, si no un conocimiento directo de los críticos y filósofos empiristas, al menos una familiarización con sus ideas. También, antes o después de su viaje a Italia, Humbert de Superville debió de conocer la obra de su compatriota F. Hemsterhuys, en la cual se plantea la conveniencia de renunciar, en la obra de arte, a la multiplicidad y amplitud de matices para asegurar la mayor eficacia expresiva. Un programa de esquematización como éste se vincula a las ideas empiristas, ya que presenta el arte como un medio de suscitar, mediante las sensaciones que produce, el mayor número de ideas de la manera más inmediata posible gracias a la pregnancia de las líneas maestras que definen el "contorno" de las figuras, es decir, que definen el esquema que sintetiza su configuración.

LA EXPRESIVIDAD DE LAS LÍNEAS. FISIOGNOMÍA Y PATOGNOMÍA

El *Essai sur les signes inconditionnels dans l'art* trata de determinar los elementos formales mínimos que aún son capaces de despertar respuestas emotivas en quien los percibe. En la medida en que el *Essai* centra su atención en lo visual, asume que estos mínimos formales se referirán al modelado y al color de los objetos. Por ello, el estudio de Humbert de Superville quiere hallar el "significado" expresivo de las líneas que sintetizan el contorno y los rasgos que caracterizan la forma de los objetos que percibimos –los "signos lineales"– y de los colores que los revisten –los "signos cromáticos".

Por lo que se refiere a la expresividad de los signos lineales, Humbert de Superville sostiene que las líneas que definen los objetos nos fuerzan a proyectar sobre ellos las líneas que definen la posición erguida del cuerpo humano y las que esquematizan los rasgos fundamentales del rostro. La vertical que sintetiza la posición erguida del cuerpo humano suscita una sola respuesta emotiva: la elevación espiritual, el sentimiento de fuerza y la dignidad moral. Más allá del sentimiento que nos suscita esta línea fija e invariable, los objetos pueden provocarnos alegría, tristeza o inducirnos a un estado de serenidad, porque las líneas que configuran el esquema al que responde su forma hacen surgir de manera no consciente pero incondicional un rostro humano cargado de expresión.

Es necesario hacer una breve incursión en la historia de la fisiognomía para comprender el medio del que se vale Humbert de Superville para construir su teoría. Desde la antigüedad se habían establecido una serie de correspondencias entre la morfología del rostro humano y la idiosincrasia del individuo. Ahora bien, al principio se pensó que el aspecto fisonómico delataba las características permanentes del individuo y su carácter, y se estableció un múltiple juego de correspondencias: ciertos rasgos fisonómicos de determinados individuos se asemejaban a los rasgos característicos de determinados animales, y de ello se dedujo que las virtudes o los defectos atribuidos a tales animales eran los que caracterizaban a aquellos individuos. Este nivel primario de la fisiognomía halló una de sus exposiciones más considerables en el tratado tardorrenacentista *De Humana Physiognomia* (1586) de Giovanni Baptista della Porta.

Paralelamente a esa corriente fisiognómica (8) existió otra corriente más abstracta que, sin recurrir a referencias del mundo animal, sostuvo la correspondencia entre las cualidades del individuo y la configuración de su rostro, ya que constituían las manifestaciones moral y física de una misma entidad, de un ser humano concreto. Si ya aparecen estas convicciones en las obras de Aristóteles y Quintiliano, en el siglo XVIII Johann Kaspar Lavater las sistematizó y les dio amplitud y difusión gracias a sus *Phisiognomische Fragmente* (1775-1778). Una y otra corriente, sin embargo, asumieron decididamente la idea de la relación entre los rasgos permanentes del rostro y las cualidades o los defectos permanentes del individuo –su carácter– como hipótesis básica de la fisiognomía.

La hipótesis fisiognómica, sin embargo, fue duramente criticada desde la antigüedad. Para Leonardo da Vinci, la fisiognomía no es una "ciencia" que nos hable del carácter de los individuos, sino un conocimiento empírico que nos muestra cómo determinados estados de ánimo –alegría, tristeza, serenidad, etc.– se manifiestan en el rostro humano gracias a las contracciones o distensiones transitorias de los músculos faciales. En todo caso, la asiduidad con la que se presenta uno de esos estados de ánimo puede dejar huellas permanentes. De acuerdo con ello, no podemos hablar de fisiognomía sino de patognomía, de manifestación de las pasiones.

El planteamiento patognómico tuvo su primera formulación sistemática en el *Método para aprender a dibujar las pasiones* (1698) de Charles Le Brun. Le Brun realiza en su libro un estudio de cabezas típicas en el "gran estilo" de la pintura del clasicismo francés e intenta discernir qué es lo que hace que expresen el dolor, la arrogancia, la veneración, etc. El método que aplica para su análisis consiste en reducir esas cabezas a unos dibujos muy esquemáticos y simplificados en los que se ha eliminado todo lo accidental. El resultado de su estudio es la constatación de que son las cejas, los ojos y la boca los que comunican al espectador las "pasiones del alma" que conmueven a aquellas cabezas.

Con posterioridad a los esquemas de Le Brun, hallamos una secuencia de experiencias que continúan y profundizan en el campo iniciado por el pintor francés. Alexander Cozens, Francis Grosse y Jean-Baptiste Rubejs constituirán el puente que une la obra de Le Brun con el *Essai* de Humbert de Superville. En 1778, Cozens realiza un estudio sistemático sobre la expresividad del rostro humano a base de presentar tres dibujos esquemáticos de una misma cabeza vista de perfil con modificaciones sucesivas en sus proporciones y en la inclinación de las comisuras de los labios. Pese al acierto de esta forma sistemática y comparativa de analizar la expresividad del rostro, los esquemas de Cozens no resultan excesivamente claros porque son demasiado sutiles en sus modificaciones y porque el perfil no es la posición más adecuada para denotar expresividad (9).

En sus *Rules for drawing caricatures* publicado en 1788, Francis Grosse realiza una síntesis entre los diagramas de Le Brun y el método de variación de Cozens. En este opúsculo, Grosse muestra cómo un mismo esquema de rostro visto de frente sufre un solo tipo de modificación: la inclinación de las cejas y los ojos. El inmediato efecto de esta transformación es que la cara pasa de parecer serena o inexpresiva a parecer triste o alegre a pesar de que la inmovilidad de la boca –y la poca habilidad del dibujante– no contribuya a ello.

Finalmente, en 1809 –y aquí nos acercamos mucho a la época de la publicación del primer libro del *Essai*–, Jean-Baptiste Rubejs publica *Des Portraits*, obra en la que parecen sintetizarse teóricamente las experiencias de Grosse. A partir de un rudimentario experimento fisonómico: una persona conocida y vestida con un disfraz de "domino" italiano resultó más irreconocible con una media máscara que sólo le ocultaba el rostro desde la mitad de la frente hasta la altura de la mitad de la nariz que con una máscara completa. Rubejs dedujo que la parte de la cara comprendida entre el vómer y la mitad de la frente es la que contiene los caracteres esenciales que determinan la fisonomía de un individuo (19). Tal conclusión le permitió esquematizar las particularidades expresivas del rostro mediante una cruz situada en el interior de un óvalo. Este nivel de abstracción, que en el caso de Rubejs servía como esquema básico a la hora de plantearse el dibujo de retratos, está ya muy cerca de los dibujos de los que se vale Humbert de Superville para deducir sus "signos incondicionales" lineales.

Podemos ver, pues, que los planteamientos de Humbert de Superville están situados en la línea de una clara tendencia a fijar los datos básicos de la expresividad del rostro humano a partir de la esquematización lineal de los rasgos faciales. Las líneas a las que pueden reducirse esos rasgos contienen, según esta hipótesis, lo esencial de la expresividad –lo esencial de la patognomía– presentado al nivel más elevado de abstracción.

Consecuente con ese nivel de abstracción, Humbert de Superville puede prescindir del óvalo del rostro para plantear que, gracias a un mecanismo psicológico de asociación, la alegría, la tristeza o la serenidad que expresa el rostro humano gracias al rictus de los ojos y de la boca también la hallamos manifestada por las horizontales, oblicuas convergentes u oblicuas divergentes que configuran el esquema formal de los objetos que contemplamos.

SIGNIFICADO DE LOS COLORES

Después de fijar los signos incondicionales lineales, Humbert de Superville trata de extender su teoría a todo el ámbito de lo visual e intenta explicar que también podemos reaccionar emocionalmente ante la presencia de los colores.

La forma como se resuelve este problema en el primer libro del *Essai* es un tanto expeditiva. Da la sensación de que, en lo referente a los colores, Humbert de Superville no trata tanto de justificar sus ideas como de presentar sin demasiada necesidad de demostraciones el esquema planteado con respecto a los signos lineales.

El hilo conductor del discurso sobre el color es, fundamentalmente, producto del pintoresquismo y el asociacionismo. En el inicio de este discurso, Humbert de Superville se pregunta si el color es una propiedad de los objetos o bien un fenómeno que puede ser considerado por sí mismo. Al optar decididamente por la segunda opción, Humbert de Superville refuerza una vez más la voluntad de abstracción que ya hemos apreciado en el *Essai*. Forma y color pueden ser analizados con independencia mutua, ya que son fenómenos autónomos que inciden autónomamente en el espíritu de quien los percibe.

La relación que Humbert de Superville establece entre colores y sentimientos parte de una cadena de asociaciones, muy elemental si queremos, pero a la que da un completo valor probatorio: el color blanco aparece asociado a la claridad del día, a la luz de la luna y a la pureza de la nieve y sugiere, en consecuencia, las mismas "ideas" de serenidad, orden, equilibrio y estabilidad que las líneas horizontales; el negro se asocia a la noche y, por ende, al silencio, la soledad y la muerte y coincide con las oblicuas convergentes porque despierta las "ideas" de tristeza, reflexión, profundidad de pensamiento, elevación del alma, solemnidad y sublime; y finalmente el rojo –fuego y sangre– está asociado al calor y a la vida y, como las oblicuas divergentes, suscitará las emociones ligadas a las pasiones vivas, el movimiento, la agitación, la inconstancia y el cambio.

Vemos pues que se trata de un conjunto de asociaciones que permiten emparejar los fenómenos visibles que suscitan idénticas emociones. Del mismo modo que el Clavecín de Colores del Abée Castel se basaba en la identidad emocional de notas musicales y colores, el *Essai* establece la correspondencia sentimental entre colores y formas o, mejor dicho, entre colores y líneas a las cuales pueden reducirse las formas.

Junto a la dependencia que las ideas de Humbert de Superville puedan tener, en relación con la expresividad atribuible al color, con respecto al asociacionismo empirista, en el *Essai* también hallamos insinuada una evidente referencia al valor simbólico de los colores. En el *Essai*, Humbert de Superville se hace eco de una difundida tradición que ha estado a lo largo de los siglos en la base de la heráldica, de las costumbres indumentarias, de los rituales religiosos y de la iconografía artística de los pueblos.

Al finalizar el análisis de los párrafos que Humbert de Superville dedica al color en su primer libro, podemos tener la sensación de que, en su teoría, el color y la línea gozan de una misma consideración. Sin embargo, ya hemos insinuado que el color es tratado de una forma menos intensa, más sumaria que la línea (o la forma). Esta primera sospecha viene confirmada en el resto del *Essai*. Cuando nos habla de pintura, escultura y arquitectura, Humbert de Superville recomendará básicamente el uso del blanco y el negro y se mostrará muy cauto y restrictivo a la hora de aceptar otros colores –debemos recordar que, en principio, para él, blanco y negro son colores–. Humbert de Superville parece responder con ello a un doble purismo. En primer lugar, al purismo neoclásico que había asumido todas las consecuencias de la polémica que, en la preceptiva del clasicismo y desde la *Poética* de Aristóteles, oponía lo conceptual a lo perceptivo y mostraba el dibujo y el modelado como superiores al color. En segundo lugar, a la "cromoclastia" protestante, en cierta forma el rigor calvinista, quizás atribuible al origen ginebrino de su familia, pero bien patente en las invectivas antipapistas y en el pietismo que se manifiestan en el *Essai*. De esta forma se da la paradoja de que una obra como el *Essai*, que tiene sus raíces en la exaltación de lo visual y la magnificación de la percepción que promueven el pintoresquismo y el empirismo, acaba restringiendo austeramente cualquier elemento sensual en el arte a causa de aquella implícita e ideológica desconfianza en uno de los fenómenos esenciales que el mundo ofrece a la visión del hombre.

EL "PRINCIPIO" COMO SÍNTESIS

En el libro primero del *Essai*, Humbert de Superville plantea su "principio" e inicia la demostración de su validez, aplicándolo al análisis de ciertos seres vivos y de determinadas formas geométricas.

La rotundidad con la que el autor expone sus ideas y la forma excepcionalmente clara y ordenada –si la comparamos con las tortuosidades del resto de la obra– con la que se desarrolla el discurso en los tres primeros apartados de este libro, nos permiten comprender que el "principio" de identificación entre signos lineales, colores y sentimientos que en ellos se formula, constituyó para Humbert de Superville un descubrimiento luminoso y largamente meditado. Un principio que, para su autor, daba una explicación satisfactoria a algo que, al parecer, debía de haberle inquietado profundamente: la vida agazapada detrás de las cosas, los sentimientos que podía hallar en el mundo natural.

La aparente simplicidad del "principio" no oculta su complejo entramado. Para Humbert de Superville, los objetos que percibimos visualmente se individualizan por la forma y el color. Las líneas en las que pueden esquematizarse los rasgos característicos de su forma y los colores que los revisten han de ser, por lo tanto, lo que contenga su capacidad de despertar en nosotros los sentimientos que atribuimos a esos objetos. Ahora bien, la razón por la cual se produce esa atribución estriba en que en aquellas líneas, a las cuales van asociados los colores, descubrimos siempre, de forma "incondicional", es decir automática e inconsciente, el esquema básico del cuerpo humano –línea vertical– y los rasgos fisonómicos del rostro –línea horizontal y oblicuas convergentes y divergentes–, y en ese rostro subyacente en los objetos vemos manifestados los estados de ánimo correspondientes a la elevación espiritual, la serenidad, la tristeza y la alegría.

El "principio" de Humbert de Superville se basa en la intuición de que los sentimientos que creemos descubrir en las cosas no son sino el fruto de una asociación que liga las particularidades formales de aquello que percibimos con nuestra respuesta psicológica primordial ante dos experiencias básicas: la posición erguida de nuestro cuerpo y el aspecto más o menos agresivo o más o menos plácido del rostro humano; el rostro de ese "otro" con quien perpetuamente debemos enfrentarnos y ante cuyo "mensaje facial" sabemos reaccionar convenientemente gracias a la correspondencia que establecemos con nuestra propia respuesta muscular ante los impulsos de determinadas emociones. En último término, lo que nos revela Humbert de Superville en su Essai es que la reacción emocional del hombre ante las criaturas y los objetos de su entorno está estrechamente vinculada a su propia imagen corporal y que, en definitiva, somos nosotros, es nuestro cuerpo y los sentimientos que padece y manifiesta lo que percibimos objetivado en las cosas.

LA FORTUNA DEL *ESSAI*

A pesar de su aparente marginalidad, el *Essai* nos sorprende por su dilatada influencia y por la anticipación con la que se dibujan en esta obra algunas concepciones que tendrán una amplia proyección a partir de finales del siglo XIX: las ideas en las que se fundamentará la teoría de la *Einfühlung* y la ideológica apreciación del arte como instrumento capaz de propiciar una sociedad armónica y justa. Son estos aspectos los que nos permiten hablar de la "fortuna" del *Essai*.

La proyección inmediata del *Essai* fue aparentemente escasa (10). Las dificultades de su publicación, su aparición por partes cronológicamente bastante separadas entre sí, la propia rareza del texto, su fracaso y su renuncia final a ofrecer el proyecto de renovación de las artes al que toda su argumentación parecía tender, hicieron del *Essai* una obra aparentemente poco conocida y poco considerada. Sin embargo, a partir de 1862 y gracias a Charles Blanc, las ideas de Humbert de Superville alcanzarán una inesperada difusión.

En el primer capítulo de su *Grammaire des arts du dessin* (11), Blanc pretende dejar sentados unos principios básicos que le permitan abordar, en los capítulos sucesivos, el estudio de cada una de las "artes del dibujo". Uno de esos principios se refiere al cuerpo humano, al rostro y al significado expresivo de las líneas que los esquematizan. Aunque más adelante, y al tratar de la arquitectura, Blanc llega a conclusiones que superan las ideas de Humbert de Superville, en este capítulo inicial cita y presenta al autor del *Essai* como a un precedente que ha abierto el camino, hace una sucinta pero eficaz síntesis de sus ideas fundamentales y llega a reproducir alguno de los dibujos más significativos del *Essai*.

La Grammaire des arts du dessin pone de manifiesto que, a pesar de lo que pueda dar a entender su reducida difusión inicial, las ideas de Humbert de Superville fueron acogidas con interés en determinados círculos de artistas y críticos franceses y se transmitieron de manera consciente y sólidamente apoyadas en el conocimiento directo del *Essai*. Por otra parte, la obra de Blanc constituyó el más poderoso órgano de difusión de las ideas de Humbert de Superville. Tal como afirma André Chastel (12), la "*Grammaire des arts du dessin* fue durante treinta años el gran manual de los estudios artísticos". Sin lugar a dudas, una parte considerable de los artistas franceses de finales del siglo XIX y principios del XX utilizaron la

Grammaire y, gracias a la versión dada por Blanc, pudieron conocer las ideas de Humbert de Superville. Este conocimiento debió de ser notablemente estimulante dentro del ambiente a la vez cientifista y simbolista, especulativo y vitalista propio del postimpresionismo. El mismo Chastel pone de manifiesto cómo las ideas de Humbert de Superville influyeron en las opiniones y en la obra de Georges Seraut y fueron altamente apreciadas en el círculo de artistas y críticos dentro del cual Seraut se movía. El reflejo del *Essai* en Seraut y su círculo no constituye un caso aislado. En el último tercio del siglo XIX podemos hallar con relativa frecuencia otros testimonios de la misma influencia difusa de las ideas de Humbert de Superville propiciada por la *Grammaire* de Blanc (13). Todo ello nos permite apreciar cómo el *Essai sur les signes inconditionnels dans l'art* constituye el origen de una corriente subterránea que tiene sucesivas y fecundas resurgencias a lo largo del siglo XIX y que incluso prolonga su influencia en los primeros decenios del XX.

Como hemos señalado más arriba, el "principio" que sustenta Humbert de Superville se basa en la intuición de que es nuestro cuerpo y los sentimientos que padece y manifiesta con sus gestos y actitudes lo que percibimos objetivado en las cosas. Esta intuición de Humbert de Superville coincide esencialmente con las concepciones sobre las que se sostiene la teoría de la *Einfühlung*, de tal modo que el autor del *Essai* puede ser visto como un temprano precedente de las propuestas teóricas que Robert Vischer desarrollará a partir de 1873 y a las que seguirán múltiples trabajos a lo largo de finales del siglo XIX y primeros decenios del XX.

Evidentemente, no podemos decir en absoluto que Robert Vischer y el resto de teóricos de la *Einfühlung* se apoyasen en Humbert de Superville, ni siquiera que conociesen la existencia de este autor, pero sí puede afirmarse que en el *Essai* ya se aborda el tema de la proyección sentimental y que Humbert de Superville se halla en los momentos iniciales de un conjunto de reflexiones que tienden a concebir el cuerpo como garante de nuestra experiencia estética.

En esta línea de pensamiento, y con anterioridad a Humbert de Superville, Kant sostiene en la *Crítica del Juicio* (1790) que el placer que se encuentra en la música obedece al "sentimiento de salud excitado por un movimiento de los órganos" y que, en la música, el "juego del espíritu [...] va de la sensación del cuerpo a las ideas estéticas y de éstas vuelve después al cuerpo pero con una fuerza redoblada". En tales afirmaciones están ya contenidas algunas de las concepciones que desarrollarán los teóricos de la *Einfühlung* (14). Con posterioridad a esta intuición kantiana, hemos visto que el "principio" de Humbert de Superville supone abordar de manera sistemática el problema de la capacidad emotiva de las artes plásticas a partir de la proyección del cuerpo –y esencialmente del rostro– en los objetos que nos rodean.

Más adelante, Charles Blanc asume, como ya se ha dicho, las ideas de Humbert de Superville y las transforma en el capítulo en el que se ocupa de la arquitectura. No serán ya las líneas que esquematizan los rasgos del rostro lo que explica la capacidad emocionante de las cosas, sino que serán exclusivamente las líneas que sintetizan las dimensiones de nuestro cuerpo. La vertical provoca el sentimiento de elevación espiritual, la horizontal a lo ancho genera el sentimiento de estabilidad, permanencia y finalmente la profundidad, y la horizontal en el sentido de la marcha, despierta el sentimiento del misterio. Si el equilibrio de las tres dimensiones –altura, anchura y profundidad– deviene anodina, el desequilibrio y por tanto el predominio de una de ellas es lo que hace que la obra de arte devenga expresiva, es decir, emocionante.

Con alguna anterioridad a la aparición de la *Grammaire* de Blanc, Gottfried Semper también había incidido en estas cuestiones, al menos en su artículo "*Sobre las leyes formales del ornamento y su significado como símbolo artístico*" y en los prolegómenos de su El estilo en las artes técnicas y tectónicas o estética práctica (15). El ornamento según Semper –y no debemos olvidar que, para él, "el mundo del arte es el mundo del ornamento"–, tiene como finalidad imponer "un orden natural sobre el objeto que se adorna". En las primeras etapas de la humanidad, la necesidad de imponer orden se dirigía al propio cuerpo y los tatuajes, las pinturas corporales y las máscaras constituyeron los primeros ornamentos; unos ornamentos que tendían a acentuar lo que de cósmico tiene el cuerpo humano al señalar en él "los principios formativos básicos de la naturaleza: euritmia, simetría, proporción y dirección". Estos principios se concretan tanto en el microcosmos como en el macrocosmos, hallan su manifestación más próxima en el cuerpo humano y se relacionan con las tres dimensiones de anchura (simetría), altura (proporción) y profundidad (dirección).

Más allá de Blanc y de Semper, Robert Vischer planteará en 1873 su teoría de la *Einfühlung* en la cual quiere abordar el problema de la proyección sentimental de una manera sistemática y fundamentada en las últimas aportaciones de la estética, la psicología y la fisiología de la percepción. Pese a su bagaje científico, la teoría desarrollada por Robert Vischer deja entrever el mismo fondo de vitalismo romántico que de alguna manera se desprende del *Essai* y que, de la mano de la filosofía de Schopenhauer, se proyecta a lo largo del siglo XIX. A la aportación de Robert Vischer seguirán un amplio conjunto de obras que desarrollarán sus ideas, ya sea en el terreno estrictamente estético (Volkelt, Lipps, etc.) o en el terreno de la aplicación de la *Einfühlung* a la comprensión de los problemas del arte y de la arquitectura (Wölfflin, Schmarsow, Worringer, Van de Velde, etc.) (16).

Finalmente, por lo que hace referencia a la consideración del arte como instrumento de transformación social, podemos ver fácilmente que todo el *Essai* tiene un objetivo preciso: definir los mecanismos formales de los que ha de valerse el artista para propiciar una nueva sociedad integrada y armoniosa. La actitud de Humbert de Superville se adentra de manera precoz en el terreno de las aspiraciones que caracterizan a buena parte del arte moderno y que han sido ampliamente puestas de manifiesto por quienes se han ocupado de señalar las posiciones ideológicas de las vanguardias del siglo XX. No es necesario, por tanto, insistir en ello. Sólo cabe señalar dos ejemplos de cómo se concretan en el *Essai* aquellas ideológicas aspiraciones.

El primero de ellos es, sin duda, anecdótico y quizás un poco caricaturesco, pero, precisamente por ello, evidencia crudamente la confianza en la capacidad socializadora del arte. En el "Artículo adicional en forma de nota a las palabras del texto Libro II, Líneas I y II, *Este acuerdo moral, etc.*" Humbert de Superville se permite exponer cuáles han de ser las características formales del atuendo y de la vivienda de las distintas clases que han de constituir una sociedad armónica y bien organizada. Las particularidades formales de los vestidos, tocados y edificios que prescribe de acuerdo con el "principio" formulado en el *Essai* no sólo han de expresar el orden jerárquico y funcional de aquella sociedad, sino que, al mismo tiempo, han de impulsar y condicionar inconscientemente ("incondicionalmente") a los individuos que las usan para que asuman gustosos su papel en el seno de la gran máquina social. Podemos dejar de lado la visión duramente jerárquica de la sociedad que manifiesta Humbert de Superville. Por encima de ello, su utopía nos parece próxima y casi fascinante, ya que pone de manifiesto –de manera ingenua y elemental si se quiere– la gran esperanza subyacente en el arte de la modernidad: la superación de la fractura entre el arte y la vida; la epifanía de una sociedad totalmente pacificada en tanto que totalmente formalizada con los recursos persuasivos del arte.

El otro ejemplo lo hallamos en las tormentosas y atormentadas páginas del tercer libro. En este libro, en el cual se debía detallar la "aplicación" del "principio", Humbert de Superville nos habla de la asociación entre las artes. La arquitectura aparece en estas páginas como el arte que tiene tareas u objetivos absolutos. A este arte dirigente vienen asociadas la escultura o la pintura, siempre subordinadas, siempre situadas en su interior. Esa asociación de las artes habría de hallar su manifestación precisa y sublime en dos edificios o construcciones: "la construcción horizontal y política a la que se asocia la estatuaria" y que tiene como emblema "OBEDEZCO A LA LEY" y "la construcción ascendente o religiosa, asociada a la pintura" en la que se lee "HE VENCIDO AL MUNDO". Estos párrafos apasionados de Humbert de Superville nos parecen tremendamente sugerentes: la "unión de las artes bajo las alas de una gran arquitectura", y los edificios –catedrales laicas y contenedores sociales– que simbolizan y presiden la nueva sociedad, la nueva ciudad donde se asienta una colectividad coherente y pacificada... Todo ello pertenece al imaginario que, desde los primeros años del siglo XX, la vanguardia creó para señalar sus objetivos.

En las páginas finales de este tercer libro, Humbert de Superville renuncia a proseguir detallando la aplicación de su principio. Tal y como nos dice, los hechos y la realidad están mas allá del alcance de sus previsiones. La utopía aparece incapaz de contener la realidad. El arte y la vida siguen separados por una profunda fractura. A pesar de ello, no podemos hablar del *Essai* como de un fracaso. Si, como hemos visto, la obra de Humbert de Superville consiguió prolongar su proyección a lo largo del tiempo, si sus intuiciones pervivieron en otras intuiciones más complejas o más sofisticadas, si aún ahora es capaz de despertar nuestra curiosidad y nuestro interés, de sernos útil cuando tratamos de encontrar la procedencia de algunas de las ideas que sustentamos, cabe sospechar que la obra de Humbert de Superville constituye un testimonio considerable del entretejido de reflexiones que acompañan el camino del arte moderno. Un testimonio que bien merece ser rescatado del olvido.

Pere Hereu Payet

NOTAS

1. Para la figura y la obra de Humbert de Superville: Stafford, Barbara Maria, *Symbol and Myth. Humbert de Superville's Essai on Absolute Signs on Art*, New Jersey, London. Associated University Press, Inc. 1979; De Haas, Cornelia Magdalena, *David Pierre Giottin Humbert de Superville 1770-1849*, Leiden, A.W. Sitjhoff's Vitgebersmaatschappij, 1941. J. T. Bodel Nienhuis, *Note on the Biography of David Pierre (Giottin) Humbert de Superville* i Karin Winkel, *A Supplement to the Biography of D.P.G. Humbert de Superville up to the Year of his Return from Italy* a Bolten, Jacob ed. Miscellana Humbert de Superville. Leiden, Privately Published, 1997.

2. Rosenblum, Robert, *Transformations in Late Eighteenth Century Art*, Princeton University Press, 1967.

3. El interés por los pintores italianos tardomedievales y del primer Renacimiento ha sido bien estudiado por G. Previtali: Previtali, Giovanni, *La fortuna dei primitivi, dal Vasari ai Neoclasici*, Torino, Giulio Einaudi, 1964; Previtali, G., Alle origini del primitivismo romantico, Paragone XIII, Mayo 1962; Previtali, G., *Mostra di disegni da D.P. Humbert de Superville. Catalogo a cura di Anna Maria Petroli. Saggio introduttivo di Giovanni Previtali*, Firenze, Leo S. Olschki Editore, 1964.

4. Entre otros muchos ejemplos posibles, cabe citar: Alison, Archibald, *Essais on the Nature and Principles of Taste*, Edimburgo, 1790.

5. Podemos citar como ejemplo: Avison, Charles, *An Essai on Musical Expression*, Londres, 1752.

6. Como ejemplo de la presencia de estas cuestiones en lo que respecta a las artes plásticas: Hogarth, William, *The Analysis of Beauty*, Londres, 1753.

7. Le Camus de Mézières, Nicolas, *Le Génie de l'Architecture ou l'Analogie de cet Art avec nos sensations*, París, 1780.

8. Usaremos los términos *fisiognomía* y *patognomía* para referirnos a las hipótesis que estamos detallando mientras que el término *fisonomía* se empleará exclusivamente para designar el aspecto del rostro.

9. Los trabajos de Cozens y Grosse aparecen explicados en: Gombrich, E.H., *Arte e Ilusión. Estudio sobre la psicología de la representación pictórica*, Barcelona, Gustavo Gili, S.A., 1979.

10. En *Symbol and Myth*, (op. cit.), B. M. Stafford da cuenta de que en los años más inmediatamente posteriores a su publicación, el *Essai* fue conocido por un núcleo reducido pero importante. David d'Angers y Athanase Coquerel figuraban en ese núcleo. Fue a partir de estos personajes y singularmente a partir de David d'Angers que la obra de Humbert de Superville debió de llegar hasta Blanc.

11. Blanc, Charles, *Grammaire des Arts du Dessin*, Paris, Henri Laurens Editeur, 1867.

12. Chastel, André, "Une source oubliée de Seraut" (1959), en *Fables, Formes et Figures*, París, Flammarion, 1978.

13. Por citar alguno de estos ejemplos: Daly, Cesar, "De l'Architecture de l'Avenir A propos de la renaissance française", *Revue Générale de l'Architecture et des Travaux Publics*, vol. XXVII, 1868; Lecciones impartidas en la Escuela de Arquitectura de Barcelona por Elies Rogent: Hereu Payet, Pere, *Elies Rogent i Amat. Memòries, viatges i lliçons*, Barcelona, Col·legi d'Aparelladors i Arquitectes Tècnics, 1990.

14. El carácter premonitorio de la *Einfühlung* en las páginas de Kant sobre la música ha sido señalado por: Morpurgo-Tagliabue, Guido, *L'esthétique contemporaine, Une enquête*, Milán, Marzorati Editeur, 1960.

15. Semper, Gottfried, *Ueber die formelle Gesetzmässigkeit des Schmuckes und dessen Bedeutung als Kunstsymbolik*, Zurich, Meyer & Zeller, 1856; Semper, Gottfried, *Der Stil in den technischen und tektonischen Künsten oder praktische Ästhetik: ein Handbook für Tecniker Künstler und Kunstfreuden*, Frankfurt, Verlag für Kunst und Wissenschaft, 1860-1863. Traducción parcial al italiano: Burelli, A.R.; Cresta,C.; Gravagnuolo, B. y Tentori, T. Prefacio de Gregotti, V., *Lo Stile nelle arti tecniche e tettoniche o estetica pratica. Manuale per tecnici, artisti e amatori*, Roma-Bari, Laterza, 1992.

16. Vischer, Robert, *Über das optische Formgefül: Ein Beitrag zur Aesthetik*, Leipzig, Hermann Credner, 1873. Traducción inglesa: Mallgrave, Harry F. (ed.) *Empathy, Form, and Space. Problems in German Aesthetics*. 1873-1893, Santa Mónica Getty Center for the History of Art and the Humanities, 1994. En el mismo texto se hallan las traducciones de: Wölfflin, Heinrich, *Prolegomena zu einer Psychologie der Architectur*; Schmarsow, August, Das Wesen der Architektonischen Schöpfung. Para Van de Velde: Van de Velde, H. *Formules de la beauté architectonique moderne*, Weimar, 1917. Edición facsímil Bruselas, Archives d'Architecture moderne, 1978.

(1)

ENSAYO

SOBRE

LOS SIGNOS INCONDICIONALES

EN EL

ARTE

EN TRES LIBROS

(2)

TABLA

A MODO DE PRÓLOGO

———————

HOMBRE. *El Hombre actual,* el YO HUMANO

Órganos afectados por el NO-YO. *Sensibilidad*

Percepciones. Excitación de los nervios. Sensaciones. Ideas

SENTIMIENTO. *Conciencia de Sí mismo*

Desarrollos facultativos. Imaginación

PENSAMIENTO. *Equilibrio y antorcha del Sentimiento*

Examen. Reflexión. Entendimento. Crítica. Juicio.

RAZÓN | *Fijación del Pensamiento*
         | *Cénit del Sentimiento*

ESTÉTICA
Filosofía de las Artes
LÓGICA   ÉTICA

LIBRO PRIMERO

EL PRINCIPIO

Definiciones

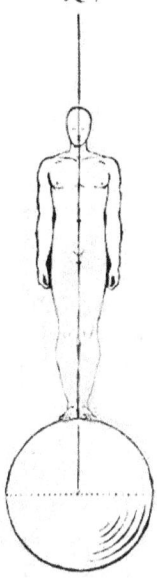

E<small>L HOMBRE</small> está erguido y apunta hacia el cielo.

Está erguido porque el eje de su cuerpo alargado, como la prolongación de un radio de nuestro globo, es perpendicular al plano horizontal. Está orientado hacia el cielo, porque la dirección de dicho eje señala el cénit justo por encima de su cabeza. Se trata de dos conceptos contenidos implícitamente el uno en el otro, a la vez que rigurosamente diferenciados.

Así pues, parece como si el Hombre se elevara desde el centro de la tierra hasta la bóveda celeste y llenara el espacio que se crea entre esos extremos. Su fuerza y dignidad físicas, resultado de su caminar erguido, se convierten en la garantía de su fuerza y de su dignidad morales, y he aquí al Hombre englobado en *la expresión de su propio Eje, única y exclusiva dirección vertical primigenia y absoluta.*

(4)

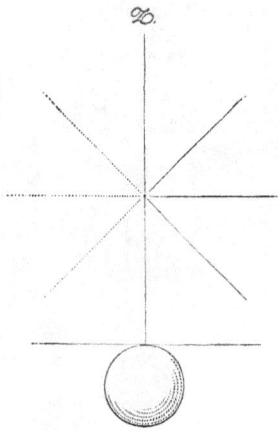

En relación a dicho Eje o Vertical, así como en relación a cualquier Recta paralela que cabría suponerle, existen aún tres direcciones lineales o de planos posibles, a saber, *una Horizontal y dos clases de Oblicuas*.

La dirección horizontal es única e invariable.

Por el contrario, las dos direcciones oblicuas son susceptibles de sufrir una infinidad de modificaciones en su grado de oblicuidad y, además, difieren esencialmente entre ellas en tanto que signos sensibles.

Acabo de decir, en tanto que *signos sensibles*, y añado aún en tanto que *signos dobles*, o lo que es lo mismo, repetidos a derecha e izquierda de la Normal; puesto que es en estas dos acepciones conjuntas como, en general, deberán ser consideradas en el presente ensayo tanto las dos oblicuas como la horizontal, a pesar de que ésta última, por lo que respecta a su repetición, no presenta, en efecto, más que su propia prolongación a través de la Normal o Eje.

Otra observación aún. Toda línea o dirección, bien curva, bien mixta, que presente en su totalidad el componente claramente reconocible de la horizontal o una u otra de las dos oblicuas, será considerada más o menos su equivalente.

Despojadas aquí, como se observa, de cualquier valor matemático, en el sentido de medidas de longitud, esas tres clases de líneas o direcciones se hallan a la espera de que se les atribuya un valor completamente nuevo y diferente. Descubrir dicho valor, y determinarlo irrevocablemente en el plano de lo estético y con arreglo al juicio incondicional del sentimiento, constituirá el objeto de todo el presente Libro.

Hecho. Análisis. Problema.

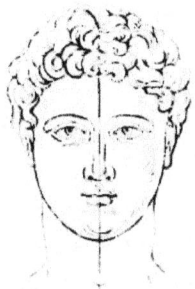

Observemos la Cabeza del Hombre. Un mismo Eje o Vertical que parece dividir claramente el cuerpo humano, visto de cara y de pie, como en dos partes iguales, divide asimismo en dos su cabeza, de modo que se sitúan equidistantes, a un lado y otro, en la parte exterior del rostro, los ojos, los orificios nasales y las dos comisuras de la boca, aunque la boca entera no sea más que un órgano simple.

> De ahora en adelante, al decir rostro humano, me referiré a un rostro que pertenece a una cabeza bien formada y proporcionada, en el sentido actual del vocablo, conforme a los modelos que nos ofrecen los individuos de la raza caucasiana y al estudio de las más bellas cabezas de la antigüedad.

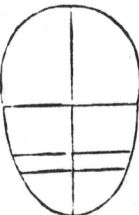

Una cabeza de estas características se manifiesta ante todo como un estado en el que la naturaleza parece haber fijado la dirección de sus órganos dobles, es decir, la línea de los ojos, de los orificios nasales e inclusive de la boca entera, de manera que dividen en ángulos rectos el Eje del hombre y, en particular, el del rostro. Es el estado del rostro en reposo. A esta disposición de los tres órganos le corresponde en exclusiva el nombre y la acepción de *dirección horizontal de los órganos*, porque, en su relación al Eje o Normal, ésta es paralela al plano horizontal sobre el que se supone que el hombre se sostiene siempre perpendicularmente.

A continuación, se dan en el rostro humano dos grandes variedades siendo una, por decirlo así, la inversa de la otra.

(6)

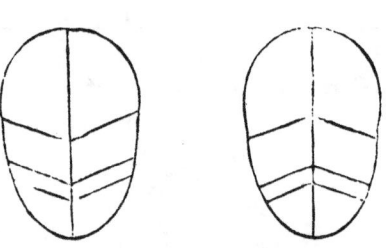

En ambos casos, la dirección de los órganos, en lugar de ser una y simple, es decir, horizontal, se compone, para cada órgano doble (o considerado como tal), de dos direcciones oblicuas que tienen, respectivamente, su punto de partida o de tendencia sobre el eje, en un *punto situado debajo* o *encima* del de la intersección horizontal. A la primera de esas dos variedades le atribuyo la acepción de *direcciones oblicuas expansivas*; a la segunda, la de *direcciones oblicuas convergentes*. A continuación sabremos por qué.

Estos son a grandes rasgos los tres aspectos que pueden presentar el rostro humano, uno simple, en el centro, y dos compuestos, en los extremos.

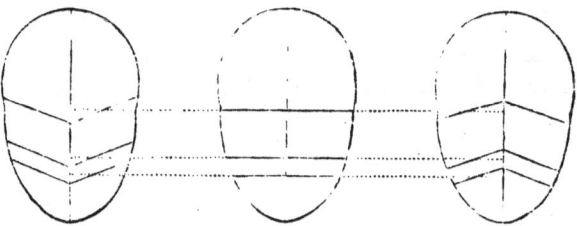

¿Cuál es ahora la impresión que produce esta representación tan elemental de los órganos en el sentido de los signos que acabo de mencionar?

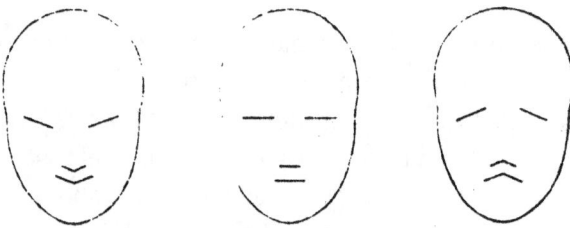

Un niño, cualquier persona, de manera espontánea (y he hecho la prueba en varias ocasiones), nos dirán, siguiendo el orden natural de designar y referirse en primer lugar a lo que más les llama la atención: *este rostro ríe; este otro llora*, señalando sucesivamente los dos óvalos extremos; y si, a continuación, se les pregunta qué significa el rostro de en medio, al que, quizás, no han prestado demasiada atención, añadirán muy probablemente: *no lo sé, no significa nada*.

Dicha interpretación se dará por completamente válida, puesto que es instintiva, y en consecuencia libre de toda condición *a priori*, ¿qué es lo que establece esta interpretación? Algo que ya se adivina: el *valor* asociado, no a los órganos del rostro como tales, sino a sus *direcciones* en tanto que *signos estéticos*, o dicho de otro modo, en tanto que elementos visibles y constantes de todo juego no convulsivo de la fisonomía, que abarca desde el *mínimo* en la expresión infantil, hasta el *máximo* en la expresión serena, expansiva o reflexiva. Y es que bien sea porque tan sólo se lea en los tres óvalos los simples estados de inercia entre la risa y el llanto, o porque la imaginación, acción fecundadora del sentimiento, al apropiarse de esta primera impresión, demasiado aislada y restringida, la utilice para alimentar concepciones más nobles, más patéticas o más intelectuales, lo cierto es que los elementos fundamentales no habrán tenido que cambiar sino que conservan su esencia. Esas cabezas tan hermosas de la antigüedad, esos jóvenes faunos risueños, esa Niobe tan profundamente angustiada, no han tenido nunca otros elementos en la primera huella del genio sobre la arcilla; y esos mismos elementos serán los únicos que destacamos en las tres imágenes siguientes, en las cuales el Arte nos presenta tan claramente, incluso en los accesorios, la *calma de la Sabiduría*, que contrasta con la *sonrisa de la Voluptuosidad* y la *concentración* casi solemne *del Egoísmo*.

No existe nada más sorprendente ni que, a mi parecer, establezca mejor la elocuencia y el valor de las tres grandes variedades del rostro humano y de sus correspondientes signos elementales, que el paradigma de las tres diosas rivales. Símbolos una a una de la virtud, de los placeres y de la majestuosidad, Palas, Venus y Juno se cubren a nuestros ojos, por así decirlo, de todas las cualidades morales y físicas análogas. La serenidad de la primera deja entrever las ideas de *orden, equilibrio, dignidad, estabilidad* y *duración*. Atributos y compañeras de la reina de Citera son las pasiones exaltadas, el *movimiento*, la *agitación*, la *inconstancia* y el *cambio*. El orgullo y el egoísmo que se deriva del poder se relaciona más estrechamente de lo que cabe suponer con la *reflexión*, la *profundidad de pensamiento*, la *elevación del alma*, la *solemnidad* y lo *sublime*. Todas esas ideas y deducciones ya de por sí matizadas y que el sentimiento matizará aún a su voluntad, no tienen, ni podrán tener nunca una manifestación más inteligible por simpatía que el juego de la fisonomía, ni *signos más incondicionales* que las direcciones motrices de los órganos. Mas ¿de qué direcciones se trata? Éstas no son otras que *la Horizontal y las dos Oblicuas en relación al eje del hombre* y, en particular, al de su *rostro*. ¿Cómo se relaciona todo ello con mi exposición inicial? En que a esta *horizontal* y a estas *dos oblicuas* les corresponde, en definitiva, aquel valor nuevo y tan fecundo que andaba buscando. Un valor que quizás, vagamente, se les reconoce y que, al basarse totalmente en un *hecho fisiológico* del más alto interés, existe en nosotros mismos, y en consecuencia, es irrecusable. Por ello me ha parecido que se impone por sí solo como *principio subjetivo, inicial y concluyente* de una serie de consecuencias y de hipótesis que me propongo desarrollar a lo largo de este ensayo. No obstante, un principio de esta índole resultaría incompleto, en términos de claridad, si en el *valor lineal de los signos* que lo constituye no sobreentendiéramos y apreciáramos a la vez su *valor cromático*. El sentimiento concibe, se imagina y reclama ciertamente dicha identidad, cuya esencia, empero, me parece comprensible para la razón, sólo si se encuentra la solución al siguiente problema: *¿Ejercen los colores una influencia moral sobre nosotros?* Merece la pena detenernos a reflexionar sobre este punto.

―――

Solución!

Toda esta cuestión carecería casi de importancia, si pudiéramos considerar los colores *de forma abstracta*, del mismo modo que hemos considerado e interpretado hasta ahora los simples trazados lineales, independientemente de cualquier idea de accidente o de calidad concreta. Nos ha bastado con que dichos trazados o contornos fueran visibles, es decir, que se dibujaran para el ojo sobre un fondo cualquiera, ya que la imaginación y el entendimiento se han encargado del resto. Pero ¿ocurre lo mismo con los colores? Y esos colores ¿podemos separarlos, desvincularlos a su vez de las áreas que rellenan, limitan e impiden que se confundan las unas con las otras? Un círculo rojo, un triángulo azul ¿cesarán por un instante de ser un círculo, un triángulo para ofrecernos únicamente, por abstracción de todo límite, los *signos cromáticos* de un lenguaje estético, intelectual o moral? Quien dice *color* ¿no dice igualmente *área, superficie, figura*? Y dicha definición, si es justa, ¿no establece la imposibilidad de poder separar jamás en los objetos dos propiedades que les son esencialmente adherentes, la imposibilidad, en una palabra, de descomponer un ser simple que consideramos *complejo* a causa de una impresión supuestamente doble para el órgano de la vista? Sin detenerme en todos los aspectos que este argumento dirigido contra mí mismo presenta de especioso o de plausible, señalaré tan sólo, y en aras de mi trabajo que, dada la infinidad de objetos que desfilan continuamente ante nuestros ojos y de los que, a pesar de que la ilusión nos indica lo contrario, no abarcamos en absoluto las formas y los colores de manera simultánea, podría darse el caso de que los *colores*, repartidos aleatoriamente en tantas materias diversas, nos parezcan a la larga no pertenecer de modo idéntico ni exclusivo a ninguna de ellas. De este modo, separados a menudo de su sujeto y *transmutados*, por decirlo de alguna manera, en *concepciones* o *percepciones abstractas*, los colores nos podrían servir ora de signos *absolutos* (en este caso, los límites no se toman en consideración) ora de signos *suplementarios* o *idénticos*, allí donde ningún otro signo podría discutirles su elocuencia ni los propios colores podrían sustituirse de manera aleatoria los unos a los otros: el sentimiento siempre nos advierte de todo ello, bien exigiendo en tal o cual objeto una *asociación más análoga* entre las formas y los colores, bien aplaudiendo la ya existente; semejante juicio nos lo dicta el *empleo absoluto de los colores*. Entre los Hindúes y entre la mayoría de los insulares del gran mar del Sur, las banderolas y bandas *blancas* ondean y se intercambian, desde tiempos inmemorables, aún en nuestros días, en son de paz y de benevolencia. Otros pueblos, antiguos y modernos, proceden de igual modo. Cuando Platón nos dice que tanto los *templos consagrados a los dioses, como la indumentaria del hombre pacífico y luminoso deben lucir este color*, y cuando los misterios del Sabeísmo también han hecho suyo dicho color como símbolo de la inocencia y de la santidad, todas esas ideas y alusiones tan extraordinariamente análogas ¿no proceden acaso de una sola y única fuente sentimental? ¿De las impresiones que nos causan la claridad del día, la luz argentina y plácida de la luna, la pureza de la nieve? Al igual que las tinieblas de la noche y las tenebrosas entrañas de la tierra nos han llevado a asociar cualquier *color oscuro o negro* a unas connotaciones de silencio, soledad, muerte y desolación. Y puesto que el *blanco* y el *negro*, el primero la mismísima luz y el segundo

(10)

la ausencia de ella, provocan de modo natural estas diferentes interpretaciones ¿cómo no asociarles aún una tercera propiedad no menos sorprendente? El *color rojo*, jeroglífico instintivo de vida y movimiento, de energía calorífica y de resplandor, se convierte en el exceso del rayo luminoso, así como el negro es su absorción y su extinción. Si a continuación observamos que ni la claridad, ni las tinieblas, ni la llama y la sangre se conciben bajo una forma cualquiera clara y determinada, y que estos fenómenos se distinguen entre ellos tan sólo por su color y que éstos nos dejan cada uno una impresión diferenciada, ¿sería entonces realmente tan extraño que el sentimiento asimilara los *signos cromáticos*, según el tipo de impresión que ejercen sobre nosotros, *a los signos lineales reveladores* (de esta impresión) *en el rostro humano*? ¿que el sentimiento los considerara a unos y a otros como *signos idénticos* de un mismo lenguaje incondicional, y que de este modo, la elocuencia de unos le recordara siempre la elocuencia de los otros? ¡juzguemos por nosotros mismos!

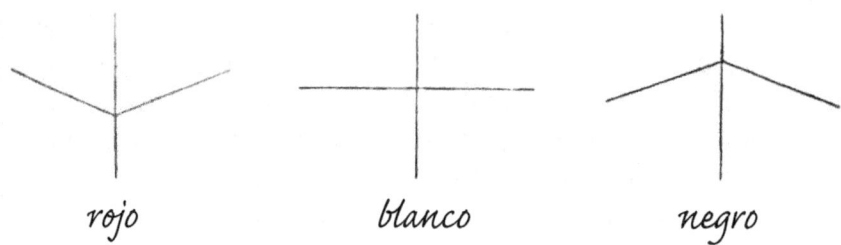

rojo *blanco* *negro*

El *color blanco*, signo cromático único e invariable, ocuparía, a semejanza de la dirección horizontal, el lugar central entre *dos extremos* que, aproximándose por matices, daría lugar a los colores intermedios, equivalentes a su vez, a una mayor o menor oblicuidad de las direcciones expansivas y convergentes en su relación con la vertical. El *color amarillo* se encontraría por esencia entre el blanco y el rojo, y su mayor o menor acercamiento o alejamiento en relación con uno u otro de dichos colores, produciría el *amarillo pálido* o el *naranja*, mientras que el *azur*, intermedio entre el blanco y el negro, se encontraría de forma natural entre dos de sus propios matices, el *azul perla* y el *azul índigo*.

(11)

rojo.   *blanco.*   *negro.*

naranja.   *paja.*   *perla.*   *índigo.*

amarillo.   *azur.*

    Dejémos a un lado por ahora los colores, ya volveré sobre ellos más adelante, pero, entretanto, me atrevo a apelar a una autoridad que en modo alguno podríamos pasar por alto, para saber hasta qué punto el problema está resuelto. Le corresponde a la mujer sensible el juzgarlo y el hacérnoslo saber. O bien observémosla, si tenemos ocasión, en el momento de elegir su atuendo o sus muebles según las circunstancias, según la época de su vida. Tanto su vestimenta como su tocador nos revelarán el *secreto de los colores* y esto traicionará, en no pocas ocasiones y a su pesar, el secreto de su corazón, de sus afectos, de su parecer. Tanto en la vida mundana como en la vida retirada, una Santa Teresa o una Mademoiselle de la Vallière nos hubieran enseñado mucho más sobre el *valor moral de los colores* recogiendo una sencilla violeta con sus propias manos o derramando una lágrima sobre una flor de lis arrancada de su tallo, de lo que jamás llegaremos a aprender por medio de razonamientos. No existe una decisión más válida en esta materia que la voz instintiva de la mujer sensible. Sólo ella y nada más que ella es el oráculo que debiéramos consultar.

———

Los Signos

El lenguaje visible que nos dirige la Naturaleza en sus dos grandes divisiones claramente reproductivas, esto es, animal y vegetal, tiene como intérprete el sentimiento por medio de las tres grandes variedades del juego de la fisonomía y de sus signos elementales y análogos lineales y cromáticos.

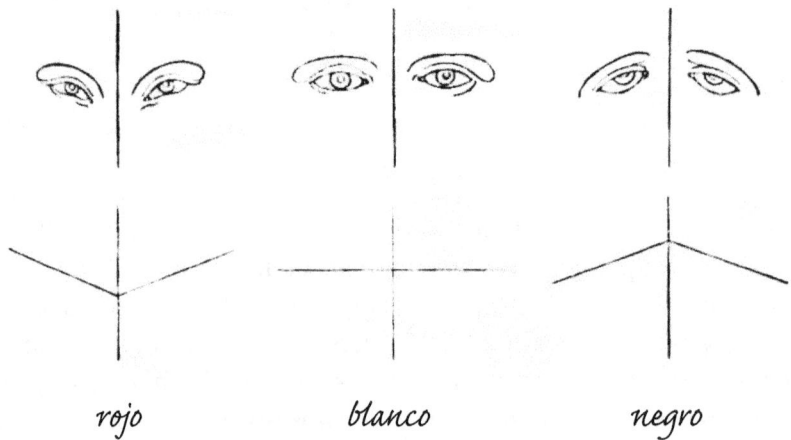

Armados con esta expresión o fórmula, ya sea figurada, ya sea intelectualmente siempre presente, tratemos, en primer lugar, de ocuparnos un instante

del aspecto de algunos Animales.

Si el alma o inteligencia del animal *reside entre los ojos o cejas* y la dirección variada de la línea de los ojos y de las cejas es la que, en el rostro del hombre, contribuye con más fuerza a exteriorizar con tanta elocuencia hasta los movimientos más íntimos de nuestro ser, es indiscutible que la faz de la bestia, a la que la naturaleza parece haber negado dicha variedad y movilidad de expresión, tan sólo podrá ofrecernos un lenguaje dudoso, confuso, inclusive con frecuencia totalmente ininteligible, siempre y cuando ignoremos la naturaleza y costumbres del animal, ya que sin dicha ignorancia la impresión que causa en nosotros, en tanto que simple percepción, cesa de ser pura. Cabe dejar claro que en estas páginas hago referencia tan sólo a los movimientos regulares o sosegados del alma, puesto que todo lo que atañe a las pasiones violentas y desmedidas tales como la cólera, la rabia, la desesperación y todo lo que puede excitar o producir un estado convulsivo de los órganos, no son objeto de la aplicación de mi teoría sobre los *signos elementales*. Por el *máximo* de su valor no se entenderá nunca otra cosa más que la expresión equivalente a la acción más completa del nervio facial sobre los músculos del rostro humano, dentro del abanico de expresiones de nuestras facultades interiores sensitivas y racionales. Dicho *máximo* que, por el mismo motivo, podríamos calificar de *moral* (en el supuesto de que existiera tal cosa en la bestia), no se podría, sin embargo, leer en absoluto inteligiblemente en su faz, ya que ésta es incapaz de expresar la tres grandes variedades. Constantemente *oblicua expansiva*, la dirección del ojo de los principales cuadrúpedos conocidos, no hace más que señalar en ellos, si se me permite decirlo así, la expresión constantemente *inmóvil* del movimiento, y aunque una expresión tal corresponde en general con su naturaleza inquieta, ya sólo el aspecto de la faz nos confundiría casi siempre por las conclusiones deducidas en el sentido de mi principio, es decir, según las decisiones incondicionales del sentimiento. Así, el gato, con su aire de gentileza y de malicia puramente infantil, nos engañaría, como el ratoncillo de la fábula, haciéndonos creer que tal era su verdadero carácter; así como el Gran Danés podría interesarnos por su apariencia de recogimiento y melancolía que, sin embargo, tan sólo debe a la forma más alargada de su hocico, a la dirección de sus labios y de sus grandes orejas colgantes.

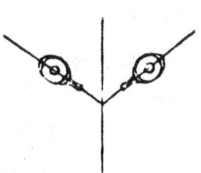

Espero que nadie me reproche en este texto este aspecto de la *faz aislada* del animal como *excepción* favorable a mi hipótesis. Eso sería perder de vista que este ensayo no trata ni del animal, ni de la planta como tales, sino simplemente de algunas *impresiones puras* que les he tomado prestadas, y a las que yo llamo *lenguaje visible de la naturaleza* que, mediante la ayuda del sentimiento, permiten pronunciarse sobre la validez de mi principio. Dicho lenguaje tiene sus limitaciones y, algunas de ellas son incluso muy restringidas, de ahí la *expresión paralizada* de tantos objetos; ya que si lo miramos detenidamente, no existe en verdad ningún *valor lineal impresivo* (salvo en el hombre y en un número reducido de animales) más que ahí donde, en un objeto cualquiera, *inscrito* o *circunscrito*, señalamos sentimentalmente, y sin tan sólo sospecharlo, una u otra de las *direcciones elementales del juego de la fisonomía*. Ahora bien, puesto que dicho juego no es del todo perceptible más que en el rostro humano *visto de frente*, se puede concluir que sin el *aspecto simétrico*, por el que se repiten, a un lado y a otro de la vertical los mismos signos, no existiría valor lineal, etc. Esta observación resulta esencial y es aplicable a *todo* lo que viene a continuación.

La bestia, en tanto que *fenómeno limitado*, se dirige incondicionalmente al sentimiento tan sólo a través de los *signos de su faz*. De éstos, los que sean análogos a los del rostro del hombre, partiendo de la base que éstos nunca nos mienten, nos parecerían más cercanos y realzarían a nuestros ojos a aquellos animales que los manifiesten tan en consonancia con sus cualidades físicas y morales (éstas últimas aún desconocidas por nosotros) que resultaría del todo imposible malinterpretarlos ni un solo instante. No obstante, tan sólo conozco a dos grandes cuadrúpedos que merezcan tal distinción, que la merecen incluso en tal grado comparado con nosotros, que los estaríamos insultando *involuntariamente* si, tras contemplarlos, necesitáramos aun informaciones adicionales sobre su carácter. ¿Quién no ha caído aún en la cuenta de que me estoy refiriendo al Caballo y al León?

 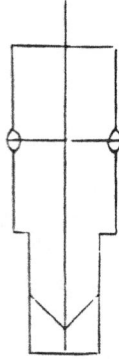

El primero, gracias al conjunto *paralelográmico* de su alargada y hermosa cabeza, vista de frente, con sus ojos saltones, aunque *no inscritos*, y con la *dirección expansiva* de las grandes y vivas ventanas de su nariz, añadiendo así a los signos más simples y a los más uniformes, los signos más inquietantes, no tiene más que mostrarse para que reconozcamos en él todo lo que es efectivamente y sin rival: el más noble, el más elegante y el más fogoso de los cuadrúpedos.

(15)

 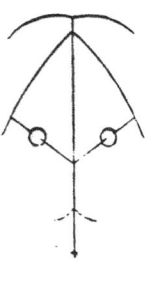

Asimismo, el León, siendo como es todo fuego y energía, nos lo anuncia con sus ojos centelleantes y *oblicuamente inscritos*. Pero animal magnánimo y generoso, aunque no por ello menos fiero y terrible, su *estupenda melena* ayuda a temperar y a ennoblecer a través de la *gravedad del signo* que ésa nos evoca tan bien, todo lo que el área de su faz presenta de demasiado similar a la del tigre o del gato desde el punto de vista de la expansión, y nos permite otorgarle, aún estéticamente, el título indiscutible de *rey de los animales*.

Y cómo no reconocer y señalar aquí, tal y como lo haría un Winckelmann, dicha melena, e incluso la frente entera del león, en algunas imágenes del Padre de los dioses, ¡como si resaltara precisamente su carácter imponente y majestuoso! Soy consciente de que esta opinión emitida por el Gran Anticuario ha sido rebatida; pero si nos negamos a reconocerle tal amalgama o fusión de formas y de elementos heterogéneos en el sentido de sistema consagrado por el arte antiguo, ¿rechazaríamos igualmente reconocer, al menos en esas cabezas tan extraordinarias de Júpiter (y sobre todo en la que he dibujado, donde la *melena* es lo que más resalta, en mi opinión), una *modificación*, tan felizmente concebida como ejecutada, del *antiguo ídolo Leontocéfalo*, tras la introducción del culto de Mitras en Italia? Aceptar la validez de dicho argumento, que someto con confianza a la crítica imparcial, sería constatar todo a la vez, tanto la presencia de la *causa impresiva en cuestión*, como el *valor incondicional del signo que le sirve de elemento*; y quizás entonces no me acusarían de manipular las consecuencias si, apoyándome en este mismo valor y disculpándome por las expresiones, citara aún en estas páginas las *pelucas* de la época de Luis XIV, que, a pesar de su enorme y ridículo volumen, contrastarán siempre a su favor con los peinados aún mil veces más ridículos de finales del siglo XVIII, y esto únicamente debido a los *signos diametralmente opuestos* que presentan.

(16)

Pasemos ahora a la impresión que nos causan

el aspecto de algunas plantas.

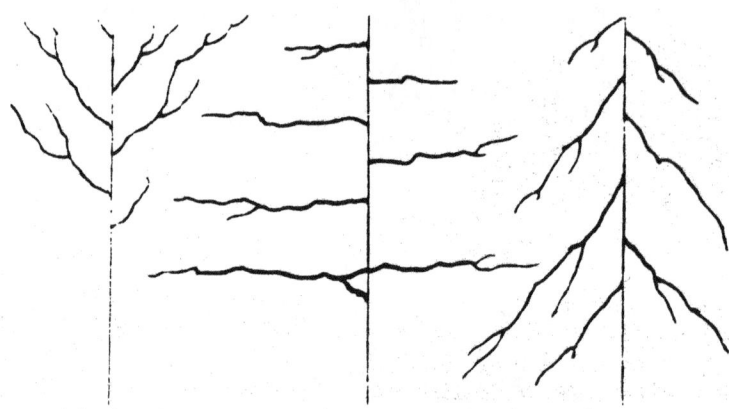

Y entre las más altas, que son los árboles, destaco principalmente tres especies, cuyas ramas, en relación al tallo o tronco tomado como eje sensible, presentan las direcciones *horizontales* y las *dos oblicuas*, y a través de ésas pueden, más o menos, despertar en nosotros las ideas que asocio constantemente a esos signos.

El austero Roble, de *ramas horizontales*, parece que las extiende a lo lejos como brazos protectores. De fuerza inquebrantable, desafía las tormentas, y es la imagen de la serenidad de las almas superiores. Los antiguos consagraron este árbol a varias de sus principales divinidades, y su fruto les evocaba el alimento primigenio de los hombres.

Con tendencia a crecer rápido, el Pino se eleva con sus *ramas expansivas* bien alto hacia el cielo, y se despliega a modo de cáliz que absorbe la energía calorífica. Gusto de leer en ellas el deseo de vivir la vida y la avidez por disfrutarla.

La Picea, finalmente, o gran Abeto del norte, mediante la *dirección recta de su tallo, su prodigiosa elevación y la dirección colgante de sus ramas*, sugiere (y no es una observación nueva) *algo imponente, lúgubre y solemne*. Al encontrarse, principalmente, en lugares donde ya no crece ningún otro tipo de vegetación, el Abeto de las montañas parece el límite entre la existencia y la nada, entre lo finito y lo infinito.

(17)

Sin embargo, confieso que, aunque se reconoce en ellos el *valor lineal* de la estructura y del conjunto de esas tres plantas gigantes, así como de otras que pudieran parecérseles, los signos elementales pierden mucho de su elocuencia, puesto que al no estar

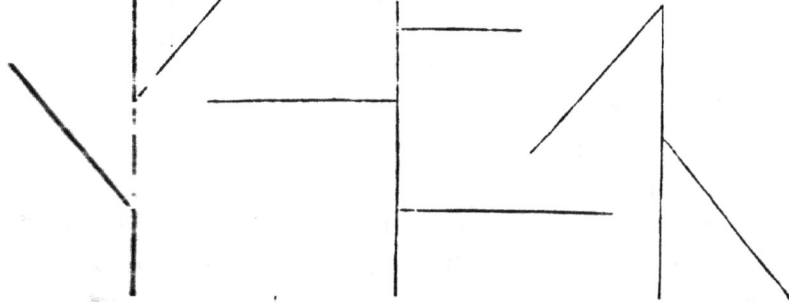

nunca inscritos, ni repetidos exactamente a un lado y a otro de la vertical, recuerdan con menos fortuna su *valor arquetípico sobre el rostro humano*, ya que se muestran, o demasiado desnudos o demasiado enmascarados, según las estaciones, y finalmente se *alejan* siempre del eje y no *tienden* nunca hacia él; lo que favorece a la expresión del pino, pero perjudica sobre todo al Abeto. No obstante, una prueba del valor generalmente asociado a esas diferentes direcciones de ramas en relación a su tallo, es el epíteto o sobrenombre sentimental que se le otorga en diversas lenguas, a esa especie de sauce, al pie del cual el poeta hebreo sitúa las tribus dispersas, que lloran su patria y su templo en una tierra de cautividad: *A orillas de los ríos de Babilonia estábamos sentados y llorábamos, acordándonos de Sión; en los álamos de la orilla teníamos colgadas nuestras cítaras.* No existe nada más emotivo que este inicio de elegía: es como un cuadro. Empero, es una lástima que en lugar del follaje oscuro que quisiéramos reconocer aquí, el *sauce llorón* tan sólo presenta un *verde amarillento*, pálido es cierto, pero no enteramente *idéntico* al signo lineal. Se puede alegar que el *color verde*, en cualquiera de los matices que puede ofrecer a la vista, es una excepción y que forma color aparte. Por eso, hasta ahora nunca había abordado este tema y el motivo de ello es que, dado que mi principio se basa totalmente en la elocuencia del rostro humano, y siéndole este color verde totalmente ajeno, hubiera sido contradictorio que figurase entre los otros colores indicados en páginas anteriores como expresiones cromáticas del juego de la fisonomía. El hombre, en su piel, en sus cabellos, en sus ojos, presenta, más o menos sensiblemente, según las razas y los climas, los colores blanco, rojo y negro, incluso varias tonalidades intermedias, siendo todas ellas compatibles con nuestras ideas de una naturaleza y de una existencia animales; sin embargo, el color verde, única excepción, no hace más que señalar en el cuerpo humano la destrucción, la corrupción, en definitiva, su retorno al polvo vegetal.

Y nos corresponde aquí observar con atención que, de entre los animales reconocidos como los más extraordinarios por su corpulencia y por sus cualidades, ni cuadrúpedos ni aves presentan el color verde como distinción característica; y el sentimiento, a la vista del Águila o del Cisne, las dos aves más felizmente constituidas, felicita a la naturaleza por haberles concedido tales dones con tanta generosidad y armonía. Al Águila, el más terrible, aunque también el más generoso de los tiranos del aire, le conviene, para expresar sus cualidades extremas, una mezcla de *signos cromáticos* igualmente *extremos*. El rojo, el amarillo y el negro se reparten al libre albedrío, y confundiéndose entre ellos, en las diferentes partes de esta ave. Al cisne, que nada pomposamente sobre las ondas serenas y transparentes, pertenece el plumaje de una *blancura deslumbrante*, lo que dibuja la elegancia de sus contornos en contraste con las orillas sombreadas que frecuenta. Es el estandarte de las gracias y de la nobleza reunidas, y puede que no exista alegoría más afortunada que el sueño de Sócrates que, la víspera del día en que le presentaron al joven Platón por discípulo, creyó *tener un joven cisne sobre sus rodillas que, acto seguido, echó a volar con un dulce canto*. No menos generosa hacia el león que hacia esas dos aves tan favorecidas, la naturaleza le ha revestido con el único envoltorio cuyo color, perfectamente idéntico a la elocuencia lineal de su faz inalterable, no deja nada que desear al sentimiento. Bien sea porque al habitar solitario y desde siempre la misma zona cálida, éste no haya sufrido alteración alguna, ni física ni moral, a las que se ven sometidas las especies domadas por el hombre y repartidas como él por toda la superficie terrestre, bien sea por cualquier otra causa, el León, en tanto que animal salvaje, es todavía invariable en su color, tanto, que es tarea vana intentar imaginarlo revestido de otro. El color blanco, a pesar de que favorecería los rasgos de esa hermosa cabeza, debilitaría notablemente la expresión expansiva, y el color negro confundiría los detalles inscritos y por ende, ¿qué sería de su extraordinaria melena? ¿Negra? Ridícula como la mata del perro de aguas. ¿Blanca? ¡Acaso no es color reservado para la crin de la vejez, para la imagen del declive de la vida, en definitiva, la caducidad! Pero *rojiza* y *ardiente* como es, agitándose y sacudiéndose como las llamas resplandecientes entorno al ojo, disco relumbrante, esta melena es la guinda de todos los títulos prodigados al León, haciéndole merecedor aún del epíteto de *símbolo del sol*, que los antiguos le habían otorgado, y que todos, estoy convencido de ello, le ratificarán de buen grado.

(19)

Observemos de paso que si existe en el corazón de África, como se afirma, un león de *melena negra*, el sentimiento lo colocará al lado del Cisne de *plumaje negro* de Nueva Holanda, y del Águila *casi rojo* de la isla de Ceilán. Los mismos *signos lineales* sólo pueden admitir como *idénticos*, diferentes *signos cromáticos* cuando la expresión dominante gana en elocuencia. La melena del León acaba de ilustrárnoslo. El Caballo, a su vez, va a brindarnos un ejemplo sorprendente.

Emblema de nobleza y elegancia, vigor y agilidad ¿bajo cuál de los *tres colores principales* que le conocemos debe este cuadrúpedo, el segundo en rango, ofrecerse de manera preferente ante nuestra mirada? Una vez más, le corresponde únicamente al sentimiento pronunciarse al respecto. Más cercano al hombre, con el que comparte de forma creciente los trabajos, la pompa, el heroísmo e, incluso en algunas ocasiones, el infortunio, diríase que el Caballo parece revestirse del envoltorio que mejor se adapta a las diferentes situaciones de su estado de domesticación.

Asustadizo, pero complaciente a la hora de enfrentarse a las armas y a la batalla, es el *Alazán-Dorado* que veremos precipitarse, desde las primeras filas, hacia el enemigo. Nada podrá detener su fogosidad, y tanto el fuego como la sangre se confundirán con él en medio de la batalla. Nacido más bien para las escenas nobles y sosegadas, el Caballo *blanco* nos ofrecerá un cuadro admirable, cuando a paso lento y medido, en medio de las aclamaciones y de las bendiciones del gentío, lleve sobre sus lomos hacia el capitolio a los Trajanos y Marco Aurelios. Su frondosa crin flotante casi rozará la tierra, y orgulloso de su jinete, obedecerá con dulzura la mano que le guía. Nos queda aún el Corcel de *color ébano* que el sentimiento asocia a la pompa fúnebre o al infortunio y le hará compartir, *con ojos tristes y cabeza abatida*, el dolor del guerrero que se exilia de su patria degradada.

Un pasaje memorable de un antiguo libro de los *Misterios Mitriacos* reúne, bajo una misma visión, las tres grandes variedades cromáticas del Caballo bajo acepciones muy similares a las que acabo de indicar. Presentados en orden uno tras otro, aparece primero un *Caballo blanco* sobre el que cabalga el *Fiel y Veraz, que juzga y combate con justicia* (se trata de la décima y última encarnación de Vishnu, al final de los siglos). A continuación viene el *Caballo rojo*, montado por el demonio de la guerra armado con una gran espada. Y, finalmente, las plagas y la Muerte, que acaban de asolar la tierra, sentadas sobre sendos *Caballos macilentos y negros*. Una analogía de este tipo entre el sujeto y sus accidentes no es arbitrario en absoluto. El sentimiento conserva sus derechos hasta en los sueños y los recovecos de la imaginación, o habría que decir que ésta última es la facultad creadora del primero, la acción que la hace reaccionar, su delirio, incluso.

(20)

Sosegado, el sentimiento es *pensamiento*, es *razón*, y bajo esas *denominaciones*, rinde un último homenaje a los dos magníficos cuadrúpedos cuyos *signos lineales y cromáticos* acabamos de considerar. Éste los proclama, junto con el Águila y el Cisne, los únicos cuatro animales dignos de inspirar al gran poeta, de embellecer y realzar sus cantos. Más adelante, veremos cómo creo que la Estatuaria y la Pintura deben utilizarlos como modelos exclusivos a imitar, con excepción absoluta del Cisne, que tan sólo pertenece a la poesía.

Permitidme aún una última observación sobre los reinos animal y vegetal.

Menos forma animal que *línea animada*, la serpiente, desprovista de toda expresión incondicional, admite todas las direcciones posibles así como todos los colores. *Detente*, canta un joven Salvaje, *¡párate, serpiente, párate, que quiero que mi hermana obtenga de tus colores la manera y la trama de un rico cordón que quiero ofrecer a mi amada!* Y de hecho, tanto lo brillante como lo abigarrado de sus colores, junto a la variedad del juego de sus anillos, seducen la vista y casi hacen olvidar la monstruosidad física y moral de la serpiente para presentarla como un capricho de la imaginación, un arabesco en el Arte.

Como reptil que es, presenta entre los colores de su envoltorio, y a veces, incluso de manera predominante, el *color verde*, atributo de una naturaleza que denominamos, de manera acertada o no, inanimada o vegetal, y es ahí (en esa segunda y gran división) donde lo vemos brillar con una elocuencia tan variada como siempre favorablemente interpretada. De entre todas las propiedades o *provocaciones* del rayo luminoso, es el único color que por sí solo nunca ofende al sentimiento, y el alma, cualquiera que sea la disposición o situación en la que se encuentre, recibe una impresión en la que se complace y con la que simpatiza. ¿Será porque, teniendo por elementos las dos medias entre la luz y sus extremos, el *verde* nos parece instintivamente la modificación de cualquier color? ¿o porque la *propiedad cromática* primitiva y resultante de la acción fecundante de la energía calorífica sobre la materia, nos evoca en la conciencia una afinidad y una armonía universales entre todos los fenómenos sublunares? ¿Quién tiene potestad para afirmar que el *color verde* existe más allá de nuestra atmósfera, suponiendo que en ella exista algún color?

rojo   *blanco*   *negro*
      amarillo   *azur*
               verde

Que yo sepa, no hay animal al que le repela el *verde*. Para el hombre, acabo de decirlo, es el único color siempre bien recibido. Sin embargo, este color le ofrece, sin sospecharlo, matices, ora más o menos al unísono con las sensaciones interiores del momento, ora más o menos *idénticos*, como los *signos cromáticos* de una percepción limitada. El Abeto del norte, perfilando su *negra pirámide* contra el cielo nublado o contra las nieves alpinas, muestra así su elocuencia de un modo bien diferente a como lo haría si ofreciese un follaje completamente amarillo, tal y como se observa en los jóvenes arbustos, cuando nos alegran vagamente los primeros días de primavera. No me extenderé más en este tema, pero me consideraría muy afortunado si alguien se dignara a aplicarme, en estas páginas u en otras, las bellas palabras del célebre autor de los Ensayos en las que afirma que *Como en el calor de la exposición tan sólo se suele tener en cuenta uno de los aspectos de una cuestión, invito a los demás superar esta limitación y a someterla a debate público.*

———

(22)

Complemento.

Este último artículo completará la elaboración de mi Principio.

Vemos nacer, germinar, desarrollarse, alcanzar la madurez, marchitarse, morir, desintegrarse y reproducirse tanto a las plantas como a los animales, y todas esas vicisitudes que no son más que leyes inamovibles a las que incluso nosotros estamos sujetos, nos asimilan a dichas plantas y animales y con ellos nos confundimos en una misma existencia terrestre. De ahí esas ideas duales de la vida y la muerte, del bien y el mal, de la fuerza y la debilidad que se mezclan, sin sospecharlo siquiera, en las diferentes impresiones que nos causa dicha naturaleza tan sensiblemente cambiante, mortal y reproductiva. De ahí también la prontitud con la que se nos pueden aplicar los *signos*, la *comprensión incondicional* de tal aplicación, el sentimiento más o menos vivo, simpático, incluso idéntico que de ésta se deriva. Todo ello tiende hacia dicha *sensibilidad común, facultad primigenia de la materia animada*, que se desarrolla mediante organizaciones innumerables y siempre en aumento para elevarse, finalmente, en la especie humana hasta la *conciencia de sí misma y de una inteligencia primigenia* de la que emana y con la que espera volver a reunirse. El hombre, colocado por ésta última a la cabeza de todas las *animaciones sublunares*, en las que también se incluyen las plantas grandes (en tanto que *especies todavía sensitivas*), se apodera de ellas y se las aplica todas, desde el punto de vista sentimental, en calidad de *medida e intérprete único*. Acabamos de reconocerle ese derecho que es el que nos corresponde a todos y de basar en él nuestras observaciones. Mas ¿qué podemos aún añadir sobre nuestra relación con una Naturaleza que manifiesta tener poco en común con nuestra naturaleza? Y ¿cómo explicar la impresión que nos produce el gran espectáculo del Universo o alguno de sus actos o escenas imponentes? ¿qué podemos decir de ese Firmamento sembrado por doquier de innumerables astros? ¿de ese Océano sin límites? ¿de esos Alpes que se pierden en las nubes y cuyos picos nos recuerdan un símbolo de la eternidad? Aquí, el objeto percibido ya no sabría encontrar nada relativo por simpatía a nuestro modo de ser. Nada formal, finito o limitado en el sentido de sustancia individual y perecedera. ¡Se trata de ideas completamente diferentes! De *ideas abstractas* de grandeza, extensión, elevación, y sobre todo su *máximo*, esa *idea vaga del infinito*, eso es lo que, a la vista de esos *cuadros eternos*, invade por completo nuestra existencia, y se apropia de ellos exclusivamente, la incapacita de toda conciencia, de toda introspección; la transporta fuera de sí, y como nos lo dice enérgicamente Montaigne, *esas grandes escenas de la naturaleza no dejan aplicar nuestro juicio, sino que se apoderan de él y lo destruyen.*

Sin embargo, esas últimas palabras hacen referencia, más especialmente al *estado convulsivo* de la naturaleza, ya que entonces los efectos se dirigen aún a otros órganos, es decir afectan, sacuden violentamente aún otros nervios a parte de los de la *visión*. Pero considerado en su *estado en reposo*, y no impresionándonos más que *visualmente*, el gran espectáculo del Universo entra realmente en las aplicaciones de mi teoría.

Un *análisis sentimental* de las cuatro primeras figuras geométricas, elementos que forman parte de todos los demás, ayudará, creo, a percibir mejor cómo son esas relaciones aparentemente tan alejadas: es al menos así como yo mismo tomé conciencia de mis propias impresiones, y quizás sea el mejor modo de enseñar a los demás a hacer lo mismo.

Probemos:

De todas las figuras curvilíneas, el *Círculo* es el que considero con menos valor estético. No despierta, ni recuerda ninguna afección, ningún movimiento del alma, en definitiva, el *rostro humano sin signo*: ¿podemos pensar en la pupila del ojo? ¿y qué expresa ésta sin los párpados, sin las cejas? No existe nada más frío que el epíteto de *ojos del mundo* que reciben a veces el Sol y la Luna. El *círculo* sólo adquiere su *valor* de su *concepción intelectual*; y ésta se incluye íntegra en lo *vago de su limitación*, o más bien en la *imposibilidad de esta limitación*. El YO centro, y mi PENSAMIENTO radio, pues esos son los dos elementos del círculo, *símbolo del infinito*; y es en este sentido en el que un antiguo pudo definir la Divinidad, un *círculo cuyo centro se encuentra en todas partes y la circunferencia en ninguna.*

¡Qué lejos estamos, pues, de encontrar en un *círculo limitado en el espacio* algo similar a un *círculo ideal*! El primero sólo puede parecernos *vertical*, y por ello situado *cara a cara respecto a nosotros*, y nosotros *fuera de él*, y por lo tanto se pierde toda identidad con el *Yo*. Multipliquemos por diez, por cien los diámetros aparentes del Sol y de la

(24)

Luna, o de cualquier otro cuerpo celeste: mientras las circunferencias puedan concebirse sensiblemente, su área o superficie quedará considerablemente aumentada pero no les librará de que la costumbre de verlos les reste cada día algo de su *valor impresivo* sobre nosotros. Si el Horizonte que *se extiende a nuestro alrededor* y del que cada día alejamos los límites, pudiera englobarse de un solo vistazo, podría ser de alguna manera la *imagen sensible del círculo del pensamiento*; pero puesto que esta percepción total es imposible, el horizonte, por la parte que podemos abarcar, no será nunca para nosotros más que una *simple línea recta* y naturalmente horizontal, y como tal podrá evocar en nosotros las ideas de *calma* y de *equilibrio*, tal y como nos ocurre a la vista de un mar tranquilo dibujándose contra el azulado cielo sereno.

Tras el círculo le llega el turno al *triste Cuadrado*, al que el sentimiento quisiera no poderle asignar ningún rango dentro de la categoría de las áreas. Al menos el círculo, o dicho más específicamente aquí, la *circunferencia* puede apelar a un *tipo ideal* en la revolución de los astros alrededor de un único polo, de cuya revolución fue pronto el símbolo y expresión figurada o sensible. No ocurre lo mismo con el *cuadrado*, que no podría de modo alguno aspirar a ninguna existencia intelectual anterior a la que le asigna el razonamiento; por lo tanto, su valor es exclusivamente matemático. El espacio nunca pudo concebirse *angular*. La imaginación puede atravesarlo desde cualquier punto en *línea recta*; y únicamente con curvas se pueden concebir o ampliar sus límites.

Elemento del cubo, el *cuadrado* se confunde con él; puesto que el cubo para parecernos tal es polígono, es decir presenta más de cuatro ángulos desiguales, mientras que el círculo al constituirse en sólido, se convierte en esfera sin cesar de ofrecer el límite circular.

El *Paralelogramo* o *Rombo* es de creación y aplicación parecidas a las del cuadrado, pero éste presenta *dos lados opuestos* que prevalecen siempre en extensión longitudinal sobre los otros dos lados y será de su posición *paralela o vertical hacia el horizonte* de lo que dependerá su tipo de expresión. Ya que el sentimiento le reconoce una, y se la conserva aún bajo su faceta sólida. Es lo que trataré de demostrar a continuación.

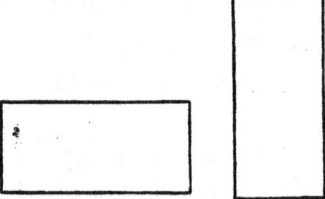

(25)

Siempre empírico, aunque es la figura rectilínea más sencilla de todas y ofrecida no pocas veces por la propia naturaleza, el *Triángulo* tendrá un *valor* realmente *estético*, cuando gracias a la base paralela al plano horizontal o apoyándose en ella, y presentando constantemente *tres ángulos agudos*, se convierte para nosotros en la imagen de una *convergencia de puntos extremos y terrestres hacia un punto único en el cielo*.

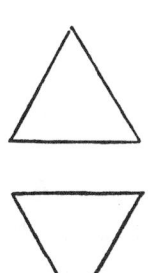

Invertido con respecto a nosotros, el *triángulo* no puede concebirse al margen de las ideas de movimiento, vacilación, inestabilidad, extensión, etc. que despiertan las *dos expansivas*, que forman el ángulo de la cima hacia el Nadir.

Elemento constituyente del cono y de la pirámide, el triángulo cambia únicamente los límites por su base, de la que raramente se ocupa la imaginación.

Tales son las cuatro figuras geométricas de las que quería hablar. Sometidas al juicio del Sentimiento, vemos que éste *repudia* irrevocablemente el *cuadrado*, y que tolera a veces el *círculo* como expresión sensible de una idea intelectual elevada. El cuadro sinóptico de la página 27 confirmará, creo, ese juicio, a la vez que les asignará a las otras dos figuras, al *rombo* y al *triángulo* todo su *valor real y elemental, lineal y cromático*.

Evitemos pues, para volver al gran espectáculo de la naturaleza, incluir ni por un momento la Luna en el espectáculo que nos ofrece el Firmamento. La Luna, disco periódico y cambiante, pero que traiciona siempre en sus apariciones al *círculo limitado en el espacio*, desluce los cielos y tan sólo embellece de forma fortuita la tierra, donde los objetos que ilumina débilmente y las sombras que les hace proyectar, toman un tinte misterioso en consonancia con el alma sensible, pero sin elevarla nunca más allá de la *sensualidad refinada*, ni llevarla más allá de una vaga melancolía. Más de una mujer amable, dialogando interiormente con ella misma de buena fe, en esos momentos, se encontraría demasiado confusa como para vincular al cielo las sensaciones y la especie de emociones que experimenta.

Causa de efectos y de aplicaciones en definitiva siempre materiales y terrestres, la Luna, o cualquier otro cuerpo errante parecido, es la que ha inspirado, fuera de toda duda, el culto primigenio. Causa de efectos exclusivamente *suprasensibles*, es

(26)

El Firmamento, o *cielo únicamente estrellado* cuyas *tinieblas* solemnemente visibles han situado en el trono de AQUEL QUE ES, *sin principio ni fin* en el *centro* de la inaccesible soledad de las *tinieblas sin límite*.

A falta de signo lineal que simbolice este misterio sublime, se presenta aquí el *signo cromático absoluto*, el *color negro percibido abstractamente*.

Resultado de una demarcación aparente entre la bóveda de los cielos y la superficie de la tierra, el *horizonte libre* no se obtiene más que por un *mar sereno* o por una vasta llanura o desierto. Ya he mencionado con anterioridad de qué modo las expresiones de *calma* y de *equilibrio* se vinculan a esos dos cuadros; debo añadir aún que esto se produce siempre por abstracción de los espacios comprendidos entre sus límites y nosotros. Esta onda serena puede agitarse formando olas espumosas; sus arenas pueden amontonarse como torbellinos mortales. Es posible que nos veamos obligados a enfrentarnos con ellos, y en ese caso ¿qué sería de ese horizonte?

Y esos Alpes, y ese Emaús y ese Cáucaso ¿quién nos explicará su elocuencia? ¿Tal vez el Conquistador que se ve impelido a detener súbitamente la marcha y el expolio a causa de estas imponentes barreras? o ¿tal vez el Sabio que las transforma en observatorios y en gnomones con el fin de someterlas metódicamente a sus investigaciones y a sus cálculos? ¡Dudo que pudieran darse dos interpretaciones más dispares! Y mil veces más alejadas aún serían sus almas consumidas por la llama de la ambición o por la frialdad de la ciencia, respecto del alma de aquel que tan sólo abordará aquellas *Pirámides eternas* para leer en ellas esa simple y a la vez sublime cita que da comienzo en su base y que termina en su cima *¡el hombre no es más que una caña, pero una caña que piensa!*

Si tuviera que definir a posteriori lo que a menudo experimenté yo mismo a la vista de las *grandes escenas de la naturaleza en reposo*, me vería casi tentado a llamar al sentimiento *un intento suavemente penoso por conseguir un divorcio imposible en este mundo entre la inteligencia y la materia*.

---

(27)

CUADRO SINÓPTICO
DE LOS DESARROLLOS DEL PRINCIPIO, INTRODUCIENDO EL VALOR INCONDICIONAL E IDENTIFICADOR DE LOS SIGNOS LINEALES Y CROMÁTICOS

Hecho fisiológico, sus tres grandes variedades elevadas al *máximo moral*.

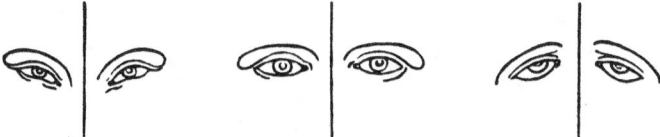

Elementos o *Direcciones lineales* de las tres grandes variedades del rostro humano, en relación al *Eje*, en tanto que *expresión* del hombre orgánico, intelectual y moral.

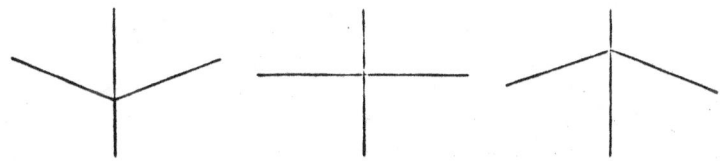

Valor y Analogías de estas tres direcciones elementales diferentes.

Expansivas.	*Horitzontales.*	*Convergentes.*
vacilación, agitación.	equilibrio, serenidad.	concentración, recogimiento.
dispersión.	orden.	solemnidad.
explosión, estallido.	claridad, luz.	profundidad, tinieblas.
color Rojo.	color Blanco.	color Negro.

Identidad de dichas *analogías* para cada categoría, en la reunión de sus *dos términos extremos*, que contienen los términos medios, de donde derivan para estas *seis expresiones* su valor de

Axiomas,

o *Elementos de interpretación y demostración sentimental de todas nuestras percepciones visuales.*

expansivas.	*horitzontales.*	*convergentes.*
rojo.	*blanco.*	*negro.*

———

LIBRO SEGUNDO

EL ARTE

Introducción

Acabamos de ver, tras la exposición de mi Principio en el libro precedente, lo que entiendo por *signos incondicionales*, y esta expresión, aparentemente tan vaga en el título, se encuentra, así pues, totalmente explicada.

Pero como este Ensayo se refiere a cómo esos *signos* se relacionan con el *Arte*, se esperará con razón que ahora diga de qué manera se produce esta relación y a qué *Arte* o *Artes* se aplica, puesto que la palabra es genérica. Sin embargo, dado que los *signos* como *signos lineales y cromáticos*, son *exclusivamente visibles*, se deduce que las Artes a las cuales los aplico deben serlo igualmente: de hecho, por Arte entendemos generalmente aquellas que se incluyen en el ámbito del *dibujo*: la ARQUITECTURA, la ESTATUARIA Y la PINTURA.

Voy a abordar, pues, en este segundo libro, y aún en el tercero, esas *tres Artes* y los *signos incondicionales* que les reconozco.

El comentario que sigue puede considerarse como una introducción.

El Hombre se encuentra expuesto en todo momento al mundo fenoménico. No satisfecho, no obstante, con las sensaciones interiores que le hacen experimentar sus percepciones, y con las que se identifica, una tendencia irresistible le empuja sin cesar a exteriorizarlas, extendiendo y ampliando así su existencia. De ahí, y desde el estado salvaje, esos esfuerzos continuos, primero impotentes, luego groseros e imperfectos, de disputar este mundo fenoménico a una Naturaleza a la que quisiera *utilizar*, incluso dominar, si esto le fuera posible.

Compuesto enigmático de debilidad y fuerza, de temor y de audacia, de infantilismo y de grandeza, el Hombre ha extraído de todos estos *contrarios* el conocimiento de las relaciones entre sus impresiones y sus facultades; y el *Tatuaje* en tanto que relación entre

(30)

el sentimiento de su debilidad y todo lo que le inspiraba extrañeza y temor, es quizás el origen primigenio de todo lo que denominamos hoy *descubrimientos, artes, ciencias etc.* El Hombre, *al tatuarse*, ha querido convertirse en lo que no era, para poder asimilarse así a seres más temibles que él, bien para poder afrontarlos mejor, bien para poder imponerse mejor, como ellos, a seres más débiles.

Privado, con todo, de los miembros necesarios para su defensa, de instrumentos orgánicos para satisfacer todas sus necesidades, el Hombre no podía rivalizar completamente con los animales, ni siquiera con los menos peligrosos a la hora de procurarse alimento, sino creándose armas ficticias; y tuvo que pasar mucho tiempo desde su grotesca y bárbara invención, antes de que pudiera vérsele rivalizando con las artes del zorro y del castor, para poder cavarse o construirse madrigueras y moradas. Sin embargo, la cuerda resonante del arco ya había sugerido la idea de la lira, y los cuernos de algunos animales abatidos, la idea de la trompeta o la trompa. Así pues, maestro en afrontar las bestias salvajes y en imitar su grito, el hombre se apoderó de sus guaridas, osó habitarlas, y pronto las diseñó e intentó construirlas él mismo.

Sorprendido de sus propios progresos, empezó a encariñarse con la naturaleza que creaba más que con la que abandonaba ya que, siendo esta primera naturaleza más dependiente de él, su debilidad y su orgullo encontraban en ella su expresión.

Y *Nemrod*, escuché en algún sitio, *fue un bravo cazador y construyó ciudades.* A esas palabras que encierran toda la historia del Hombre y de sus progresos, añadamos siempre aquellas que abren mi libro: *el hombre está erguido y apunta hacia el cielo.* Éstas me parecen la pauta de todo lo que puede y debe ser actualmente, el punto de partida de todas sus investigaciones ¡el *rasgo característico* que deben consagrar todas sus producciones!

———————

(31)

DE LA ARQUITECTURA

> El Signo no cambia: el intérprete
> es quien lo profana o sacraliza.

Debido a nuestro amor por la Arquitectura nos cuesta reconocer, en las construcciones primitivas más celebres e imponentes, el testimonio irrefutable del orgullo y la tiranía de algunos hombres poderosos, que se burlan, desde la infancia de las sociedades, de la ignorancia y la decadencia de los pueblos. Con la intención de atribuir a ese Arte un origen más puro y una evolución más progresiva, intentamos en vano remontarnos a las primeras cabañas para hallar los elementos y características propios de toda construcción. No se trata de la choza de Filemón y Baucis, que se metamorfoseó en templo. Esas hermosas historias que permiten que, de entre nuestras necesidades más inocentes, del fondo de nuestros sentimientos, surjan las artes, desgraciadamente no resisten una crítica sana, que revele, y debe hacerlo demasiado a menudo, la triste verdad. No es al hombre que cambió el vacío de las cavernas y el fondo de los bosques por una endeble cabaña construida en las tierras que él cultivaba con el sudor de su frente y, todavía menos al nómada, que arrastró por las praderas una existencia tan precaria como independiente sin otro abrigo que una piel de animal, a quienes debemos la concepción de esas Pirámides, de esos Laberintos, de esas Pagodas y de tantos otros monumentos que se remontan a la antigüedad. Tampoco, ya en siglos posteriores, debemos a los pueblos instruidos y libres, satisfechos del humilde techo de sus padres, esas Catedrales, esos Templos, esos Campaniles, cuyo lujo y osadía nos sorprenden. Todo aquello que elevó el Arte de la construcción a la máxima gloria y lo hizo merecedor del título verdadero de *Arquitectura*, de primera entre las Artes, de *Arte por excelencia* (y tengo que insistir en ello muy a mi pesar) lo debemos al poder usurpado de uno solo y a la influencia de algunos hombres astutos que pudieron o supieron aprovecharse abiertamente o en secreto de sus semejantes como si fueran instrumentos viles y despreciables. A pesar de que en ocasiones, tal y como llegó a suceder en Egipto, algunos trabajos útiles parecen haber eludido el orgulloso esplendor de esos opresores, los emblemas y las pomposas inscripciones se encargaban de hacer constar y recordar a los pueblos su mezquindad y dependencia, a través del recuerdo de las extorsiones y de las inmensas sumas utilizadas, del número de obreros y de esclavos que tuvieron que trabajar y perecieron, y de los sencillos alimentos que les sirvieron como sustento. Me atrevería a decir que los Belos, los Faraones y la Roma esclava, en la Antigüedad y los sacerdotes, los monjes y algún que otro débil monarca y vasallo de la Iglesia, en la Edad Media, son los culpables, los creadores de la más hermosa, de la más noble de las Artes, y ¿qué alma sensible, consciente de ese vergonzoso y culpable origen y de un desarrollo tan reprobable, no estaría tentada de negarle su admiración y rechazarla?

Pero el asunto que nos ocupa no es ni ese origen, ni la historia de la Arquitectura. Se trata aquí de su esencia como Arte, de los vínculos que establece entre algunas de nuestras facultades y ciertas partes del gran espectáculo de la naturaleza, y de la impresión más o menos profunda que nos provoca. El sentimiento sólo admite esos tres elementos, o quizá sólo son para él la misma y única impresión instantánea de la que se ocupa de modo exclusivo. Indiferente a todo lo demás, deja que el historiador, el arquitecto, el anticuario, cuenten, describan, midan, discutan, examinen los monumentos, determinen quiénes los fundaron, las fechas, las épocas, establezcan todas sus particularidades; el sentimiento no guarda relación alguna con toda esa exhibición de saber y, a menudo, de pedantería. Disfruta, y si a veces se interroga acerca de ese disfrute, asocia sus investigaciones, sus descubrimientos, sus luces, no a frías y banales verdades, o a hipótesis todavía más estériles, sino al hombre mismo ¡ y se complace en reconocer y en señalar, llegando incluso a abusar de nuestras facultades, el origen de su nobleza y su verdadera grandeza!

Se dijo antes de mí y continuará diciéndose cuando yo haya muerto que, *de entre todas las Artes, sólo la Arquitectura es capaz de reproducir ante nuestros ojos algunos de los imponentes efectos de la naturaleza*: y la razón es muy sencilla. Sólo ella, como Arte visible y tangible, puede adueñarse de todos los aspectos y utilizar los mismos materiales. En cierto modo es una naturaleza transplantada. Así, esos poderosos hombres, a quienes acabo de mencionar por haber sido los primeros en encargar esas grandes obras con el fin único de dejar a los pueblos constancia de su poder y de transmitir un recuerdo permanente a la más lejana posteridad, no hubieran podido lograrlo sino creándose para sí una segunda naturaleza dentro de la que los rodeaba, haciendo incluso todos los esfuerzos para superarla con insolencia, y asimilarse a una Causa primera, llegando incluso a veces a desafiarla. Hay tradiciones que nos describen a muchos de esos déspotas bajo los colores más negros: auténticos gigantes que escalan hacia el cielo o que quieren comunicarse con él. Esa es la razón de que haya enormes masas, rocas en forma de pirámide, miles de columnas, que imitan y rivalizan con los picos elevados o con los oscuros y frondosos bosques, en los que la astucia, venida en auxilio de la violencia, fingía haber consultado a la divinidad para hacerle promulgar leyes favorables a su pasión por la dominación, provocando así una doble impresión imponente y solemne en el vulgo ignorante, por naturaleza ya sobrecogido por el aspecto de esas grandes obras de la naturaleza. Por lo tanto, la sola y única regla que el Arte debía adoptar y seguir de modo constante consistía en tomar como tipos de los monumentos que quería erigir a su orgullo, esos picos, esas rocas, esos bosques, de donde, entre relámpagos y bajo el antiguo y oscuro follaje, emanaban esos pretendidos oráculos divinos. Se trataba, en una palabra, de reproducir la naturaleza tal y como el despotismo y la teocracia, todavía más horrible, querían que el ser despreciable, su esclavo y su criatura, la interpretase. Pero con el objeto de no alejarse de ese fin, ni hacia la derecha ni hacia la izquierda, fue necesario que el Arte, en su lucha con la naturaleza, prestara siempre gran atención en preparar, en dotar a sus planes y a sus concepciones de ese carácter de *no-finalidad*, siempre tan dominante en las grandes creaciones de dicha naturaleza; única condición *sine qua non* de su elocuencia. Que nadie se equivoque, ya que es un hecho que la experiencia ha constatado y consagrado. Todo objeto *final* o determinado en un edificio, al acercarse a la utilidad ya sea pública o privada, se aleja de la naturaleza. Todo gran palacio, incluso el más suntuoso, cuando se utiliza como vivienda, deja de dirigirse al sentimiento. Las hileras de ventanas, desde el exterior, denotan la división en pisos o la distribución del interior. Las escaleras que conducen a lo alto, parecen impedir que el pensamiento se eleve. El cuerpo se arrastra de estancia en estancia: la imaginación se encuentra limitada y por tanto sin alimento y al monarca más poderoso que lo ocupara, nosotros lo encerraríamos con sus debilidades, sus errores, sus necesidades, y más de una vez con sus sufrimientos y remordimientos. La Arquitectura pierde todo carácter de *Arte emulador*, allí donde el hombre pueda explicarse o aplicarse sus concepciones. El Vaticano, el Escorial, y todos esos palacios reales tan elogiados, esconden un ser débil y mortal. Las Pirámides, los Laberintos, las Pagodas ocultan muertos, espectros, demonios, y el Conductor del pueblo hebreo, para compensar la ausencia de un tabernáculo que la multitud veía cada día montar y desmontar bajo sus ojos, tomó de Egipto el cofre místico de Osiris, y el vulgo ya no se acercó más que con temor a unos postes pintados y dorados, que creía rodeaban a su dios.

Nosotros, para quien la admiración ya no es resultado de la ignorancia ni del envilecimiento, sino de la moralidad, es decir, de la conciencia o del sentimiento de todo nuestro ser; nosotros mismos, digo, sólo podemos reconocer que, de entre todos los edificios, aquellos que más han excitado nuestra imaginación, son los que en el fondo carecen de finalidad determinada, o bien poseen *una* extremadamente *vaga*. Todo el mundo puede recordar, si reflexiona sobre ello, haber experimentado, en una u otra ocasión, algo muy interesante que nos conduce al tema que nos ocupa: a la impresión general que nos causan esas masas *sin finalidad*, y por lo tanto *indefinibles*, a lo que se añade además la que resulta de la diferencia de género de su construcción, de modo que (y me dirijo a todos aquellos que han llevado a cabo esa comparación) la vista o la representación de un *templo Egipcio* o *Greco-dórico puro*, nos afecta de un modo bien diferente a cómo lo hacen esas *grandes Iglesias* o *Catedrales medievales*: construcciones sin embargo todas ellas marcadas por el mismo sello de *no-finalidad*. ¿De dónde puede provenir esta impresión tan diferente, y que además es indiscutible? ¿Se tratará de un problema? Dispongámonos a resolverlo con ejemplos ilustrativos.

Reconocemos que la Arquitectura es capaz de reproducir diferentes efectos imponentes de la naturaleza; de ello se deriva necesariamente que, para que ese Arte recree la impresión que nos causan un pico elevado, o bien un bosque frondoso, *los signos empleados* tendrán que tener como *tipos* los grandes rasgos característicos de la percepción misma. Y esos grandes rasgos de la naturaleza no pudieron despertar la imaginación, ni dirigirse de modo incondicional al sentimiento, hasta que el hombre (tal y como creo haber demostrado a lo largo del primer libro) no los asumió de una manera más o menos empática, intelectual o moral. No neguemos a los arquitectos de esas grandes obras primitivas y posteriores el sentimiento, ya que fue este el único medio para lograr su objetivo y el de sus gobernantes. No obstante, lo que se proyectó en interés único del vicio y de la tiranía, nuestra moralidad puede convertirlo en muestra de dignidad, y esos *mismos signos* que se tomaron prestados de la naturaleza para crear el lenguaje del error, se pueden utilizar para expresar la verdad de modo elocuente. No habrá cambiado el signo, sino su intérprete. Un vasto horizonte, un mar tranquilo, unas encinas seculares, ya no serán los símbolos de un poder sin límites, inquebrantable, acaparador y que siempre está dispuesto a castigar, sino la imagen de un alma tranquila y de una voluntad firme y disciplinada. El vacío de las cavernas y la sombra de los bosques ya no favorecerán los horrores del fanatismo y la superstición bajo los nombres impíos de *santuarios* y *de santa santorum*, sino que invitarán al recogimiento, al silencio, a la soledad, a la introspección; y una roca escarpada que oculta la cumbre entre las nubes, en lugar de provocar el *orgullo de Babel*, desafiando así a la divinidad, hará que alcemos la vista al cielo para, a continuación, bajarla ante ¡esas sublimes profundidades que el pensamiento quisiera recorrer y penetrar!

Los Sabios de la India dicen: *si el Hombre alza su corazón a Dios, atraerá hacia él el alma y el aliento de Dios.* Una *Catedral gótica* simboliza esta máxima tan hermosa: al mostrarnos al Hombre en toda su dignidad física y moral, *de pie, la mirada dirigida a su Dios,* ¡señalándolo, incluso silenciosamente, con el dedo!

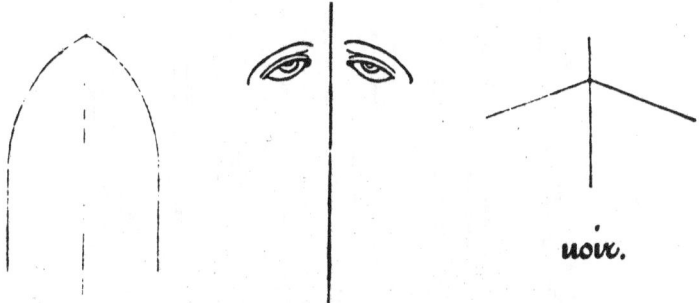

Y ahora ¿Qué interés tiene buscar, discutir, determinar si ese tipo de Arquitectura que acabo de llamar *Gótica*, debería conocerse por los nombres de Oriental, Sarracena, Morisca, Sajona, Alemana? ¿Qué interés tiene ver o no ver en ella el resultado fortuito o razonado de una asociación de elementos diferentes, tomados *o no de la naturaleza*, y reducidos a un sistema, porque son considerados muy favorables a la gran elevación con que se quería dotar a esta especie de Construcción? Todo ello puede decirse, puede defenderse; de hecho muchos se dedican a ello. Pero nosotros no entraremos en ese asunto. El *signo dominante, característico, incondicional* existe, y con él toda su elocuencia, a

(36)

menudo reconocida, y de nuevo tan impresionante y solemne en su aplicación a la Arquitectura. Acabo de señalar sus efectos sobre el hombre interior, pero también puede afectar al hombre exterior. La arquitectura, considerada bajo su verdadero punto de vista, se halla presente en la sociedad, casi *la única naturaleza que rodea al habitante de las ciudades*, y éste no es indiferente al mensaje que le trasmite. Un edifco público fascina, atrae las miradas de toda una población; la madre transmite esa impresión al hijo, y estoy seguro de que la analogía que se observa entre las costumbres, la vestimenta y las *Construcciones de la Edad Media*, se debía a esta influencia de la Arquitectura Gótica, entonces extendida de modo general. Mostraré un único ejemplo, a título ilustrativo, que justificará, estoy seguro, todos los demás. ¿De qué modo el Caballero cristiano, a quien desde siempre se ha atribuido valor, lealtad, galantería, amor, fanatismo, devoción, y que representa todo el brillo y todos los extremos de la época, podía poner de manifiesto la *reunión visible* de todo ello en su persona, sino a través de esa armadura tan marcial y elegante a la vez que completamente misteriosa?¿ Y ese *Casco de acero negro o pulido, coronado por un penacho que cae sobre los hombros*, no es en sí una verdadera obra maestra del espíritu caballeresco que le inspiró el soplo creador de la Arquitectura Gótica?

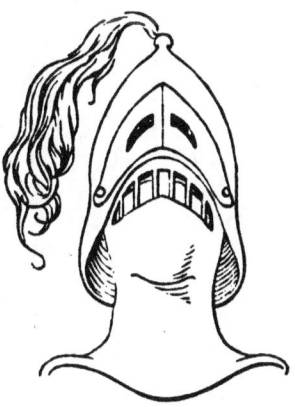

Cerca de cuatro siglos después, esa bella arquitectura ya no existe como *construcción*, y no se ha hecho nada similar desde la gran revolución de las ideas. ¿Quiere eso decir que hoy nos es completamente ajena, que debemos renunciar y permitir que esos bellos monumentos perezcan? ¡ No quiera Dios que yo injurie de este modo al siglo en que vivimos! ¡Al espíritu y al pensamiento que lo caracterizan! ¡Al sentimiento de auténtica religiosidad que se manifiesta y se propaga cada vez más a pesar de todos los obstáculos! Ese sentimiento ha de hacer desaparecer todos los disparates, excluir de nuestros corazones ante Dios los nombres de Roma y Ginebra para siempre, sustituirlos

(38)

por la *llamada interior de un Padre de todos*; ¡corresponde a ese sentimiento, creo yo, devolvernos pronto, en toda su gloria, una Arquitectura, injustamente olvidada durante demasiado tiempo, y cuya sublime elocuencia fueron indignos de interpretar los siglos *fastuosamente inmorales y paganamente eruditos* de León X y Luis XIV!

Sin embargo, en la segunda de esas épocas, un único hombre comprendió la Arquitectura Gótica y fue precisamente aquel que no gozó de los favores del *gran* rey. Me refiero a Lafontaine el bondadoso, sencillo e inimitable autor de las fábulas.

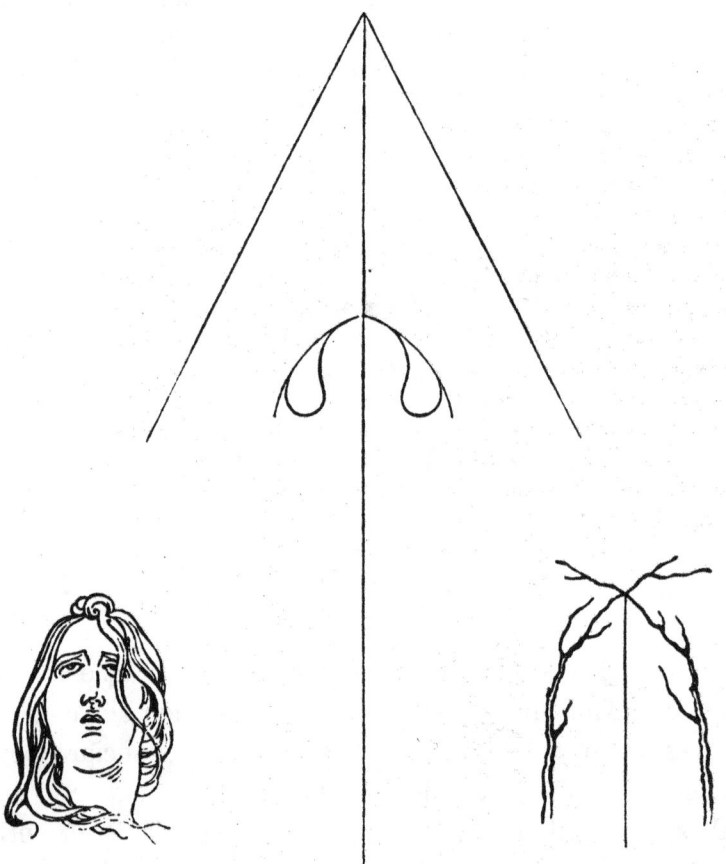

Este *acuerdo moral*, el único posible hoy entre, por un lado, nuestros usos, nuestras costumbres, nuestra vestimenta y, por otro, nuestras Artes, merece toda la atención del filósofo Legislador. Pero no es aquí donde procede detenernos. En el tercer libro, expondré algunas ideas al respecto, pero ahora, he de mencionar una *analogía*, la más impresionante que pueda existir, y que realmente existe, entre la *fisonomía general* de una nación y su *propio físico* individual. Vestido, peinado, calzado, muebles, adornos, armas, *Edificios*, todo, por su *forma* y por sus *colores* reproduce, en el pueblo Chino, esa *expansiva lineal y cromática*, de la que su rostro, por la dirección natural de los órganos, parece representar el *tipo invariable*. En todo lugar ausencia de dignidad, gravedad, estabilidad, ¡Cómo poseer entonces una Arquitectura! Por ello, el chino no la tiene ni la tendrá, mientras perduren sus instituciones. Entre éstas últimas y las Artes siempre hay, más acción y reacción de lo que pueda parecer.

Sin embargo ¡seamos justos! En este Ensayo, al hablar únicamente de *la impresión incondicional de los signos* en nosotros, es cierto que los empleados por el Chino en sus construcciones, y sobre todo en sus *cubiertas*, señalan el más completo olvido de toda conveniencia, de todo motivo razonable; pero, si tal y como creo, esa *techumbre curiosamente característica* debía su origen a opiniones, a tradiciones que ese pueblo respetaba, todo cambiaría a ojos del filósofo. Ya no vería el arte, solo vería su aplicación mal entendida; y efectivamente, que abra los Anales de la China, y leerá cómo unos tres mil años antes de nuestra Era, *Una santa Virgen quedó en cinta por obra de una Urraca, y dió a luz a un hijo santo, hermoso, apuesto y dotado de una gran elocuencia. Una voz celestial le dijo: te he engendrado para restablecer la paz entre las tribus. Cuando este Niño creció, se embarcó, siguió el curso de las aguas, y fue a predicar la paz.* ¿Será ese barco, esa barca del Santo, en el pasado expuesta para que los pueblos la venerasen, la que todavía corona sus pagodas y sus edificios? Y las serpientes y dragones que normalmente rematan la cubierta y los pináculos, ¿aludirían a esos monstruos reptiles, *habitantes de las grandes Aguas, que inundaron un día el Imperio del centro, a los alrededores del Gran Lago (¿Baikal?), cerca del cual la tradición añade que nació ese hijo de la virgen?*

En Egipto el gran Sésostris dedicó un *magnífico navío* a la divinidad de Tebas. Las barcas egipcias estaban pintadas en *rojo* como, a menudo, lo están las piraguas de las islas del Sur. Y ese es el color que constantemente aparece en los *bajos de las cubiertas chinas*.

Entre esos dos extremos que nos presentan las Construcciones Góticas y Chinas, es decir lo más audaz y solemne por una parte, y por otra lo más caprichosamente mezquino que el Arte haya jamás ideado, se halla una tercera Construcción, sobre la cual la razón misma parece haber presidido para ofrecernos reunidas, bajo un solo y mismo aspecto, la combinación armónica de las fuerzas separadas, así como 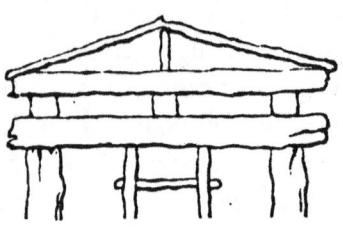 la nobleza y la grandeza derivadas de la simplicidad. La *Construcción Estilófora*, cuyo origen fue indígena, agreste, probablemente libre, y que fue modificándose según la ubicación, el clima, la manipulación de los materiales y los progresos de la civilización, alcanzó en la Magna Grecia el punto culminante de su elocuencia masculina e imponente. Las planicies de Sicilia y Calabria, escenarios inmensos de verdaderas obras de arte de ese tipo de Arquitectura, son las únicas que todavía hoy conservan esos grandes restos. ¡Quién no conoce al menos de nombre los templos de Neptuno y de la Concordia! Esos monumentos, y sobre todo el primero, nos recuerdan a la vez, por sus masas y por sus elementos esas rocas transformadas y transplantadas de la India y de Egipto y esa cabaña ya perfeccionada, y sucesivamente símbolo emocionante y verdadero del trabajo y del reposo, de la independencia y de los vínculos de la sociedad. Insertado en los mismos grandes prestamos de la naturaleza y desarrollo magnífico de ideas simples y serenas, un templo *Greco-dórico*, que yo llamaré *Greco-toscano*, nos emociona, nos afecta profundamente, pero no con la misma emoción que nos hacen sentir las bellas Iglesias Góticas. Éstas últimas excitan, despiertan el sentimiento religioso, nos elevan, nos separan de ese mundo sensible, mientras que el primero nos impresiona de un *modo más material*, más acorde a nuestra existencia terrenal; pero si permanecemos vinculados a esta tierra, por lo menos, caminemos con la cabeza alta. Un sentimiento de satisfacción, de confianza en

nuestras fuerzas físicas y morales, nos engrandece a nuestros propios ojos. Todas nuestras facultades se dilatan. Más aún, se produce una simpatía, un contacto eléctrico entre el presente y el pasado. Los héroes y los grandes hombres de la antigüedad, toda la obra de Plutarco, nos vienen a la memoria. Imaginamos a Arístide, a Epaminondas, a Foción, a Sócrates paseándose, entregándose a sus meditaciones bajo ese pórtico, entrada a un Senado de hombres virtuosos y sabios, reunidos para tratar (¡santa alianza digna de ese nombre!) los grandes intereses del conjunto de la humanidad. Todo, en una palabra, en un *Edificio Greco-toscano* me parece señalar la libertad pública bajo la garantía de las leyes, la gloria nacional transmitida a la posteridad, el culto de los héroes sin idolatría; y la invariable *horizontal* que constituye el elemento distintivo, nos muestra constantemente *el equilibrio de las pasiones, la grandeza del alma y la calma de la virtud.*

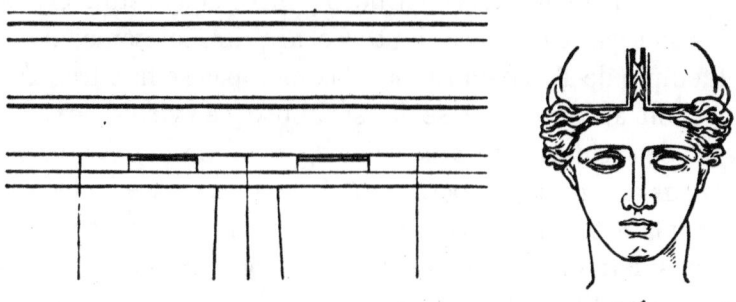

Pero no nos equivoquemos. Sólo por la utilización más rigurosa del *signo elemental* se obtienen los efectos y los resultados indicados; y si en lugar de ser demasiado fiel a su tipo primitivo de cubierta a dos aguas, la construcción estilófora, al emplear materias diferentes y sometidas a otras leyes, se hubiese aproximando al *conjunto egipcio*, su elocuencia habría sido más completa, porque el *signo a interpretar* habría dominado.

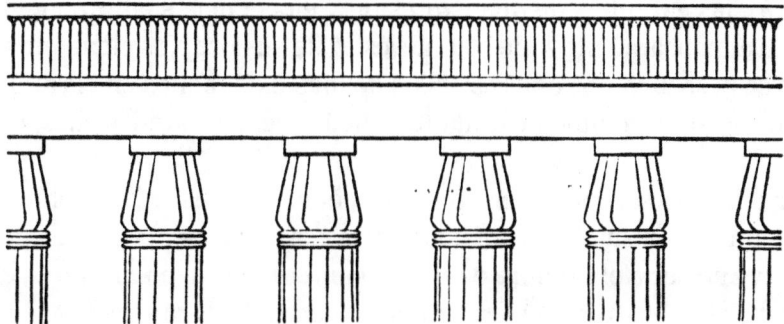

(42)

Expresemos y desarrollemos todo nuestro pensamiento. En el momento en que la Arquitectura, que no se atrevía a romper abiertamente con su tipo en madera, *transigió*, si puedo así decirlo, *con su conciencia*, se vió obligada a admitir dos elementos más, el *frontón* y el *friso*. Dejo de momento, al margen, el primero, y aquí sólo me centraré en el segundo, más en contradicción con el *sentimiento de verdad*. Porque ¿qué es el friso? Una de dos: o la *indicación* innecesaria y completamente falsa de un fondo de vigas que ya no existen y el *relleno* de vacíos que llevan y conservan el nombre de aquello que destruye, o bien una *simple banda*, tal y como la denominaban los antiguos, que crea el efecto vicioso de un segundo arquitrabe, superpuesto sobre el primero, y que sujeta el tercer arquitrabe ¡que es la cornisa! La arquitectura no podía ocultar ese *contrasentido* por sí sola y tuvo que recurrir (segunda distorsión) a la Escultura; el friso se convirtió así en elemento de otro arte. Por lo menos en el hermoso templo de Paestum el *friso* es simple, los triglifos puros, las metopas lisas, el conjunto y el arquitrabe asemejan un único y mismo elemento. En el templo de Teseo en Atenas, las metopas se han transformado en *bajos relieves*, y el Partenón, aprovechándose de este abuso y en virtud de esa *asociación exterior*, se sobrecargó de esculturas de *altorrelieve*, entre ellas las del tímpano, a las que, si son *contemporáneas* al templo, su perfección hace más represibles ya que las vincula completamente con la Estatuaria. Así pues el Partenón, tal y como yo lo concibo en todo su esplendor, y considerado como un ejemplo, me parece una *obra maestra peligrosa* edificada en los límites últimos del Orden dórico, y del que un paso más lo excluiría para siempre.

A pesar de las vicisitudes y variaciones propias de toda obra humana, la *Construcción Gótica*, más independiente del lujo y de la escasez de ornamentación accesoria, más libre de reglas y medidas concretas, halló en la *elevación* y en el *empleo constante de la Catenaria*, las garantías de una expresión y elocuencia siempre idénticas. Similar en cierto modo al pensamiento, que sólo necesita de sus propios elementos para alzar el vuelo, apenas se preocupa por unas estrellas de más o de menos en el camino por el que nos conduce hacia el Astro único y brillante, que las eclipsa a todas ellas, unas detrás de otras.

A partir de ahora, la construcción Gótica, émula de esa hija sublime del sentimiento que alimenta según su esencia., ¿no tendría acaso que ser calificada de *Símbolo del pensamiento*? y ¿no sería el nombre de *monumento de la razón humana*, el más adecuado para designar la Construcción Greco-toscana en toda su pureza?

(43)

Un *resumen visible* de los elementos característicos de esos dos tipos de construcción, creo yo, legitimará esas nuevas denominaciones, a la vez que nos conducirá a los tres siguientes resultados, con los que terminaré, de momento, estas reflexiones sobre la Arquitectura.

En primer lugar este cuadro responderá a las críticas de aquellos que dicen que, *la Arquitectura es inferior en expresión a la Estatuaria y a la Pintura, porque, al contrario que ésas, no trabaja el rostro humano.*

En segundo lugar, determinará a través del *prototipo reconocido* y de sus analogías, cuál debe ser el *valor cromático de los materiales visibles* utilizados en una u otra de las dos Construcciones que nos ocupan.

Y finalmente, nos servirá como *regla y medida sentimental* en los juicios que emitamos sobre los monumentos, en los que esos *elementos lineales y cromáticos* hubieran sido despreciados, mancillados o destruidos. Dos o tres ejemplos de entre miles servirán como prueba.

He aquí el CUADRO SINÓPTICO. Primero se encuentran los *elementos lineales* y mi respuesta a la objeción citada.

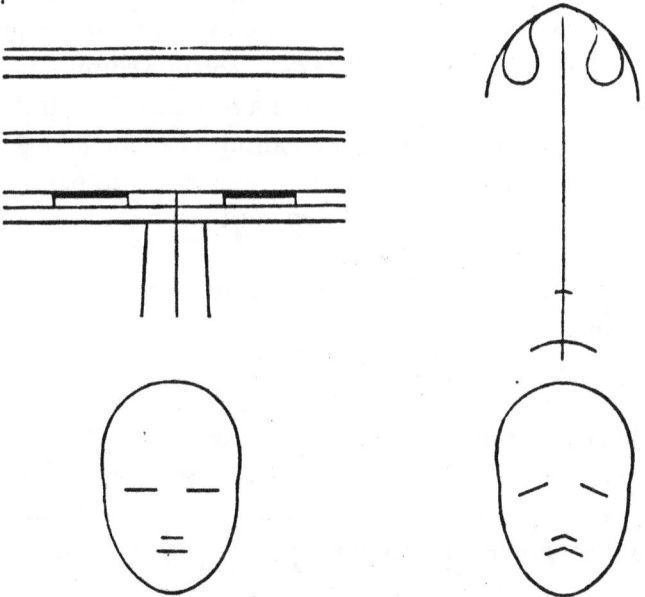

(44)

Le siguen las *Áreas*, cuyos elementos provocan los *límites y los colores*, que el sentimiento proclama como sus *idénticos*.

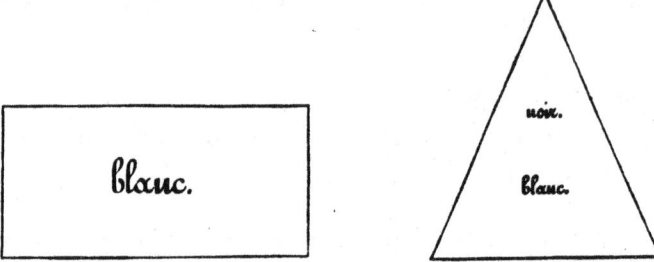

Es decir, el *mármol blanco más puro* para un templo *Greco-toscano*, y la piedra que permite *pasar del blanco al negro*, desde la base hasta la cúspide, para una *Iglesia Gótica*. ¡Incluso un Platón, a pesar de su sublime pensamiento, confundiría por un momento el templo *que se ha de consagrar a la Divinidad* con el *monumento nacional* que la Grecia agradecida erigiera a sus héroes elevados a dioses! Él era griego, y ese pueblo no podía concebir *signos más intelectuales* en la tierra donde se engendraron sus dioses. Llegó Oriente que nos legó *los suyos*, que habían descendido entre los hombres e identificado con ellos. Herencia oscura, misteriosa, mística, pero reconfortante, sublime si el pensamiento la explica y el sentimiento la sanciona. Se trata entonces del *reino de Dios en nosotros*, del GRAN INTÉRPRETE. De este modo se eleva el monumento por el que el hombre confirma su bien y sella su alianza. *Nueva escalera de Jacob* que comunica la tierra con el Cielo y el Cielo con la tierra, este monumento será una hermosa Catedral Gótica, y *los signos eternamente elocuentes* que nos ofrecerá no podrán ser mancillados sin sacrilegio. ¡Maldito aquel que cambiara la *Catenaria* por el arco de medio punto, la *fachada de piedra de toba* por mármol blanco, y el *tejado de pizarra* por tejas rojas!

La *comparación lineal y cromática* de las construcciones Gótica, China y Dórica pone de manifiesto esta verdad.

Terminemos pues por los ejemplos prometidos sobre la *violación* o el *olvido de los signos*. La Construcción estilófora perdió su verdadero carácter en el momento en que la imitación fría y pueril de algunos capiteles egipcios e indios hizo degenerar su lujo simbólico y religioso *en pequeños mármoles en forma de voluta, ensanchados, recortados*. Dicha construcción rompió con la expresión simple y masculina que la distinguía de modo tan superior en los *hermosos monumentos de Paestum*, y que Egipto, a pesar de la profusión de detalles, supo conservar gracias a *las fuertes proporciones de su columna*. Ésta pasó a ser larga, fina, estrecha y acabó por admitir el desafortunado *ensanchamiento (éntasis)*, que acabó con la forma de cono troncado, y con ello con la expresión de solidez real y aparente. La Roma esclava, adoptó todas esas innovaciones, violando uno de los monumentos más imponentes que le legó la República, al añadir  un *peristilo corintio*, y los diferentes ordenes y miembros hacinados unos sobre otros en los teatros, las termas y los arcos de triunfo, preparaban desde hacía ya tiempo el *deforme Coloso* que la Roma cristiana elevó a categoría de modelo de sus nuevos gobernantes. Ningún *signo dominante*, ninguna línea grande y hermosa, ninguna idea principal caracterizan a ese demasiado famoso edificio, que ni siquiera promete dejar un día unas ruinas interesantes, a no ser que circunstancias extraordinarias, más poderosas que los meros estragos del tiempo, borren la horrenda fachada junto con la disposición y marquetería interiores.

No hablo de su *columnata*. Se trata de una pieza añadida, y Bernini no era el más apropiado para dejarnos *una avenida de Esfinges*. Cuando trazamos en su totalidad la planta actual de San Pedro de Roma, observamos cómo se asemeja a la marca de un cangrejo en la arena.

Cuando en 1807 la explosión de un navío cargado de pólvora arruinó una parte considerable de la ciudad de Leyde, *las dos grandes Vidrieras* de la antigua Catedral quedaron tan destrozadas que se vieron obligados (quiero pensar que fue necesario) a sustituirlas por las que hoy en día vemos. Gruesas barras y *traveseras de madera de color amarillo*, cortándose vertical y horizontalmente en ángulos rectos, enmarcan, mediante *molduras pintadas de blanco*, las vidrieras, *cuyas divisiones cuadrangulares* quedan toscamente visibles; he aquí lo que reemplaza esos *únicos y pequeños montantes* de piedra de aristas finas que partían del nacimiento de la Vidriera para desarrollarse bajo la *catenaria*, a modo de *ramas entrelazadas*, produciendo esos *vacíos* que nos recuerdan de un modo vago, y por ello de una manera tan elocuente, los efectos misteriosos de la luz y las sombras en las bóvedas de los bosques, y esa expresión tan solemne del *prototipo* en el juego de las cejas sobre el rostro humano.

(46)

Reconozcamos que era imposible destruir semejante expresión de manera más completa que la que produjo la restauración.

Pudiera al menos este último ejemplo interesar al habitante y a la regencia de la ciudad de Leyde para que conserven *inmaculada* la *Iglesia de San Pancracio*, que amenaza, según dicen, con necesitar grandes reparaciones. ¡La salvación de este hermoso monumento, mientras aún sea posible, es una cuestión de honor nacional; sino… es preferible que se arruine antes que sufrir la misma suerte que la catedral!

———

(47)

DE LA ESTATUARIA

> No busquemos los signos
> en la patria de Fidias.

El origen de la Estatuaria o el *Arte de trabajar las estatuas* se pierde en la noche de los tiempos. No hay nada que nos indique un *tipo primitivo* ofrecido a la imaginación, ni la necesidad y los medios de reproducirlo; pero tampoco hay nada que nos impida reconocer al menos en la *momia egipcia*, es decir en la *Caja* que le sirve de envoltorio, los motivos, la aplicación y los primeros intentos establecidos e impuestos por un Arte, cuyos vestigios más antiguos parecen apoyar esa hipótesis. Este va a ser nuestro punto de partida.

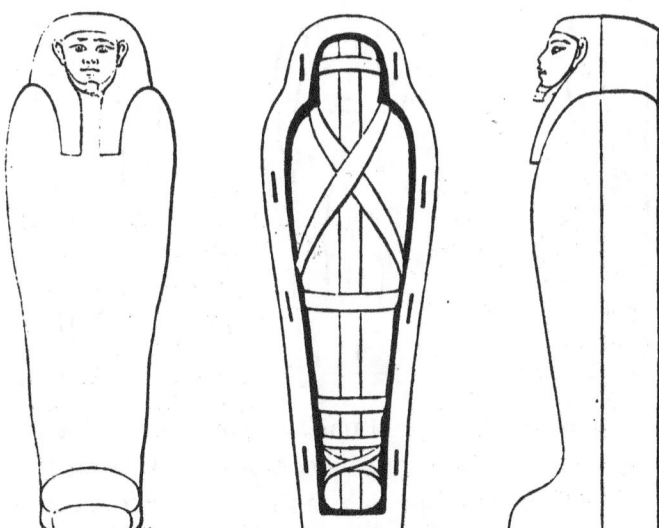

El paso a una aplicación menos restringida de esta *Caja de la momia*, simple accesorio para el embalsamiento, aunque sea su *signo característico exterior*, parece haber

(48)

sido establecido por la política. Hay tradiciones inmemoriales que hablan de la *imitación del cadáver o momia de un ilustre personaje*, con la finalidad de que más de un pueblo o tribu imaginase ser el único y verdadero depositario de aquello que les confió una astuta soberana. El cuerpo de Osiris reproducido y multiplicado por la plástica no era todavía una *estatua*, pero pronto, de la *Caja* vacía o de un solo bloque que cumplía esa misma función, nació la *estela* coronada por una cabeza; el *Dharm*a o cadáver del Pastor-negro de los hindúes transformado en cadáver de piedra y sin brazos...

Una vez encaminado, el Arte no se detuvo, y bien sea por una nueva política o por el resultado natural del primer impulso recibido, nuevas acepciones se vincularon a otros intentos. La muerte se aproximó a la vida: se destruyó el ataúd, cayeron los paños y las vendas, los miembros se descubrieron, y la *momia o Hermes* se transformó en *Dédalo o representación inmóvil y rígida de la existencia*.

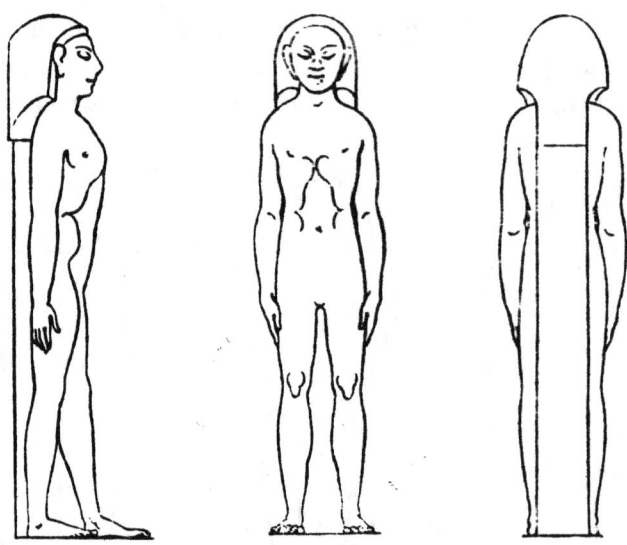

Los desarrollos ulteriores de la Estatuaria son ajenos a su *esencia*, y por tanto también a este Ensayo. Además, son una sencilla consecuencia de los de la Sociedad misma. La historia política y religiosa de los pueblos antiguos coincide, generalmente, con la de sus artes y ciencias. Más de una institución provocó o retrasó el desarrollo y el progreso: más de un descubrimiento, de un procedimiento puramente material influyó a su vez en las opiniones y creencias del vulgo, y por ello más de un dogma se elevó desde el fango

(49)

hasta el Cielo para volver a descender. ¿Buscamos un ejemplo? Prometeo o Brahma nunca habría dado lugar al *hombre de arcilla* si la plástica no se hubiera conocido, y no se hubiera aplicado al *embalsamamiento de la momia*; ¿cómo explicar de otro modo por qué, *solo* entre todas las criaturas, el *hombre* nunca fue producto de un acto vivíparo de la voluntad divina? Cuerpo inanimado moldeado en barro pero que vivifica un soplo creador y que resucita por obra de un soplo creador, el *primer hombre* de las antiguas tradiciones no es más que la *primera momia desprovista de sus paños, el primer dédalo que abre los ojos y está dispuesto a caminar*. Sin duda alguna, durante mucho tiempo, y esta es la reacción de la creencia general acerca del desarrollo del Arte, el hombre no se atrevió a contravenir el dogma que él mismo hizo nacer, y cuando finalmente la antigua escuela ateniense se sacudió el yugo que había heredado, intentó representar la vida y el movimiento, comenzó por acentuar las líneas de los músculos y las articulaciones del cuerpo humano para utilizarlos como piezas necesarias y visibles de una organización hasta entonces condenada a la inercia.

Existió pues, desde muy antiguo, una relación muy estrecha entre la Estatuaria emergente y el culto o respeto a los muertos. Todo ello nos invita a considerar que esa *asociación* se remonta muy lejos, más allá de las últimas revoluciones del globo, donde murieron o se dispersaron sociedades enteras y con ellas sus instituciones y manifestaciones artísticas, y quizás más de una prueba de mi teoría. Pero ¿qué estoy diciendo? ¿quién sabe si en alguna de esas tierras separadas del continente del que formaron parte o a cuya destrucción *sobrevivieron*, haya restos de esa proto-estatuaria *conmemorativa a los muertos*, y si son de esa clase las figuras informes y gigantescas de la Isla de Pascua y otras parecidas que dícese hayan sido vistas en la costa occidental de Nueva-Holanda? Esas extraordinarias estatuas (las primeras), situadas sobre una especie de plataforma de antigua construcción, que Cook y Lapérouse creyeron podían indicar antiguos lugares de reposo, bien pudieran haber sido el *símbolo* de la muerte. Los diferentes nombres que les dan los insulares apoyan esta hipótesis; y ¿Acaso no sabemos nosotros por una ley de Solón contra el lujo de las tumbas, y por un pasaje muy formal de Pausanias, que la costumbre de situar a Hermes en el mismo lugar de la sepultura era normal en la antigua Grecia? Y Grecia, tal y como se sabe, no inventó jamás nada. Ese *Hermes* fue sólo adoptivo, tradicional, y por tanto más digno de atención. Nos traslada a Egipto, a la India, a un

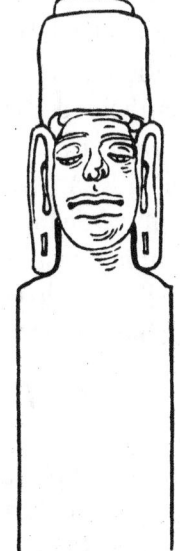

(50)

Continente primitivo, es decir, al punto del que partimos. Veamos pues la *imagen de la muerte* allí donde otros creyeron ver la *imagen de la vida*, y no culpemos a los primeros intentos de la Estatuaria de haber provocado las primeras encarnaciones de la Divinidad. Nada más ajeno al funcionamiento de la mente que un primer dios con forma humana, y a poco que reflexionemos sobre las fases de desarrollo que el hombre niño o salvaje debe atravesar para sentar algunas primeras ideas (no siempre importa cuántas) sobre una divinidad, y para encontrar a continuación el *signo adecuado* en un objeto sensible y material, pienso que me será concedido gustosamente que, de todas las formas y propiedades que este hombre intentó hacer aplicar al dios soñado, seguramente serán las suyas propias, sin mezcla y sin *tatuaje*, las que considerará como menos apropiadas para serle impuestas. El hombre comenzó por llamar dios a todo aquello que le parecía, no sólo más ajeno, sino también más contrario y temible para su especie: los astros, los elementos y sobre todo los fenómenos y meteoritos más pasajeros y devastadores; luego los animales más espantosos. Esos eran sus dioses, y continúan siéndolo para aquellos pueblos considerados salvajes. Carecían de cualidades buenas o malas, tomadas prestadas de los hombres, antes de que el hombre reconociera el tipo existente en sí mismo; no existía imagen *de un dios o de un demonio* en forma de *hombre*, ni idea de su poder sobre lo bueno y lo malo antes de que el hombre experimentara sus efectos en su semejante. Por ello, todas las representaciones divinas con forma humana son, sin duda alguna, recientes y cuantos más atributos exclusivamente humanos les sean reconocidos, menos tendrán que remitirse a los inicios del arte y a los de la nación en que fueran hallados. El santo penitente o Rajah, a cuyas profundas meditaciones sobre una *Causa primera*, se dice, debemos un *símbolo* todavía de gran veneración en la India, lo prefirió a *esos monstruos humanos de cien brazos*, que sólo una tiranía teocrática podía ofrecer a la divinidad. El *signo* por él elegido, a pesar de ser terrenal, presentaba un *poder productivo oculto y enigmático*, e influyó de tal modo sobre *el valor sucesivo de los otros signos humanos*, que sólo con su ayuda revistieron, al fin, a la divinidad, tal y como nos demuestran diversos *Hermes posteriores*, a los que, a través de los desarrollos más vergonzosos y deplorables, los pueblos debieron, finalmente el demasiado famoso ídolo de Lampsaco.

Todo, en la antigua Estatuaria, en su desarrollo, evolución y hasta en sus desviaciones, nos remite sin cesar a la *expresión originaria y primitiva de la muerte*. El Júpiter de Olimpia no habrá hecho olvidar al Apolo de Amiclea, y éste sin duda recuerda muy bien al *dédalo, a la momia*. Pero entonces ¿dónde encontrar el tipo de esa *misma Momia*? Y ¿qué nos puede recordar?

(51)

A esa pregunta que considero necesaria, responderé en la nota siguiente, y si lo desean continuaremos con el resto.

¿De donde proviene la Momia y su tipo? Únicamente consigo reconocerla en el *insecto capturado vivo o muerto, y conservado bajo un manto natural de resina o ámbar amarillo*; en el capullo o crisálida del gusano, que oculta la mariposa de brillantes colores. La casta de los sacerdotes, constantemente deseosa de apropiarse de los fenómenos más singulares y más impresionantes de la naturaleza, con el fin de utilizarlos para sus propósitos ambiciosos y culpables, se apropió en primer lugar, de ese nuevo tipo de *tatuaje*. Su apariencia les indicaba perfectamente las formas y procedimientos, y se podía interpretar, bien sea como el *símbolo de la permanencia de la materia*, bien como el de *la transmigración de las almas*. Por ello, bajo una u otra de esas dos acepciones, apareció, para la casta, una nueva distinción que la separaba, hasta más allá de la muerte, de un pueblo ignorante y vil, doblemente condenado a la nada. A la momia exclusiva del sacerdote sucedió pronto la del tirano, compartiendo con él las banalidades de los pueblos. El déspota y el sacerdote se pusieron de acuerdo. No obstante, los siglos aportaron modificaciones a ese derecho injusto. Llegaron los egipcios, cuyas artes e instituciones contribuyeron a convertirla en *materialmente eterna*, a adoptar y permitir el *embalsamiento general*, pero manteniendo la distinción en los diferentes procedimientos y en el precio de los materiales. Y si la India, al adoptar el *dogma de la reencarnación*, confundió aparentemente todas las clases tras la muerte, supo, sin embargo, eximir, de una u otra manera, a sus sacerdotes y a sus reyes. Todavía hoy en día en el Tibet, los lamas son los únicos que no se incineran en una vía pública. Se queman sus cadáveres y las cenizas se conservan en pequeñas urnas de metal, en forma de *estatuillas o pequeñas representaciones del muerto*. Y el Jefe o Gran Pontífice (Teschou-Lama), aunque se considere que revive en el *Niño que le sucede*, recibe los honores de una sepultura: se deposita el viejo cadáver en un magnífico féretro a veces de oro macizo, y *su estatua* también del mismo metal, cubierta con hábitos sacerdotales, corona y culmina el monumento...

Hasta aquí mi respuesta, y dejo en manos del que la hubiera leído, el hacer todas las asociaciones que puedan derivarse de una analogía tan extraña entre el *niño Lama en pañales, la crisálida y la momia*. Queda mucho por reflexionar, incluso más allá del tema que me ocupa.

Pero ahora, basta ya de hacer conjeturas: ha llegado el momento de remitirse a los hechos.

(52)

Fuera cual fuera el origen, el tipo y la primera representación de la Estatuaria, la considero y siempre la juzgaré como *monumental en esencia* y como tal *destinada a dar a conocer y a transmitir la memoria del hombre, generación presente, al hombre, generación futura.*

También pienso que sólo Egipto ha hecho en su Estatuaria, y desde los tiempos más remotos, una aplicación semejante, y que con ese *principio que estableció y que nunca traspasó*, nos indicó las dos únicas y verdaderas condiciones de toda Estatuaria, la *Estabilidad* y la *Grandeza*, cualidades comprendidas, de modo implícito, una dentro de otra, y ambas en la idea de *producción monumental*.

Y así es, alcemos la vista hacia las Estatuas que el antiguo y majestuoso Egipto elevó, *no en honor de sus dioses, que reconocía que nunca se le aparecieron bajo forma humana o animal*, sino de sus reyes, de sus sacerdotes, de sus héroes. Bloques inmensos, *casi rocas* transformados en Gigantes ora sentados, ora de pie, pero siempre según un mismo principio que dicta y dirige el corte de la estatuaria. Dijérase que un *principio de muerte*, como el que acabo de reconocer, fue el que concibió el Hermes y el Dédalo. Todos esos Colosos, siempre adosados a un apoyo o pilastra y esculpidos, por lo tanto, para ser únicamente vistos de frente, o como mucho por los lados, presentan una expresión de *rígida inmovilidad*, a causa de esa circunscripción simétrica de toda la figura, y de esa *horizontalidad y paralelismo de los miembros dobles*, que los integran con los pilonos y con los templos, delante de los que fueron colocados, para formar un único conjunto tan regular como imponente. Así pues, los mismos *elementos o signos* que les proporcionan y garantizan ese carácter dominante de *equilibrio, orden, solidez y permanencia* que se les reconoce *de modo tan incondicional*, son justamente los *únicos y mismos signos elementales* que, a su vez, caracterizan a esos Colosos, y los vinculan con mi teoría.

(53)

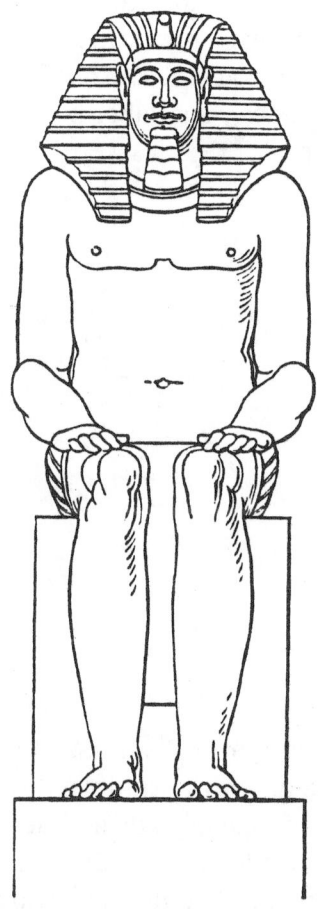

Acabo de mencionar a los Colosos a propósito; porque las *grandes masas* son necesarias en Estatuaria para que haya elocuencia, ya que sólo ellas hacen valer los *signos indicados*. La expresión de *inmovilidad simétrica* sólo conviene a una estatua como *producción colosal*. Si se aplica a las dimensiones normales del hombre, esa misma expresión tiene como resultado el *cadáver*, el *dédalo*. Aún peor sería si esas dimensiones se redujeran a la mitad, a la cuarta parte o menos; sólo tendríamos la *Cabiria*, los *Teraphim*, en una palabra, el verdadero muñeco, juguete de niño o amuleto de anciana (y sólo Dios sabe de cuántas figuras de esa naturaleza disponemos). Eso no es estatuaria; no merece el nombre de arte, y el majestuoso Egipto hizo esa distinción, consciente de que al adoptar como suya la expresión de *inmovilidad absoluta*, imponía también la obligación de las *grandes masas*, cuya inercia es exclusivamente *la ley*. Bien sea porque esta *patria única de las convenciones*, al concebir sus Colosos, sólo obedecía al sentimiento de lo verdadero que le exigía, al lado de sus pirámides y sus laberintos, este nuevo tipo de *relleno* entre

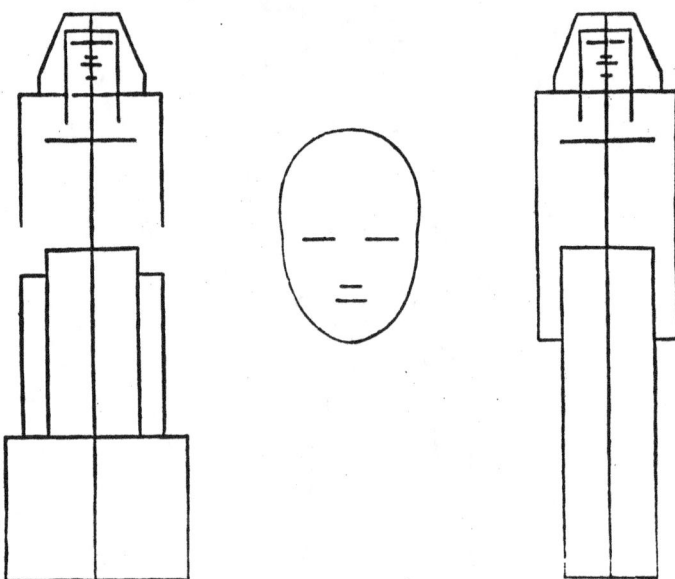

el cielo de bronce y las vastas y uniformes llanuras, o bien por otras causas accesorias, como las antiguas tradiciones de una raza primitiva de *gigantes*, que *transformados en altas montañas* influyeron en la imaginación de un pueblo amigo de lo extraordinario, lo cierto es que sólo Egipto nos ha dejado en su Estatuaria los verdaderos y únicos modelos de ese Arte, *exclusivamente monumental*, que analizamos aquí en relación con su doble condición *sine qua non* de *Simetría* y *Grandeza*.

Sería un error que una estatua en la que esas dos condiciones no se *cumplieran por igual*, llegara alguna vez a formar parte de la Estatuaria monumental. La mejor decisión al respecto es el juicio mismo del sentimiento en presencia de una *producción*, que en apariencia reune las dimensiones colosales y la expresión de inmovilidad, o al menos la de reposo. Me refiero aquí al Hércules Farnesio (para mi explicación bastará la estructura), y pregunto ahora ¿qué impresión nos causa esta estatua? A menos que seamos incapaces de sentir y pensar, será imposible que volvamos de nuevo la mirada hacia un

(55)

objeto que nos ha paralizado al verlo por primera vez. Este Hércules, *inclinado pesadamente*, necesita un *apoyo ajeno al cuerpo humano* para que no parezca caerse; y he aquí que, a pesar de su masa y expresión de inercia, esta figura representa el conjunto más destructor de todo carácter monumental. No ocurre lo mismo con los Colosos egipcios. Todos parecen sostenerse por sí mismos; parecen poder permanecer en ese estado como simple resultado de un perfecto equilibrio entre todos sus miembros: *unidad, grandeza, estabilidad*, caracterizan las Estatuas egipcias; *fragmentación, pesadez, inestabilidad* son las características del Hércules Farnesio ¡Qué diferencia entre esta producción, concebida como resultado de un sistema erróneo de contrastes para multiplicar sus aspectos, y aquellos Colosos de Tebas, que  presentan, como el hombre vivo, un único lado característico, una *sola cara*, pero *con toda su elocuencia*! Y en resumen, situemos mentalmente, con las mismas dimensiones y uno al lado del otro, este Hércules y el Coloso de Memnon; incluso que el primero aparezca con su pretendido mérito de un trabajo más elaborado; y después pronunciémonos. ¡Ah! ¡La vista pronto se aparta de la *caricatura griega* para únicamente mantenerse fija sobre el Gigante sentado y la respuesta instintiva resulta sencilla y rápida! Y cuando, forzados al fin a alejarnos llevando con nosotros, tras haber mirado veinte veces hacia atrás, el dolor por no volver a verlo, he aquí cómo creo que intentaremos definir de la mejor manera posible la impresión causada por el Coloso egipcio. Una impresión tal, que nos resulta imposible precisar su auténtica naturaleza. Diríase primero que se trata de un estúpido asombro, si no fuera porque, en seguida, un sentimiento profundo, no exento de terror, se mezcla con él y lo sustituye: *sigue persisitiendo ese no sé qué* que produce la visión de un muerto. Una idea completamente infantil, aunque involuntaria, sugiere, como ocurre en presencia de un cadáver, la posibilidad de que se reanudara el movimiento. Por el contrario, un juicio procedente de las convicciones íntimas más que de la razón o la experiencia sólo proclama la masa inorgánica modelada por el hombre. Surge así este conflicto asombroso, esta impresión alternativa de vida y muerte, de ilusión y realidad, de interrupción y durabilidad que finalmente nos lleva a atribuir a esos Colosos la existencia insólita de seres de una raza muda, inmóvil, que perdura solemne, a través de los siglos y las generaciones".

(56)

¿Acaso será ésta la impresión que nos produzca un Hércules Farnesio, un Marte en reposo...?

Pero por más que Egipto, considerado en cuanto al conjunto y a la finalidad de su estatuaria, debiera ser nuestra única escuela, ¿lo será de igual modo en cuanto al dibujo y a las proporciones de las figuras? Incluso si la respuesta no fuera un riguroso sí, creo sin embargo que, salvo ciertas restricciones, ese dibujo y esas proporciones no podrían perder mucho de sus características distintivas sin dejar con ello de pertenecer a una Estatuaria que jamás pretenderá otra naturaleza ni otro ideal que *la expresión más simple y duradera posible de la figura animal,* conforme al país y al pueblo al que pertenece el individuo. Es precisamente por no haberse imbuido suficientemente del espíritu de un sistema tal, por lo que numerosos escultores famosos de la Escuela Moderna llamados a entregarse al género monumental, *se perdieron, los unos en parajes salvajes y escarpados, los otros en lodazales y manglares fangosos*. No obstante, tras los egipcios, un único genio hubiese sido capaz de ofrecernos esas masas imponentes, esas *rocas con forma humana*: el divino Miguel Ángel, a quien acabo de confundir, muy a mi pesar, con el resto. Y es que la excesiva brusquedad y la intemperancia del talento, la excesiva impaciencia bajo un yugo cualquiera, mermaron la expresión de la *grandeza sencilla* que requiere la Estatuaria, y su *Moisés* (sean cuales sean nuestras alegaciones en su favor) no dejará nunca de ser una obra fuera de todos los límites y convenciones, tanto de la temática como de la materia empleada. En cuanto a Bernini, a quien tan aplicables son estos últimos comentarios, ¿qué lugar asignarle en los anales del Arte? ¿Qué decir de sus *Papas* de pesados mantos de bronce, que sin embargo un viento impetuoso venido de dios sabe dónde hace ondear? ¿Qué decir de sus *Virtudes de carnes prostituidas*, apenas cubiertas por unas telas que las envuelven al azar? ¿Y finalmente, qué de esos *chiquillos* de formas tiernas y redondeadas, más incluso que las de la mujer, que debieran prohibirse para siempre a la Estatuaria? ¿Qué decir de tales obras y de tantas otras que demasiado se les asemejan? Tan sólo, que son pruebas sorprendentes e innegables de hasta qué grado de alejamiento y contrasentido pueden llevar el talento y la genialidad si no son guiados por el sentimiento de lo verdadero. No, no se trata en Estatuaria de inspiración ni de concepciones nuevas, de originalidad en el sentido que a menudo se atribuye erróneamente a estas palabras: simplemente se trata del empleo sentimentalmente razonado de los únicos medios posibles, para hacer que éstos se circunscriban a los *límites infranqueables de un sistema irremisiblemente fijado*. Cualquier otra consideración debe ceder ante ésta, a la que Egipto, incluso en la época de su dependencia, permaneció fiel. Esta es la razón por la que todo es coherente en su Arquitectura y su Estatuaria, siendo el único reproche justo que me parece merecer ésta última, el no haber impulsado a su sistema monumental a plasmar de manera más pronunciada *la estructura ósea*, los ligamentos y articulaciones más visibles, puesto que este *esqueleto*, ya de por sí una especie de *monumento pre-existente a la carne*, se adapta perfectamente a la naturaleza de la piedra. ¿Es ésta una omisión por ignorancia o por sistema? ¿Estará ligada a la expresión inerte del cadáver? Lo ignoro, pero esta indicación más elaborada de los huesos es una corrección a proponer al estilo egipcio, sin caer por ello en el defecto contrario: los excesivos detalles que perjudicarían al conjunto al fragmentarlo. Por lo demás, nunca admiraremos ni imitaremos lo suficiente el esmero y destreza con que Egipto ha sabido omitir o disfrazar en su Estatuaria *todo* aquello que se resistía a la naturaleza de los medios con que contaba, de tal manera que ha preferido dejarnos con la duda, por ejemplo en el caso del tocado, la barba y la exigua vestimenta que cubre los riñones de los Colosos, de saber si son más

bien signos integradores o simbólicos de la figura humana en sí misma, o una representación de los accesorios añadidos y ajenos al hombre y a la esencia de la Estatuaria. Sobre todo, es particularmente destacable el cuidado con que se evita toda tentativa de imitación, tan ridícula como imposible, de la cabellera o el pelo de los bellos Leones egipcios del estilo más antiguo, que además representan el modelo más perfecto del modo en que ésa debe imitar a este estupendo animal, *el único que compete a la Estatuaria*.

(58)

Si recordamos aquí lo mencionado sobre la imitación de algunos animales en la Estatuaria o la Pintura, en el capítulo relativo a los signos del Libro I, no me cabe duda de que ahora comprenderemos por qué el Caballo no podrá jamás introducirse en el ámbito de la Estatuaria monumental, puesto que el León mismo tan sólo lo ha hecho en el sistema egipcio, y esto debido tanto a sus formas y detalles como a la postura tumbada y a la dirección paralela y sistemática de sus extremidades dobles.

No creo que exista en la verdadera Estatuaria egipcia un ejemplo de un *León representado de pie*. Por supuesto hago excepción de los bajorrelieves, que no son sino escritura en imágenes, en los que así mismo encontramos al dios Apis en actitud de marcha. Por otra parte éste último, *imagen siempre viva*, no podía representarse como estatua. No oso citar al *Nandi* o buey sagrado de la India, representado tumbado si esculpido en bulto redondo, o de pie si en bajorrelieves y pintura, puesto que el Arte Hindú me es demasiado desconocido aún, pero puedo imaginar sin dificultad su *Elefante en pie* sin detrimento alguno del concepto de solidez. Sea como fuere, en la Antigüedad en general se tenía el sentimiento de lo verdadero por guía de las artes y, para no incurrir en menoscabo de quien entre los Griegos o entre los Etruscos fue el autor de la primera *estatua ecuestre*, hemos de suponer que ésta fuera de metal o bronce, única excusa pero no obstante doble trasgresión del sistema monumental, que rechaza un material artificial y hueco que además, con tanta frecuencia, es un anzuelo para la avaricia: ¿dónde estarían ahora los Colosos de Tebas si, como el de Rodas, hubieran sido de bronce?

Queda aún otro comentario a favor del sistema egipcio: el hecho de que, independientemente de la solidez, el *León tumbado* representa en realidad algo más noble y más imponente. Se trata del *rey de los animales* y por tanto a menudo, si no siempre, estamos predispuestos a imaginar un monarca poderoso, un ser encumbrado a una alta dignidad, sentado y en actitud hierática e inmóvil. En el plano moral como en el físico, los conceptos de calma y equilibrio ponen de manifiesto los de poder y grandeza. Por este motivo, los Colosos sentados poseen una expresión mucho más solemne, al menos así me lo parece, que los Colosos en pie. La inmovilidad de los primeros parece voluntaria y por tanto puede cesar; la de los segundos sin embargo parece obligada, puesto que demasiado bien recuerda a la de la muerte. Sé bien que no es así en el caso de las dos posturas del León, porque tanto en una como en otra, es igualmente difícil imaginarse al animal muerto, haciéndose así necesaria, como ocurre con el Hombre, una *representación monumental* en la postura *más completa y voluntariamente duradera*. La comparación de diversas estatuas de León, tanto antiguas como modernas, con los bellos Leones egipcios servirá para juzgar si nuestra opinión no se basa por completo en el juicio instintivo del sentimiento y si este juicio no debiera ser por siempre *regla incondicional* del Arte.

De todas nuestras observaciones se desprende así que tan sólo el *Hombre, individuo macho*, y el *León*, cuyas formas se someten rigurosamente a los medios de la Estatuaria, pudieran y debieran servir a ésta como *objetos de imitación* de manera exclusiva. El *Hombre*, sea sentado o en pie, y *de frente*, representa de manera constante el *área o masa del paralelogramo en vertical*; el animal, es decir, *solamente el León*, siempre tumbado (y por tanto preferiblemente representado de perfil a primera vista) representa la *misma área o masa en horizontal*. Los materiales, como acabo de dejar entrever, no pueden ser sino la *sólida piedra*, el *mármol blanco o negro*, el *granito azul* o el *basalto*. La elección, según la temática y el emplazamiento del Coloso, queda al sentimiento.

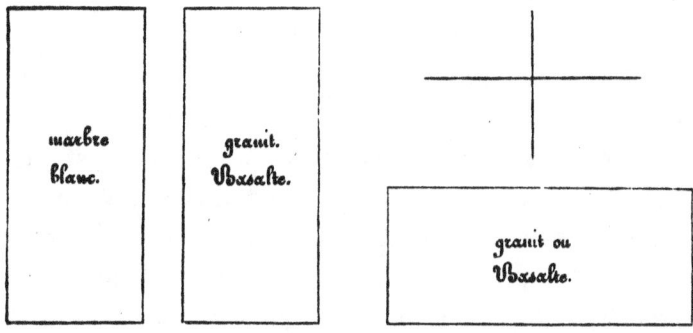

Servirse tanto del *blanco* como del *negro*, como *signos cromáticos* que indican las *direcciones vertical y horizontal* en escultura no supone separarse del principio general. La única regla que se debe seguir consiste en hacer valer, según la naturaleza del monumento, ora sus luces ora sus sombras.

Tras lo que acabo de decir, resulta inútil insistir en que, por muy grande que sea una estatua, debe ser monolítica, es decir, *toda ella de un solo bloque*, tal y como sin duda era el caso del procedimiento egipcio. Lo que en algunos Colosos se creyó eran hileras de piedras, resultaron ser tan sólo las betas naturales del bloque mismo.

(60)

No hay un Júpiter Olímpico en el arte egipcio. Sería precisamente al comparar ese *gran muñeco* (si aún existiera) con los Colosos de Tebas, cuando podríamos tener una visión completa de lo que constituye el verdadero carácter de la Estatuaria exclusivamente monumental. Pero, ¿qué digo? La destrucción y desaparición total de aquel ídolo lo hace más comprensible. Transcurridos apenas unos cientos de años desde que fuera erigido, ya no existía y de él tan sólo nos quedan algunas descripciones más o menos detalladas, cierto, pero que no constituyen sino la cantinela de una misma aclamación popular y tradicional carente de espíritu crítico y de criterio, mientras que los Colosos egipcios permanecen aún en su lugar y *perdurarán por los siglos de los siglos*. Es más: ¡cuán grande es el contraste entre los autores de estas obras tan diferentes!, entre un Fidias, un Alcamenes, un Pausias modelando, coloreando una punta de nariz o un par de orejas de marfil para después colocarlas, a base de toda una serie de ardides, sobre un núcleo informe de madera que, de no ser destruido por causa de un millar de posibles accidentes, pronto se pudriría por sí sólo. ¡Qué diferencia, decía, entre semejante artificio y la mano audaz que despoja, a grandes golpes de cincel, los miembros gigantescas de un Memnon o de un Osimandias, de la inoportuna corteza de granito que las ocultaba, desvelándolas así para asombro y admiración de los siglos venideros!

¡Quién no quisiera recordar al terrible Miguel Ángel, instando al bloque, que osaba abordar sin modelo, a que engendrase sus extrañas creaciones, para luego repudiarlas. Cuando menos este hombre singular trataba de hacer estatuaria y le hubiera sido imposible concebir un Moisés de marquetería, él que llamaba a la pintura al óleo *oficio de vieja*. Desafortunadamente, vivió en una época y en un país que no le mostraba de la naturaleza y el arte antiguo nada más que las producciones ajenas a su genialidad: campos idílicos y dos o tres *falsas analogías* de la estatuaria como el *Torso* y el *Hércules Farnesio*. Con Miguel Ángel se extinguió su arte. Todos sus sucesores parecen no haber trabajado sus estatuas sino a semejanza de los cuadros contemporáneos, y desdichada la estatua que recuerda más al modelo que a la roca de granito.

Los Países del Norte tienen los Alpes: pueden engendrar un Escultor. Egipto tenía que alzar la cabeza por encima de las arenas y las aguas: tuvo los Colosos. La

(61)

brillante y fecunda Italia no ofrece sino líneas ondulantes, ¡jamás producirá nada más que pintores, y su *único* Escultor sólo fue un *monstruo sublime*! ...

> No estará de más toda observación hecha en el sentido del principio que propongo o tendente al mismo y, en buena ley, nadie negará que haya algo verdaderamente grande en el uso de nuestra fuerza física, cuando ese uso produzca resultados que, en definitiva, atañen al sentimiento y a la moralidad. Para más de un arte, este es el origen de esa relación más íntima entre la ejecución de unas técnicas, y la naturaleza y dignidad de un ser supuestamente orgánico, intelectual y moral a un mismo tiempo. Un Erwin o cualquier otro Arquitecto, en pie, los planos en la mano, presidiendo desde lo alto de un andamio la construcción de la Catedral de Estrasburgo; un Escultor egipcio sobre los hombros de un Coloso del que modela y talla el enorme perfil con impetuosos golpes; un Miguel Ángel, suspendido a más de sesenta pies del suelo, pintando los gigantescos frescos de la bóveda de la Capilla Sixtina, bien valen, creo yo, por todos esos autores de *riparografías* fríamente ejecutadas, sentados o encorvados sobre una tabla o un caballete. Incluso en las ciencias, no resulta indiferente recordar esa costumbre de los antiguos romanos que, con la intención de mantener a la juventud en el camino recto, *no enseñaban a sus hijos nada de cuanto hubieran debido aprender sentados*.

Restan aún algunas palabras para responder a una objeción a favor del Júpiter Olímpico. *Los antiguos egipcios coloreaban las estatuas con diferentes tonalidades: Fidias y su escuela no ha hecho sino imitarlos.* Pero qué diferencia hay, sin embargo, entre una *coloración absolutamente simbólica* como la de los egipcios, que se limitaba a los colores crudos y aplicados sin la menor ruptura sobre el bloque único, y el colorear con todo lujo de detalles y accesorios separados de la estatua, e imitando o queriendo imitar a la naturaleza. Ésa corona de hojas de olivo, ese cetro, ese calzado suntuoso, ese manto abigarrado con flores y animales, ese trono, esos ojos de láminas de plata, todo eso recuerda en el Júpiter de Fidias a la estatua de oro del gran Lama, revestida con su túnica de satén amarillo. No es esto lo que ofrecían los Colosos pintados de Tebas. En cualquier caso, me gustan más ahora que los siglos han desteñido sus colores, aunque al no rivalizar con ninguna naturaleza o materia conocida, estos colores alejaban cada vez más estas obras de toda comparación posible. Una figura envuelta en amplios ropajes, mucho más imponente que el fetiche de Olimpia (si es que puede considerarse como parte de la Estatuaria), sería la del *Anciano eterno sentado en su trono, la deslumbrante blancura de la nieve extendiéndose sobre su cabeza y sus amplias vestiduras*. YO SOY EL QUE ERA, ES Y SERÁ sería la inscripción a colocar a sus pies. ¡Vano esfuerzo! La Estatuaria debe renunciar a los ropajes como tales; la divinidad Sais, en cuya magnífica imagen se inspira el profeta hebreo, habría estado cubierta por un verdadero velo. Egipto estaba demasiado impregnado de la verdadera esencia de cada uno de sus artes, como para no haber circunscrito cada uno de ellos a sus límites.

Los griegos comenzaron por solaparlos unos sobre otros. Los modernos, tras el siglo XVI, han acabado por confundirlos por completo. La Arquitectura se ha convertido en escultura y en ocasiones, incluso en estatuaria en muchos de sus elementos, por otra parte a menudo inútiles. ¡Ésta última ha representado puntillas y armiños pero no ha conseguido decorar la cabeza humana con su propia cabellera, ni dirigir la niña del ojo hacia el Cielo!... En el siguiente artículo veremos hasta dónde ha descendido la Pintura por haber dejado de ser imagen o escritura completamente intelectual.

Y a nosotros, ¿qué nos queda por hacer? Nosotros, con nuestras falsas ideas preconcebidas que, por desgracia, han calado aún más hondo que los localismos reduccionsitas y se oponen a una Estatuaria completamente egipcia, razonablemente deberíamos preferir la Estatuaria griega con independencia de su carácter *anti-monumental*. Nuestros patios, vestíbulos y jardines deberían dejar de representar aquello que ofende a la vez el buen juicio, el pudor y las conveniencias. Nuestras academias de dibujo no deberían ofrecer nuevos modelos de gusto y cánones de Belleza más allá de los que cinco o seis obras de la antigüedad (y no son necesarias más) proporcionan de manera suficiente, y ya va siendo hora de ahorrar a nuestros descendientes *la manía de los Museos*, institución que siempre destruye toda impresión noble y grande de las obras de Arte. Pero ahora bien, ¿nos será necesario renunciar por completo a la Estatuaria? No dudo en responder: *sí*, y así debe seguir mientras ésta sólo tenga por objetivo la insignificante reproducción de todo cuanto se ha convertido en *totalmente* ajeno a nosotros, puesto que, en definitiva, ¿qué interés puede tener para nosotros un Marte, un Hércules, un Baco? ¡Sus bellas formas! Pero, ¿qué efecto pueden tener sobre nosotros esas formas sin *expresión moral*? Tan sólo una única escultura ha sabido reunir ambas, y no cabe esperar nada más de ella, ni suponer nada equiparable; y además el Apolo del Belvedere no es una única estatua, ya que *su sombra bien proyectada sobre el muro* posee para la imaginación más *valor moral* que la causa real que la produce.

(63)

Y sin embargo, aún existe una Estatuaria para nosotros, entendida siempre en el sentido exclusivamente *monumental*, y será objeto de discusión en el Libro Tercero. Mientras tanto, si hubiese que erigir una Estatua en honor de un verdadero gran Hombre, esto es lo que yo diría a quien me preguntase mi opinión al respecto: "que la figura se encuentre *en pie* y concebida de manera que sólo pueda ser vista de frente, sin otra vestidura ni otro ornamento en la cabeza que el estrictamente necesario en virtud de su cargo público. El gran hombre no compartirá con un caballo, con un trono o un silla curul la admiración y el paso a la posteridad: la verdadera grandeza no necesita de báculo alguno". Esto es lo que yo diría, y si además se me preguntara dónde encontrar un modelo que se aproxime al máximo a este ideal, me inclinaría por mencionar el tema general que nos

(64)

ofrece una Estatua de un *Baco Indio o Legislador*, que sin lugar a dudas, conforme a mi principio, es la más bella de todas las obras de la antigüedad de la colección del Vaticano; en ella destaca, en efecto, el aspecto verdaderamente noble, imponente y calmado que se le reconoce de manera unánime y es debido únicamente a su *pose erguida y simétrica*, y a *ese casi-horizontalismo* de sus antebrazos y de los bordes más visibles de su amplio manto, que caen *a plomo* sobre su hombro izquierdo y dejan entrever, de la lujosa túnica talar (cuya representación era de rigor debido a la dignidad del personaje), únicamente las partes y extremidades, que pueden admitir una disposicion de pliegues a guisa *de columna acanalada*; todo ello queda *inscrito* y se confunde, por así decirlo, con la masa del conjunto, haciendo de esta bella imagen un *todo*, tan simple y grandioso como verdaderamente dotado de este *carácter monumental*, lo que la acerca al máximo a una Estatua de amplios ropajes del sistema egipcio. En un artículo aparte, volveré gustoso a comentar esta destacada obra con objeto de mostrar su interesante aplicación a lo que nuestras costumbres e ideas actuales, en armonía con el sentimiento de lo verdadero y bello, exigen, de manera más imperiosa de lo que pensamos, de una tentativa de representación de un *Sabio* o un *Monarca*, eméritos ante la humanidad y sus pueblos, y por tanto *únicos dignos del honor de una Estatua*.

---

(65)

DE LA PINTURA

Rafael pese a que los heredó, no nos ha transmitido los signos.

Todos nacemos pintores de pensamiento. Llevamos dentro la facultad innata de imaginar las cosas, de abstraerlas y combinarlas de mil formas diferentes. Nuestros sueños, nuestros proyectos, nuestros recuerdos, no dejan de ser cuadros, *tipos* de los que el Arte a su vez engendra, y conforme a los cuáles juzgamos a éstos últimos. No hay para nosotros, futuro ni pasado, que no sea una escena con sus personajes y sus decorados: no hay situación, ni acto momentáneo que no experimente ni sea objeto de la influencia de esta facultad creadora y fecunda. El labrador que cuenta por adelantado, en los *surcos* que traza su arado, el oro que ganará con su cosecha, y la joven esposa sonriente al contemplar la *cuna*, lista para recibir al bebé que ella traerá al mundo, son pintores de pensamiento; dos de los mil ejemplos que nos revelan de qué manera la *idea o palabra interior*, y a continuación la *palabra hablada*, han podido encontrar *signos* que evoquen o transmitan al *alma, por los ojos,* el valor orgánico, intelectual o moral. Así nacieron el *signo análogo o de relación* y el *signo imagen o símbolo*, tanto el uno como el otro elementos de toda escritura primitiva y a un mismo tiempo *primeros intentos* de una *verdadera pintura incipiente*, entendida como *representación o imitación de los objetos sobre una superficie plana, por medio de trazos y de la aplicación de colores.*

Sin embargo, esta Pintura, hija *inmemorial* del pensamiento y la palabra escrita, que a través de todas las vicisitudes y todas las evoluciones de sus procedimientos y doctrinas, ha llegado hasta nosotros y que cultivamos hoy en día, ¿acaso no tiene mucho que reprocharse a sí misma? Y por medio de su poder mágico para simular la vida y la existencia, ¿acaso no abusa con demasiada frecuencia de nuestros sentidos, a costa de nuestro intelecto? ¡Cuántos esfuerzos, por otra parte prodigados con dificultad, para decirnos o más bien para *no decirnos* aquello que *signos* de lo más simple nos habrían hecho entender con menos esfuerzo y mil veces más elocuencia! Un trazo, una sombra, algunas manchas bastan a la imaginación para hacerla continuar y concluir la frase iniciada. Entre el *signo* y el *pensamiento* que lo explica se encuentra la perfección del Arte, quizá la única a la que la Pintura puede y debe aspirar. ¡Para qué entonces una pintura *completamente imitadora y material* y que, no contenta con no ofrecer del hombre más que toda su pesadez física, incluso se envilece hasta el punto de rodearlo de lo más grosero, lo más innoble que su industria, ¡qué digo, su indigencia!, ha podido encontrar para suplir sus necesidades, sus apetitos, añadamos también sus errores, sus orgías.... Al menos el gran Miguel Ángel tenía razón al ceñirse en exclusiva a la *sola figura humana* y rechazar todo lo que no tratase estrictamente de ella. Perdonémosle de buen grado esas carnes sin velo que las cubra, puesto que se trata de carnes fantasmagóricas, gigantescas, de seres de otro mundo al cual nos arrastran. ¿Podemos acaso contemplar la Capilla Sixtina sin estremecernos, sin avergonzarnos de nosotros mismos, de nuestra vestimenta, de nuestras costumbres...? Y sin embargo (cosa increíble) aún hay artistas y *mecenas* que no se sonrojan en absoluto de complacerse en esas *barberías y talleres de zapatero, en esos interiores de cocina*, de ocupar con ello sus pensamientos en todo momento, ¡si es que puede llamarse pensamiento a un uso tal de nuestras facultades!... ¡Mejor sería que desapareciese hasta el nombre mismo de la pintura! ... Mas no, ¡sea! Que vuelva la pintura a ser para nosotros aquello en lo que parecía anunciarnos, durante su renacimiento del siglo XIII, que pretendía convertirse algún día, y que mil circunstancias *adversas* (el descubrimiento y estudio de las estatuas de la Antigüedad en Italia, la Reforma en los países del Norte de Europa) le han impedido ser en exclusiva, conforme a su esencia y sus medios: la *relación invisible e inmaterial entre el pensamiento del hombre y el mundo intelectual y moral que le muestra la religión de Jesús*. Así pues, ¡si aspiramos realmente a la Pintura, la pintura *digna de que nos ocupemos de ella*, que sea tan

sólo la Religión, como ocurre con la Poesía (su hermana), la que la guíe e inspire, y que en cierto sentido se muestre ensalzada ante nuestros ojos!

Hablo de la religión y de la *religión de Jesús*. No hay ninguna otra, ni la ha habido, ni la habrá jamás, que sea ni más digna del hombre, ni más favorable a la Pintura, porque *tan sólo* en ella, en su pureza simple y primitiva, encontramos el dogma consolador y sublime de una existencia completamente intelectual, que se desprende de la expansión y el triunfo de nuestras facultades y nuestros afectos más nobles y atractivos. Este es el origen del *mundo moral* que la Pintura está destinada a *poblar de manera visible*; este es el origen del Jesús que vence al demonio y la imagen conmovedora, y completamente inusitada para la Antigüedad, de una Magdalena lamentando su debilidad o la de un discípulo bien amado. ¡Este es el origen de este espacio entre cielo y tierra, repleto de seres, a los que es lícito imaginar dedicados a nuestra protección y a la de las personas que amamos! Éste es en definitiva el origen incluso de los espectros y apariciones, y de no importa qué más, siempre y cuando los *signos* se dirijan al pensamiento y a la imaginación... ¡Pintura, esos son tus dominios, esas tus riquezas! No las trueques por fango. Osa levantar el vuelo hacia los cielos, si no codo con codo con la Poesía, al menos siguiendo su camino. Se te ha concedido el aspirar a más de lo que imaginas, el primer batir de tus alas así nos lo atestigua.

En efecto, quién no reconoce, al recorrer el *Camposanto* de Pisa y tantos otros edificios sagrados de la Toscana, cuánto se acerca a la vieja escuela Italiana (y junto con ella e incluso más, a la alemana de la misma época), a esa *pintura esquemática* de la que Rafael, heredero de varios de sus *signos*, estuvo tan cerca de dejarnos dos de sus más nobles ejemplos en "*El Padre Eterno ordenando el caos*" y "*El Arcángel San Miguel derrotando a Satanás*". ¡Dichoso él, si manteniéndose fiel a las doctrinas de sus antecesores y a su propia inspiración, el amable, el sensible Rafael, nunca hubiera visto las estatuas ni los bajorrelieves de la Antigüedad! Así, quien, en su juventud, comenzó con un *Crucifijo entre dos ángeles*, no hubiese terminado con *Galateas y Psiqués*... No hablo de su último cuadro de la transfiguración, que siempre me ha parecido una penosa y tardía vuelta de Rafael a sus orígenes.

A modo de resumen, he aquí mis palabras dirigidas a un observador inglés con quien visité la Capilla Sixtina: "*tres cosas han sido la perdición de la Pintura, tres cosas debieran restablecerla: Que los procedimientos materiales, indolentes y a menudo pue-*

(68)

riles de la pintura al óleo, sean sustituidos por los de la pintura al fresco y las vidrieras. Que a los fríos y sistemáticos estudios del arte de la Antigüedad, vengan a sustituir otros de una naturaleza viva y sin artificios. Finalmente, que en lugar de tapizar las galerías y los boudoirs con nimiedades, la Pintura no decore sino las iglesias y otros lugares sagrados".

Veamos ahora los *signos propiamente dichos de una Pintura esquemática*, es decir, que desprecia toda materialidad.

Una vez más, éstos serán los signos *lineales* y *cromáticos*, aplicados en este caso únicamente a las *formas y colores inspirados en la sola figura humana* y en los *fenómenos celestes*; no servirá de inspiración ningún otro fenómeno natural, y, salvo determinadas excepciones en el caso de *drapeados y otros accesorios convertidos en símbolos indispensables e incondicionales*, ninguna otra imitación a manos del hombre *mancillará* las creaciones de la Pintura. De ello se deduce, en lo que a los *signos cromáticos* respecta, el uso muy restringido de los *tonos que van del blanco al rojo*, con el *rojo* incluído, con la excepción del *amarillo* que reemplaza en nuestros procedimientos actuales al *dorado* utilizado en otro tiempo. Los *tonos del blanco* al *negro* estarán menos sujetos a restricciones. El *color verde*, ajeno a los cielos (excepto en el arco iris), no se empleará jamás materialmente si no es como *emblema vegetal*, y no de extensivamente, sino para fragmentos u hojas separadas. Lo que sigue a continuación acabará de conceder a todo lo dicho su verdadero lugar, pese a que mi exclusión del reino animal pide una matización que encuentra aquí su lugar más apropiado.

He mencionado anteriormente que tan sólo existen *tres animales nobles desde el punto de vista del arte*. Un cuarto, el *cisne*, sería para uso exclusivo de la poesía. A la Estatuaria, material y sólida, he asignado únicamente el *León*, y el *León tumbado* del sistema egipcio. Restan aún el *Caballo* y el *Águila* y, en sentido estricto, solamente el *Águila* corresponde al ámbito de la Pintura, por ser ésta un arte que, por su esencia inmaterial, rechaza todo aquello que sea completamente terrestre. Sin embargo el *Caballo* salta, franquea torrentes, podemos hacerlo caminar entre las espigas, procurarle alas, al igual que al hombre, sin que esto nos sorprenda; es un animal tan bello, tan noble, tan elegante, forma con el apuesto caballero que lo monta un todo tan perfecto, es tan armonioso, que teniendo en cuenta todo lo anterior, no dudo en hacer una excepción con este *maravilloso y casi inmaterial cuadrúpedo*. Por tanto, forme el *Caballo* parte del *cuadro visible*, siempre y cuando contribuya al pensamiento poético elevado. Por el momento, no encuentro dónde situarlo en este sentido único, pero por más místico que sea el *Caballo Blanco* del Apocalipsis montado por *el que combate con justicia*, creo que el genio podría imprimirle ese carácter de *cuerpo celeste, destinado*, como esperan los hindúes, *a purificar la tierra de toda opresión y de todo mal*. ¡Qué bello sueño! Pero por desgracia, el hombre no cree poder realizarse más que a través de la destrucción, y no mediante la conversión de los culpables, lo que sin embargo confiere a esta temática en la pintura, un *incremento de valor de los signos, un doble juicio del sentimiento*.

Así establecidos los principios, aún resta su aplicación, y a tal efecto, veamos estas *tres cabezas* cuya expresión no deja lugar a dudas.

Impongamos (puesto que invito a mis lectores a tomar parte) respecto a estas tres cabezas, la obligación de añadir a cada una un *cuerpo y los miembros correspondientes*, y de revestirlas después con ropajes de *colores en consonancia*.

Denominemos por ejemplo a la cabeza del centro, una figura pura, angelical, una Santa Teresa plena de paz interior: la postura modesta y *erguida* pero libre, y la vestimenta y velo *blancos*, como únicamente le son convenientes. Sea la cabeza a nuestra izquierda la de una Bacante o bailarina: las pinturas griegas (ya que semejante figura no pertenece sino a las obras sensuales de la Antigüedad), nos muestran que en realidad, y conforme al sentimiento, son las *líneas expansivas y cromáticas* las que eminentemente caracterizan las representaciones de tales mujeres desenfrenadas. Por fin, veamos en la tercera cabeza, una persona entregada al sufrimiento contemplativo, una Magdalena penitente con los brazos en cruz o las manos entrelazadas sobre el pecho, y la túnica *negra* sobre una carne de una palidez azulada, que contribuirán particularmente a la expresión y la elocuencia de la cara.

Los *signos elementales* de esas tres figuras serán por tanto:

(70)

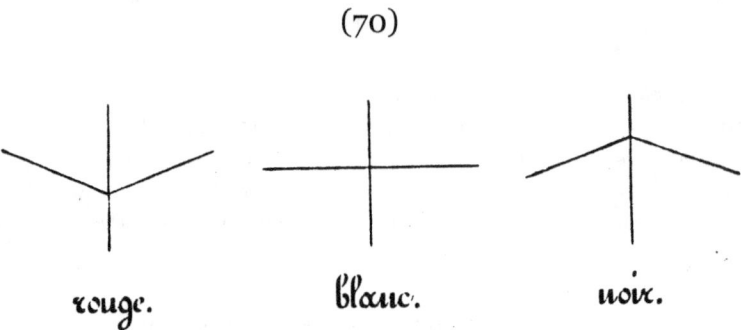

Modificaciones de color en los dos extremos:

naranja - amarillo   *perla - índigo*

Un análisis crítico basado en la presencia o el olvido de los *signos adecuados*, allí donde son, o serían, *indispensables* a la temática, estoy seguro de que conduciría al descubrimiento de las verdaderas causas de la impresión sorprendente, paralizante o inesperada de muchos cuadros. Lo intentaré con una de las obras más famosas, digamos la más famosa de Rafael, examinando por un momento la figura del *Cristo transfigurado*, figura que siempre me ha disgustado profundamente..., ¿por qué?

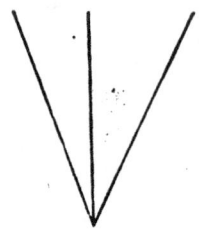

Porque esta figura (huelga reproducirla aquí, puesto que es de sobra conocida) es completamente opuesta a todo lo que debiera ser, porque, a excepción de los *ropajes blancos*, seguramente debidos a lo indicado por las Escrituras, no presenta sino líneas *expansivas* allá donde tan sólo *las convergentes y las horizontales modificadas a lo largo de la vertical* (el eje de la persona), pueden indicar lo que se entiende aquí por *aparición* o *manifestación solemne*, es decir, simple y calmada. No obstante, Rafael podría en más de una ocasión haber adivinado los *verdaderos signos*, él que vivió en un mundo y una corte en los que la vestimenta y la actitud no estaban exentas de gravedad, él que ante todo no presenció *danza* alguna. Además, por otro lado, en su *primera juventud* había estudiado la vieja escuela, y debiera haber recordado la manera en que muchos de sus predecesores, más inspirados que él, se esforzaron por plasmar estas *apariciones de Cristo, de los ángeles, de espíritus dichosos*. Giotto, Memmi, Da-Fiésoli y tantos otros artistas cuyos *ingenuos intentos* pueblan aún los edificios sagrados de la Toscana, repararon en que toda *aparición sobrenatural* impacta más la imaginación cuando tiene lugar, por así decirlo, cara a cara, cuando nuestros ojos se encuentran frente a frente con los del Espectro erguido, inmóvil o en una postura simple, con las extremidades casi en paralelo, ante nosotros.

blanc-or-azur.

Dejando a un lado todo cuanto de la infancia del arte contienen estas *dos figuras* (casi dos siglos anteriores a Rafael), es necesario reconocer sin embargo que expresan una *manifestación divina y solemne* mil veces mejor que el *Cristo* de Rafael *balanceándose en el aire*, y que lo que se pone de manifiesto a favor de estas antiguas figuras, es que admiten una *vestimenta completamente blanca*, en la que nada interrumpe ni mancilla la pureza y el resplandor: un trazo simple y escasos pliegues, mientras que el amplio y pesado manto al viento de la figura de Rafael, al serle necesarios pliegues y sombreados muy pronunciados, consigue despojar a ésta de toda apariencia noble y pura.

(72)

Esta *figura del Cristo* y todo este cuadro de la *transfiguración* que tan buena muestra son de que el amable Rafael ha sobrevivido tres o cuatro años a su propio genio, me ha llevado a varias reflexiones, dos de las cuales están tan íntimamente ligadas al tema que trato, que no puedo pasarlas por alto. Las reproduzco aquí en forma de nota, que puede ser leída con posterioridad si se prefiere.

Rafael, creo yo, ha vestido a su *Cristo transfigurado de blanco* tan sólo porque así lo dicen exactamente la Escrituras, prueba de lo cual son todos sus otros Cristos, a los que dotó de una vestimenta que les es ajena y que, como sabemos, al igual que la de la Virgen María, no podría presentar peor combinación de colores: el *rojo* y el *azul*. *Túnica azul y manto rojo* en el caso de Jesús, *túnica roja y manto azul* en el caso de María, y ello pese a que existía un único, un solo *signo cromático* que, conforme a los dogmas recibidos, resultaba tan adecuado, en toda su acepción *de símbolo de inocencia, de pureza y de santidad*, a los dos personajes en cuestión: *el color blanco*. ¿Cómo es posible que el sentimiento haya participado tan poco en las obras de Rafael y de tantos otros artistas, por otra parte dignos de consideración, hasta el punto de haberse sometido a la esclavitud de una tradición miserable, alegórica en todo caso y nacida en el seno de los misterios de Oriente, llevándolos a aplicar a Jesús y María dos de los principios o elementos de las cosas terrenales: *el Fuego* y *el Agua*? En Jesús, el color *rojo*, el Fuego, el Sol, Mitras. En María, el color *azul, plateado*, el Agua, la Luna, Isis. Bien sabemos que *vulcanistas* y *neptunistas* datan de antiguo, pero tal vez no esperábamos que los pintores les ofrecieran a Cristo y a su madre por patrones. ¿Quién será el Artista suficientemente impregnado por la dignidad del personaje de Jesús, como para ofrecérnoslo vestido con una *simple túnica de un blanco resplandeciente*, la víspera de su muerte, de pie entre sus discípulos, todos ellos también vestidos de blanco, pero un blanco menos puro, iniciándolos mientras sostiene el cáliz en su mano, en las apacibles y modestas virtudes de la secta de los Esenios, sobre los que el Evangelio, precisamente por ser obra de éstos, guarda un profundo silencio?

Creo que el conseguir *un blanco más o menos puro* depende de si los matices tienden al *azul mortecino* o hacia el *ocre muy claro*. Los procedimientos cotidianos que se emplean para blanquear prueban lo que en este sentido exige el sentimiento, y el sentimiento de toda mujer casta haciendo la colada.

Pasemos ahora a una segunda observación. Mientras que la anterior hacía referencia a los *signos cromáticos*, la presente se ocupará del valor de los *signos lineales* en tanto en cuanto sirven para *delimitar un área* que será la *forma del cuadro*, según el tema y personaje a representar. Dichas áreas o formas no resultan indiferentes, y si por desgracia, son impuestas e ingratas, corresponde al talento el zafarse del lance. Para un tema como es el de la *transfiguración*, el sentimiento no debiera admitir otra área que no sea el *paralelogramo en elevación* e incluso, como a continuación veremos, la forma de la *ventana ojival* es la adecuada a toda temática religiosa. Rafael ha cometido por tanto un doble error:

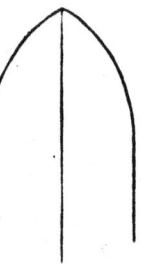

el de inscribir su escena en un paralelogramo tumbado (puesto que la parte inferior de su cuadro forma un conjunto aparte), y el de aplastar su figura principal colocando una horizontal sobre ella, del mismo modo que Rubens no hubiera debido colocar la *Apoteosis de Enrique IV* al borde de un inmenso cuadro alargado. En ocasiones similares, en las que la temática o el personaje se distinguen por su *grandeza moral*, no conviene ofrecer a la mirada sino la posibilidad de pasearse a lo largo de una vertical que constituye el *eje del hombre*. El caso es completamente distinto cuando el cuadro hace referencia a situaciones o afectos puramente *humanos o terrenales*, siendo entonces necesario el *paralelogramo tumbado*. Dos ejemplos sorprendentes de esta obligación sentimental y de sus buenos resultados son *"La extremaunción"* y *"El testamento de Eudamidas"* de Poussin. ¡Cuán perfectamente compaginan *el área y los signos* en ella *inscritos*!; todo en ellos son *direcciones horizontales: el moribundo, su cama, su lanza colgada de la pared*, porque todo debe expresar la *calma*, el *silencio*, la llegada del *descanso eterno*. Pongamos esa cama en perspectiva, inclinemos solamente un poco esa lanza, y arruinaremos la escena. Tanto una como otra son obras maestras de la *elocuencia lineal*, sobre todo el *Eudamidas*: lo único que falta a este cuadro para ser perfecto es presentar a todos sus personajes pálidos, abatidos y vestidos tan sólo en tonos de *blanco más o menos puro*. Así es al menos como me agrada imaginarme este cuadro al contemplar el *monótono grabado de Pesne*, que precisamente por ello constituye su versión más afortunada.

    Me asalta de repente una idea que, por más que en un primer momento pueda parecer paradójica y contradictoria a mi principio, un instante de reflexión coloca en su verdadero lugar. *Un deslumbrante y súbito paso* (en un cuadro) *de un único punto de luz a una masa de sombras sin indicación de formas determinadas*, puede en ocasiones desempeñar el papel de los *signos identificadores lineales y cromáticos*. Nuestra imaginación se apodera de esa única parte iluminada y concentrada, hacia la cual debe dirigirse la mirada para tornar una y otra vez; la desarrolla, la expande, le otorga la dirección que desea, la que exige el sentimiento; y el color, sea el que fuere, único representante del rayo de sol, se nos antoja *blanco* porque la *blancura* no es, finalmente, más que la *más fuerte luz de todo color y sustancia*. Así es como Rembrandt, y sólo él hasta nuestros días, hubiese podido ofrecernos un *Cristo transfigurado vestido de rojo y una Magdalena penitente vestida de amarillo...*

    ¡Sírvanos como motivo de reflexión!

El ver con cuánta fuerza me apoyo en el *valor individual de los signos en la Pintura*, no debiera llevar a la conclusión demasiado restringida de que estos *signos* no pueden jamás hablar más que un único lenguaje. Hay casos en que, sin renunciar ni por un instante a todo el valor que en ellos reconozco, estos signos pueden sin embargo exigirnos una interpretación en consonancia con una *única gran idea-madre*, a la cual no hacen más que modificar. Permítaseme que me explique.

(74)

Tres ángeles (puesto que mis ejemplos no pueden estar tomados más que de objetos en consonancia con la esencia del Arte); tres ángeles vuelan, planean, se agitan en torno a la *Cruz*, sobre la que está indignamente clavado *el Justo y Santo*. Los tres ángeles están profundamente imbuidos de todo el terror y la piedad

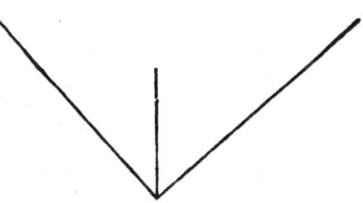

que puede inspirar un espectáculo semejante, pero esas dos pasiones no afectan de la misma manera a estos tres Espíritus. El Ángel a la derecha de la Cruz se abandona a un dolor desmesurado, incluso a ataques de violenta desesperación. A él, incapaz de *detenerse*, convenían las *líneas expansivas, los signos de movimiento, de agitación, de estar fuera de sí*, y este *valor lineal* no sólo se confiere a los brazos y las grandes alas extendidas, sino que, para que de alguna manera haya mayor consonancia entre todas las partes que componen esta figura, y éstas formen así un único *conjunto identificador*, también el cuerpo mismo, a fin de indicar el movimiento convulsivo, se pliega en dos: el Ángel se encuentra inscrito en un *triángulo invertido* respecto a nuestra posición, todo es *expansión* e incluso las únicas líneas convergentes, trazadas sobre el rostro, son mixtas. El Ángel de la izquierda, por sus brazos caídos y sus alas inmóviles, no muestra sino líneas *convergentes*, puesto que son éstas las que en este caso deben expresar *el recogimiento y la profundidad de pensamiento*, expresiones que el pintor quería conferir a este segundo Espíritu, cuando contempla los injustos y crueles sufrimientos del objeto de su adoración y reverencia. Finalmente, el tercer Ángel, que vuela en *dirección horizontal* al pie de la Cruz y la corta así en ángulo recto, representa la *duración* de una única sensación por medio del *equilibrio de un único movimiento horizontal*, en el cual nada hace pensar que vaya a detenerse o girar. *El dolor desesperado, el dolor contemplativo y el dolor infinito*, tales son las tres expresiones o matices de expresión ante el espectador.

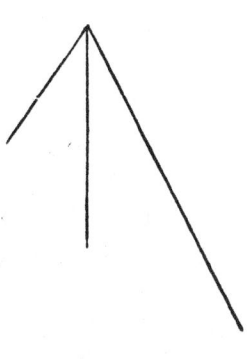

Encontramos la totalidad del segundo de estos matices en la gravedad y solemnidad del *signo convergente*, tanto en la figura en su conjunto como en los trazos del rostro; los otros dos matices solamente surgen de una acepción que ya no se deduce inmediatamente de las *direcciones horizontal y expansiva*, sino que se trata de una acepción dependiente del *objeto principal*, que es el *Cristo en la cruz*; es así como las tres *direcciones lineales*, individual y esencialmente diferentes, no forman ya, relacionadas como se encuentran dentro de un mismo cuadro, sino una *única gran expresión de terror y piedad*, esos dos grandes componentes de toda escena trágica. Añadamos, en tanto que objeto y fin último, *la Cruz* situada en el centro del cuadro, que ya sea por su *posición vertical respecto al eje, o por la dignidad de quien en ella está clavado*, se convierte en verdadera medida sensible del *valor de los signos empleados*, tanto *lineales* como *cromáticos*. Incluyo éstos *últimos* pese a que, en este caso, sentimos que no puede tratarse de signos *identificadores* o, digámoslo así, *adjetivos respectivos* de cada *sustantivo*, sino tan sólo signos que corresponden a un *colectivo* que constituye la masa de todo dolor fuerte y solemne, y que no queda más *signo cromático* que el *paso del blanco al negro* atravesando todos los matices entre ambos, excepto el *azur puro*. ¡Imaginemos a estos tres Ángeles vestidos por entero de *blanco*, incluidas las alas, destacándose sobre un cielo *color pizarra* cuya triste y lúgubre uniformidad interrumpe tan sólo el Cristo desnudo, pálido y sangrante, y podremos hacernos una idea del aspecto del cuadro, verdadera obra maestra de la infancia del Arte, tan cercano a lo *sublime*!...

(76)

Esta última palabra ha escapado de mis labios, puesto que ¿puede acaso existir lo sublime en la pintura? No creo que la respuesta pueda hallarse investigando si la Pintura, desprovista al igual que la Poesía de *signos incondicionales* para *lo sublime*, podría sin embargo provocarlos, al igual que hace ésta, al dar lugar a *una relación intelectual instantánea entre ciertos signos y el pensamiento que los interpreta*. En la Poesía, esa relación, ese *tercero* (permítaseme el símil) consiste en una *gran imagen todavía ausente* que de pronto se aparece al pensamiento mediante la interpretación o la sucesión de *signos*, bien uniéndose a la imagen ya existente y que hubiera podido ser modificada, bien sustituyéndola por completo. Por desgracia, en la Pintura, que trabaja tan sólo en el espacio y únicamente para los ojos, no sólo ocurre que los *signos* son *coexistentes*, sino que además son *finitos, limitados*: sus formas, sus dimensiones vienen dadas de modo permanente; ¡y de qué manera puede el pensamiento interpretar y fecundar *de nuevo* una idea ya expuesta, por así decirlo, en todas sus facetas, y en la que nada se puede cambiar, quitar ni añadir para hacer que diga otra cosa distinta a lo que parece decirnos en un primer momento! ¡De qué manera la Pintura puede, en una palabra, engendrar *lo sublime* cuando rechaza a ese tercero tan poderosamente creado y a su vez tan poderoso creador de Poesía! Mas veamos lo que sí es la Pintura. Otros dos cuadros de la vieja escuela me servirán, junto con el de los tres Ángeles que pertenece también a ella, para explicarme mejor y resolver, si es posible, la cuestión.

En el cuadro de los *tres Ángeles* que acabo de analizar, el lenguaje del Arte se eleva, por medio de los *signos empleados*, a un alto grado de elocuencia, y hubiera producido lo sublime, si en vez de fijar el pensamiento en un *objeto limitado en el espacio*, que no es sino un individuo que sufre incondicionalmente, este lenguaje hubiera podido ofrecernos el *ideal concreto* del personaje: *el Héroe moral al final de su carrera, que sella con sangre su triunfo, y el Cielo conmovido ante ese espectáculo*, cosa que le es imposible a la Pintura y que hace que el cuadro sea tremendamente patético. Es cierto sin embargo que, puesto que se dirigía a cristianos, el pintor pudo contar con la acepción repentina que éstos atribuirían a la representación de un hombre que expira en una cruz y por el que lloran uno seres sobrenaturales, pero esta acepción no es del todo válida sino para un determinado tipo de espectadores, y por ello solamente produce un sublime relativo.

Una acepción de sublime más o menos semejante pudiera surgir de un segundo cuadro en el que, sin embargo, se encuentra un *signo* que creo pueda prestarse a una interpretación más fecunda.

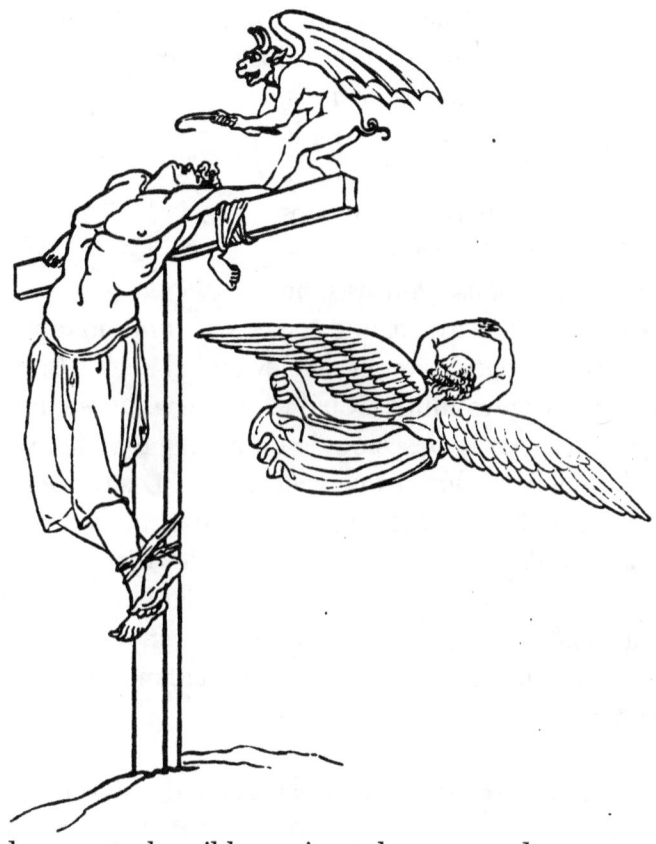

Un hombre de aspecto horrible expira sobre un madero o un cadalso, presa de los tormentos que todo en él hace suponer justamente merecidos. El Demonio, cuyas espantosas formas y su color negro hacen fácilmente reconocible para el vulgo cristiano, y a quien toda creencia que admita la existencia de seres intermediarios, malvados y justos, entre el cielo y la tierra considera un *espíritu maligno*, está situado por encima de la cabeza del culpable, como si fuera su intención arrebatar y atrapar el alma que se hace esperar, alma que finalmente le cede el *Espíritu puro* que levanta el vuelo, al tiempo que da muestra del más vivo dolor por no haber sabido salvar aquello que Dios le había confiado, y por lo cual Dios va a pedirle cuentas. Este es el segundo cuadro, cuyo tema, inspirado por completo en las tradiciones y las ideas consagradas por las creencias del momento, hubiera causado una impresión menor entre los Griegos que Marsias desollado por Apolo o Ixion atado a la rueda, pero que expuesto tal y como lo fue en el siglo XIV, en una ciudad italiana y ante un pueblo familiarizado desde la infancia con el significado de signos semejantes, ha debido producir en ellos una sensación muy cercana a la sublimidad que nace del terror; ¿y nosotros mismos, hecha la abstracción pertinente, no tanto por la presencia del Infierno, sino de su símbolo que se ha convertido en ridículo, a nosotros mismos decía, sean cuales sean nuestras ideas en lo que respecta a la vida y la recompensas futuras, no  nos impactará fuertemente el contraste que respecto al *Infierno* representa la imagen tan gozosa y fecunda de ese *Espíritu o Ángel* que levanta el vuelo? Ciertamente no se trata de algo superfluo, de una figura inútil. ¿Cuál es la causa de ese dolor, de esa fuga? Ha tenido allí lugar una lucha por la posesión de un bien; y ese bien y el campo de batalla permanecen en poder del vencedor ¡Y qué vencedor!... Los contemporáneos del pintor sin duda se estremecieron. ¡Tres únicas figuras: *el trazo lineal* de la mayor simplicidad, los *matices de color*, del *blanco al negro* y un poco de *rojo* que es sangre! Estos son y continúan siendo *los únicos signos a interpretar*, los signos cuya interpretación, casi tan repentina e incondicional, hoy también, como lo fuera en otro tiempo, confieren a este cuadro un tipo de elocuencia que lo acerca algunos peldaños más que al precedente a lo verdaderamente sublime.

El siguiente tema pudiera ser una compensación de esa escena desgarradora:

Un Demonio tiene un libro abierto en el que están escritos los pecados de un hombre. De una pequeña botella, el Ángel del hombre vierte, derrama una lágrima que el pecador ha llorado al realizar una buena acción, y sus pecados son borrados.

¿Qué es lo que estoy haciendo? ¡Quiero reivindicar los derechos de la Pintura y, en cambio, desvelo y demuestro aquí su impotencia y su esterilidad al evocar una imagen que ella no sabría hacerme sentir! Apresurémosnos a absolvernos ante ella y citemos un tercer y último ejemplo, proporcionado también por esa mina fecunda que son las escuelas de los siglos XIII y XIV, pues a mi juicio no hay otra autoridad.

(79)

Ha sonado la Trompeta fatal que despierta a los muertos de su sueño. Papas, emperadores, monjes, guerreros, príncipes, princesas, todos, en medio de una gran confusión, salen de sus tumbas tocados con las insignias que lucieron en vida. En lo alto de los cielos, sentado en toda su gloria sobre el arco iris, Jesús pronuncia la terrible e irrevocable sentencia que separará para toda la eternidad a malvados y justos. Ya se apresuran, los Ángeles en un lado y los Demonios en el otro, a atrapar y conducir las almas hacia su destino, a medida que cada una sale de su cuerpo. En medio de esa confusión, de esa escena de espanto y terror, de esos gritos de desesperación y esos cánticos de alegría, *una sola figura permanece inmóvil*. Inmóvil e inmersa en una profunda ensoñación, sentada sobre una nube, ligeramente por debajo del trono de Jesús. Sus alas, su aureola, su larga túnica de un *blanco resplandeciente*, todo indica que se trata de un Ángel, un Espíritu puro, un Ser dichoso y sin embargo... ¡Cuando vi esta figura por primera vez en el mismo *Camposanto de Pisa*, yo no había leído aún mi pasaje favorito del *gran poeta* a quien debemos, me imagino, esta bella, esta conmovedora, esta diría yo *sublime imagen*! Pero desde ese mismo instante, su impresión sobre mí presagiaba la interpretación que aventuro hoy y a la que, en definitiva, bien valdría el título de *enigmática* que le atribuyen las descripciones. Sometámoslo a juicio: *Conforme a las ideas que albergamos de un ser semejante, ¿qué es un Ángel? Un misterioso intermediario entre Dios y el hombre, un vínculo que une los dos mundos. Un Ser suficientemente puro como para ser merecedor de estar cerca de la Divinidad, y sin embargo suficientemente inferior a Ella como para asemejarse todavía al hombre, como para llamarlo en ocasiones su hermano, simpatizar con él, interesarse por su suerte...* Con el pasaje de Dante que sigue queda todo dicho: "La Voz que se eleva a los Cielos contra los desmanes y los crímenes de la corte romana turba a la dichosa Beatriz". Para plasmar *esa turbación* de un alma pura y, desde ese momento, elevada por encima de todas

las debilidades humanas, el poeta añade esta comparación tan sencilla y delicada, y que de un modo tan completo describe a nuestro Ángel: *y así*, dice el poeta, *la joven, segura de su propia virtud, se sonrojaba sin embargo ante las debilidades de sus compañeras...* Se trata una vez más de *nuestro Ángel* y el pintor que sepa tomar prestadas del poeta semejantes imágenes, es él mismo un poeta y merece elevarse con aquel hasta lo Sublime!

(81)

Todo nuestro razonamiento se reduce a ceder al sentimiento. *Pascal*

(83)

LIBRO TERCERO

LA APLICACIÓN

¡Llamamiento!

Si, efectivamente y tal como acabamos de considerarlos, los *signos* de la Arquitectura, la Estatuaria y la Pintura no fueran más que *la modificación sentimentalmente razonada de los signos primitivos que da lugar a estos tres Artes*, entonces la definición de estos tres Artes que a continuación propongo, aparecería como la *única* rigurosamente exacta en el sentido de mi principio y como *tal* la mejor introducción a este tercer y último Libro, que consiste en una aplicación y resumen de todas nuestras observaciones anteriores. En consecuencia diremos que:

La Arquitectura quiso, en su origen, rivalizar con la Naturaleza. Por tanto, aquella recuerda constantemente algunos de los efectos imponentes o solemnes de ésta. Puede aspirar a evocarlos y estar segura de lograrlo, siempre que lo desee. Sus tipos son la Naturaleza inorgánica y vegetal, las rocas y los bosques; sus materiales, los de esta misma Naturaleza.

La Estatuaria, en su origen, no fue más que la representación del cadáver o de su envoltorio, no con la intención de imitarlo como objeto de arte sino con el fin de multiplicar o eternizar su recuerdo. Por tanto la Estatuaria es exclusivamente conmemorativa y monumental. Sus tipos son la forma animal, el Hombre y el León; sus materiales la piedra dura de un solo bloque.

La Pintura, en su origen, no fue más que escritura, unas veces simbólica y otras ideográfica. En ambos casos tomó prestados sus signos de la Naturaleza, no como objetos de imitación sino como signos figurativos y visibles de una idea intelectual. Por tanto la Pintura es, de manera exclusiva, la expresión visible del pensamiento, y para nosotros los Cristianos, la del pensamiento religioso. Sus tipos y sus medios son las formas y colores, interpretados de una manera inmaterial.

Y para que estos tres Artes conserven toda su pureza originaria, debemos evitar que se inmiscuyan los unos en los otros, puesto que con esta invasión se inicia y se completa la degeneración de los mismos. Si la Arquitectura (como ya se observó al hablar del Partenón) se sobrecarga de esculturas más allá de lo que denominamos *escultura aplicada a la arquitectura*, se inmiscuye ya en la Estatuaria, que es dueña única del cincel; y cuando ésta se esfuerza en dar vida al mármol, en ablandarlo, cuando se esfuerza en imitar la carne, la cabellera, los tejidos, su palpitar, su ligereza, se inmiscuye con grosería en los medios de que dispondría la Pintura para ofrecernos, y mucho mejor, todas estas cosas, siempre y cuando los use con moderación. Por último, si la Pintura imita las piedras, los metales, los edificios, las estatuas, el bajorrelieve, se inmiscuye en la Arquitectura y la Estatuaria que nos ofrecen, ambas, estos objetos en su realidad: y en la medida en que la Pintura necesita de formas y colores para materializar de manera visible el *esquema del pensamiento* los toma prestados sólo de la Naturaleza fenoménica.

Todas estas cuestiones se vieron en los tres Artículos especialmente dedicados a cada una de estas Artes, pero nunca se insistirá lo suficiente en esta separación y sobre todo en la que existe entra la Estatuaria y la Pintura que, en su uso más noble, aparentemente proceden de los mismos tipos. Sin embargo estos *tipos* no gozan de la misma fuerza de ley en las dos Artes: Si la Estatuaria sólo puede serlo de manera absoluta al transformar el bloque informe de mármol o de granito en forma animal (hombre o león), esto no ocurre con la Pintura en el sentido exclusivo de *Pintura esquemática*. Ésta sigue *existiendo como tal* con independencia del *objeto o signo* que elija para dotar de mayor elocuencia e inmaterialidad a su creación, dando siempre preferencia a la figura humana. Por ello, al no existir Estatuaria *sin materialidad de formas*, ni Pintura *sin esquematismo de signos*, la primera de estas Artes es completamente ajeno a las ideas religiosas y el segundo, *fango coloreado* sin ellas. De todo ello se deduce que si bien los monumentos de la Estatuaria deben llevar la huella de este carácter de *duración*, de la mayor *duración terrestre posible*, aquella capaz de *desafiar y consumir los siglos*, las creaciones de la Pintura, por su parte, no deben ser más que *la expresión instantánea, actual y pasajera* del objeto o *signo* que fecunda el pensamiento para hacerle engendrar la imagen intelectual todavía ausente. El tiempo consagra al Coloso pero aquel cuadro que pretendiera aspirar a una *existencia* o *realidad material* antes o después de crear una impresión sobre nosotros, por mínima que fuera esta pretensión, no es ni será nunca, repito, más que *fango coloreado*!

Y ahora, si revisamos de manera imparcial todo lo que nos queda, o lo que se cuenta de los monumentos y las producciones del Arte de los distintos pueblos en diferentes

(85)

épocas, resulta, según todo lo que acabamos de decir (y teniendo en cuenta el *cuadro sinóptico* del libro anterior) que Grecia no tuvo nunca ni verdadera estatuaria ni verdadera pintura, y que a pesar de su bello *orden de paestum*, si es que le pertenece, no puede compararse en Arquitectura con Egipto, el único que condujo este Arte y el de la Estatuaria a su grado supremo pero que, como resultado de su sistema de *sorprendente materialidad*, resultó aún más ajeno que Grecia a la Pintura; que ésta, esta Pintura, que para liberarse de la materia y brillar por su propia belleza estaba esperando inspiraciones análogas a su esencia, sólo se manifestó como *Virgen regenerada y pura* en Italia, bajo los auspicios de la religión cristiana en los siglos XIII y XIV, para hacernos lamentar aún más su *abandono y degeneración* cuando juntamente con esa bella *Arquitectura religiosa*, su hermana mayor, su compañera... Pero no nos anticipemos con la última consecuencia que cabe deducir de nuestro *Principio*; consecuencia y *conclusión* a la que han tendido de manera implícita todas nuestras observaciones, y que trataremos de desarrollar y de sacar a la luz en una *serie de cuadros*, exigiendo, por decirlo de alguna manera, que *la Arquitectura, la Estatuaria y la Pintura*, engendren alguna obra completamente conforme con su esencia y con los grandes y verdaderos intereses del Hombre y de la Sociedad. Lo que con este fin les haremos adoptar o rechazar de los *tipos existentes*, será el resultado de la más estricta y rigurosa *observancia* de nuestra Teoría, es decir de la decisión irrevocable del sentimiento; que además nos recuerda aquellas palabras de Pascal según las cuales *debemos hacer que las invenciones de nuestros predecesores constituyan los medios y no el objetivo de nuestros estudios*. Nos queda todavía una última observación esencial.

Aunque no cesemos de insistir en que toda creación de uno u otro de los tres Artes se nos presenta como *creación absoluta que existe por y para ella misma*, no debemos pensar sin embargo que no pueda nunca existir *asociación*. Asociación no implica mezcla. Una cosa es confundir en una misma creación los *signos* y los medios de las Artes, y otra hacerlas converger hacia un mismo objetivo sentimental mientras cada uno de ellos conserva todo su valor individual. Tal sería, por poner un ejemplo, la unión de los dos sexos, entre el hombre y la mujer, frente al ser monstruoso que reuniera los dos sexos en sí mismo. En el arte, este monstruo es un edificio cuyas partes se hallan sobrecargadas de esculturas, y esas mismas partes y detalles, cubiertos por colores que no sean los de las materias empleadas. Estas brillantes pero no menos represibles *fascinaciones de las producciones hermafroditas* son las metopas y tímpanos del Partenón, y todos esos amplios cuadros en los que en Egipto el pincel no creaba nada. Mezcla, confusión pero

(86)

nunca asociación. Además, no nos equivoquemos. Sólo dos de las tres artes que nos ocupan pueden estar *asociadas*, e inevitablemente uno de las dos será siempre la Arquitectura. Sólo ésta se asocia a la Estatuaria o la Pintura porque, según el tipo de construcción, puede admitir en su plano una o varias Estatuas, o bien uno o varios Frescos o Cuadros, pero nunca unas y otros de manera conjunta y aún menos en el exterior de la construcción. Por tanto, no imitemos a Egipto situando *estatuas* en la entrada de un edificio, a menos que adoptemos su *sistema asociado* en su totalidad, y aún así pensemos que el Pórtico de Hermópolis desprovisto ya de cualquier coloso, y el Coloso de Tebas aislado de cualquier *construcción* ganan en elocuencia a la misma maravilla de Ibsamboul que, al reunir las dos expresiones, las debilita. A pesar de ser residencia de Gigantes, el Edificio no resulta ya inmenso. Habitante o *guardián* de una Pirámide, el Coloso tiene las proporciones adecuadas, y cuanto más estrechamente hayan trabajado las dos artes, menos sus Pilares, Laberintos y Esfinges irán dirigidos sólo al hombre o tendrán sólo al hombre como *regla o medida*. Me atrevo a condenar y rechazar incluso de manera más enérgica cualquier *pintura* situada al exterior de un edificio: constituye una *inconveniencia* de la que todavía se conservan ejemplos en algunas antiguas iglesias de la Toscana. Cualquier justificación de semejante abuso resulta intolerable ¡como si además un cuadro pudiese provocar efecto alguno al aire libre! Cabe por tanto concluir que sólo el *interior* de un edificio podría admitir una *asociación de signos*. Antes de penetrar en este interior, el Edificio nos habrá dicho *todo* cuanto quería y debía decirnos. La *tarea absoluta* de la Arquitectura ha sido realizada y *realizada* por *Ella misma*. A partir de ahí no hay nada que objetar a que las *palabras* que nos fueron dirigidas en el exterior sean repetidas en el *interior*, acompañadas por *otras* que nos dirigirá *el Arte asociado*, llamado a completar y a determinar más especialmente *la elocuencia de la primera*: Lo veremos a continuación.

---

(87)

Dos Artículos, de cierta extensión cada uno de ellos, puesto que juntos habrían sumado las diez o doce hojas impresas anunciadas en el programa, estaban preparados para seguir inmediatamente al llamamiento que acabamos de leer, cuando decidí aplazar su publicación por las razones que ahora indicaré. El primero de estos Artículos, titulado de la construcción horizontal o política asociada a la estatuaria, llevaba como epígrafe estas palabras de Sócrates: YO OBEDEZCO LA LEY. El Segundo Artículo titulado de la construcción ascendente o religiosa asociada a la pintura, iba encabezado por estas palabras de Jesús: YO HE VENCIDO AL MUNDO. Como vemos, el verdadero tema era el de la división proyectada de las producciones de los tres Artes en producciones exclusivamente materiales, terrestres o políticas y en producciones exclusivamente intelectuales, esquemáticas o religiosas. Las primeras van dirigidas al Hombre para hablarle de sus relaciones con sus semejantes, las segundas para hablarle de sus relaciones con Dios. Exigir a las tres Artes que simbolicen estos dos tipos de relaciones, sancionándose y prestándose mutuamente (como ley civil y como ley de perfección) toda su fuerza y toda su belleza sin poder llegar nunca a confundirse, y simbolizarlos por signos inteligibles para todos los hombres de todos los tiempos y de todos los lugares, a partir del hombre mismo, suponía imponer a estas tres Artes una tarea tan noble como fecunda en ideas y resultados completamente nuevos, prometerles un éxito completo; suponía situarlas en el punto culminante de toda su gloria y de toda su dignidad y demostrar por último que los medios que empleasen sólo podrían ser la aplicación estricta y rigurosa de los signos incondicionales que hemos reconocido como constitutivos de su esencia; suponía a la vez establecer de manera irrevocable y victoriosa nuestro principio y terminar dignamente este Ensayo con una última consecuencia importante.

Este era el tema y objetivo de los dos Artículos en cuestión, escritos hace casi diez años, y que a menudo releía y retocaba con complacencia hasta el momento en que, tras un último y maduro examen los puse, por decirlo de alguna manera, en contacto directo con las graves circunstancias que desde hace un par de años se suceden a nuestro alrede-

(88)

dor. En estas circunstancias creí advertir, por una parte, un reproche que se me hacía por ciertas conclusiones y previsiones aparentemente aventuradas y hasta ahora desmentidas por los hechos; y por otra parte, un reproche mejor fundado por no haber sabido explotar al máximo la época actual para acabar de dotar a mis ideas de todo el valor moral y de toda la novedad de puntos de vista, que ya presentan, pero que son todavía susceptibles de aumentar, como lo confirmará plenamente algún día la evolución de los acontecimientos. Llegadas las cosas a este punto, constituye un deber para cualquiera que se honre todavía con el título de ciudadano y de cristiano (en el sentido verdadero de estas palabras), no hacer, ni decir, ni escribir nada que no tienda de manera más o menos eficaz, pero siempre sincera, a la salvación y el mantenimiento del gran engranaje social, cuyos fundamentos más firmes se tambalean tan deplorablemente hoy en día; deber éste que cada cual llevará a cabo en función de su estado, sus medios y sus luces. Mientras yo personalmente, no considere haber captado y expuesto de forma completa en esta tercera y última parte de mi trabajo las únicas relaciones saludables que pueden establecer las tres artes entre el hombre, sus semejantes y su Dios, renunciaré a cualquier publicación ulterior. Por ello, acabo de retirar la copia ya preparada para la imprenta, con la intención de revisar, de principio a fin, las partes esenciales.

Como consecuencia de esta supresión de texto perfectamente justificada se produce también la de varias de las grandes láminas del Atlas, que en un principio iban a ser veintiuna y ahora quedan reducidas a doce. Aunque podría decidirme por publicar mi nuevo trabajo, bien como una tercera parte de este Ensayo o bien como un Suplemento aparte cuyo título, aparentemente singular pero muy adecuado sería Medusa, incluiré las láminas que faltan junto con las láminas III, V, VIII, y XII (ya grabadas), en las dos grandes divisiones ya mencionadas en las que se conciben la Estatuaria y la Pintura únicamente como artes societarios de la arquitectura. La Pintura sólo puede existir como tal en su verdadero sentido de expresión visible del pensamiento religioso. La Estatuaria sin embargo, como expresión palpable de la forma material, puede ser tanto arte asociado como arte absoluto. En el texto aplazado no podía figurar más que como arte asociado. En el Artículo o Apéndice siguiente, inspirado en la noble y firme compostura de Holanda en la crisis actual, concibo la estatuaria como arte absoluto: ¡he aquí el homenaje de un ciudadano a su Patria!

Leyde, 17 abril 1832   D.P.G.H.D.S

(I)

APÉNDICE

DEL

TERCER LIBRO

LA ESTATUARIA

COMO ARTE ABSOLUTO

(II)

"LA ESTATUARIA no reconoce ni admite más tipos orgánicos que el hombre y el león, a los cuales aplica e impone unas formas caracterizadas por la simplicidad, uniformidad y severidad más absolutas posibles, es decir las combinaciones simétricas y eurítmicas de monumento duradero; de lo que se deduce un doble empleo de sus signos y sus medios en este Arte: uno como arte societario que completaría la elocuencia interior de la Construcción horizontal o política gracias a la imagen de Hermes, que constituye el retrato del gran hombre bienhechor de la humanidad; el otro como Arte absoluto, que produciría por sí mismo el Coloso aislado, el León simbólico."

Texto manuscrito del Libro tercero.

(III)

EL GIGANTE DE LA COSTA,

SÍMBOLO DE

HOLANDA

Op de eeuwge zuil des roems staat Nêrlands uaam gedrukt.
(sobre el eterno pilar de la gloria, se encuentra impreso el nombre de los Países Bajos)

HELMERS

En mi artículo sobre la Estatuaria dije que Egipto *tuvo que alzar la cabeza por encima de sus aguas y de sus arenas y logró sus Pirámides y su Esfinge.* ¿Acaso estas palabras no prescriben la única Estatua que pueda convenir a Holanda, el único monumento que pueda simbolizarla? Un enorme Coloso, un *León tumbado, con las patas delanteras estiradas y las traseras dobladas a lo largo del cuerpo,* similar a los hermosos Leones de la subida al Capitolio, que constituya nuestro *tipo,* con formas mucho más severas, y con dimensiones iguales, si no superiores a las de la gran Esfinge: ésta tan sólo tiene treinta y nueve o cuarenta metros de largo por veintitrés de alto aproximadamente, desde el vientre o zócalo hasta la cabeza. Nuestro *León* tendría cincuenta y cuatro metros de largo por un poco menos de veintiocho metros de alto, proporciones que marcan la diferencia entre el animal compuesto y el animal simple, sometidos ambos a las combinaciones sistemáticas de una *Estatuaria monumental y absoluta.* Pero ¿dónde hallar en Holanda semejante bloque o mejor aún, una auténtica roca para trabajar? Poco importa. Lo más sencillo sería sustituirlo por una *verdadera construcción,* eliminando las juntas de los inmensos bloques de basalto o piedra negra empleados, aunque estas juntas como tales no perjudicarían en absoluto al conjunto. No son los cimientos visibles de un edificio los que lo dividen. Es más bien, la mala disposición, el disparate, el aislamiento de las distintas partes o miembros del mismo los que destruyen su unidad. Aunque la basílica de San Pedro de Roma fuera de un solo bloque, una excavación en la roca viva, seguiría siendo la misma composición horrible de piezas yuxtapuestas, mientras que los Muros Ciclópeos y las Pirámides que no son más que *bloques amontonados* desafían incluso a las creaciones de la Naturaleza por sus imponentes efectos. ¡Que lo mismo ocurra con

(IV)

nuestro *Coloso*! construido, tallado, en la Costa de Holanda cerca de la antigua desembocadura del Rin. Esta nueva Esfinge, prodigio del Arte tendrá la cabeza girada hacia el mar como recordando *al Gigante del Cabo de las tormentas*, y el día en que las aguas devastadoras y dañinas hayan convertido a Holanda en un vasto montón de arena rechazada en los continentes sumergidos, este *León emergerá* con toda su masa por encima de las ruinas y recordará a lo largo de los siglos que Holanda fue una *Tierra y una Nación* de las que fue digno *símbolo*, y que una y otra confundidas ya en él y dotándole de su *inmortalidad* le hicieron digno de la aplicación de estas profundas y magníficas palabras de Séneca: E*l Universo disuelto, sólo queda Dios: ¡entonces Dios descansa en sí mismo y se entrega a sus propios pensamientos!*

(V)

TIPO Y PROTOTIPO
DEL GIGANTE DE LA COSTA COMO MONUMENTO NACIONAL

I. LA ROCA LEÓN DEL CABO DE LAS TORMENTAS

Los Holandeses establecidos en el Cabo designaron con el nombre de *Montaña del León* (Leeuwgebergte) a una masa de rocas cuyo conjunto recordaba a este *magnífico animal*, emblema de la madre patria y que figura en sus escudos de armas.

II. EL LEÓN - ESFINGE EGIPCIO

Símbolo de *fuerza*, de *vigilancia*, de *magnanimidad*. Así es como lo interpretan los especialistas en jeroglíficos. Tengo la impresión de que, como estatua o Coloso este *León tumbado* hace referencia más particularmente a Egipto como tal; como símbolo de su territorio, de su potencia, del Nilo, como representación alegórica, enigmática, de su *Divinidad tutelar*; todos ellos caracteres más o menos idénticos entre sí, y más o menos aplicables al Monumento nacional

(VI)

planeado. Sin embargo ¿quién nos desvelará de dónde sacó Egipto la idea de sus Esfinges y sus Leones *velando sobre las grandes aguas* y en la entrada de los templos y las pirámides? Hasta ahora no hay rastro de nada que nos instruya de manera plena, y puede que sólo el corazón de África consiga resolver algún día el problema que se relaciona con la tradición india de un *Dios convertido en hombre y león*, salvador y regenerador de un mundo destruido y renovado.

¿Pero de dónde ha tomado Holanda prestado su *León*, siendo éste un animal tan extraño a su suelo? Se trata de una pregunta inútil cuando nadie le cuestiona tan merecido *símbolo* y sobre todo en un momento en que toda Europa la contempla como realmente acompañada por este León,

WIENS NOOIT VERSTOMPTE KLAAUW EN ONVERSSWAKLE KRACHT,
HAAR SLERKEN IN DEN STRIJD MET'S ONREGTS OVERMARGT!
(*cuyas garras afiladas y fuerzas inagotables,*
constituyen el refuerzo en la lucha contra la injusticia)

1830—1832.

(VII)

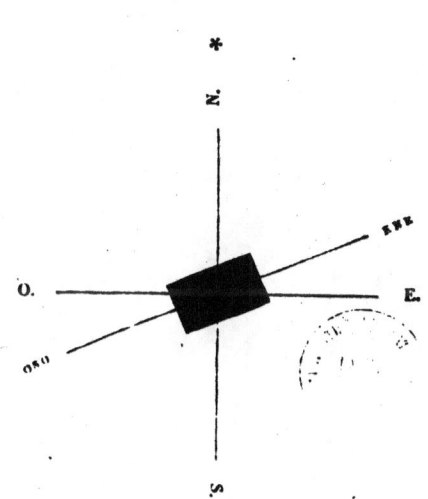

(1)

NOTAS

(2)

Las cifras o números que aparecen en el cuerpo de las Notas, remiten a una nota precedente o posterior y a tal efecto, cada nota tiene su propio número.

(3)

NOTAS

LIBRO PRIMERO

1. *Página 7. Grabados en madera*

Las cabezas de Palas y de Venus forman parte de estatuas enteras: la primera, de la *Palas* conocida como la de *Velletri*, que se halla en el museo de París. La segunda de la famosa *Venus de Medicis*. En cuanto a la cabeza de Juno, es todo lo que lo que hay de ella. Es colosal y la podemos contemplar en Roma en la *Villa Ludovisi*.

Observemos de paso que el *antiguo modelo* de una Palas encontrada en Grecia, se ha visto menos alterada a través de las diferentes etapas del Arte, que el de las otras dos diosas (27). Sobre todo la estatua de Venus, que primero fue *celeste, victoriosa*, siempre vestida o cubierta, a veces armada y que ha acabado por recordarnos únicamente la Venus totalmente desnuda y *sensual* del Juicio de Paris. Me he servido de esta última para mi grabado.

2. *Página 9, línea 22-31 sobre el color blanco*

No acabaríamos nunca si quisiéramos citar todos los pasajes de los autores antiguos y modernos, de poetas y viajeros que con sus escritos apoyan mi hipótesis sobre el *valor moral del color blanco*. Nos basta con remitirnos a las palabras citadas por Platón, que reproduce someramente Cicerón en su segundo libro *Sobre las Leyes* y a los viajes de Turner y de Cook, que son los tengo sobre todo en mente.

3. *Página 11, cuadro de los signos cromáticos*

Quien quiera ver cómo mi paleta simboliza las cuatro sectas religiosas, no tiene más que abrir la noche vigésimo quinta de las *Mil y una Noches*, en la que se narra como una población entera de Musulmanes, Persas, Cristianos y Judíos fueron metamorfoseados en peces de diferentes colores. Los Musulmanes, que eran los verdaderos creyentes y *puros por excelencia*, fueron transformados en *peces blancos*. Los Persas, *adoradores del fuego*, en *peces rojos*. Los Cristianos, confundidos durante mucho tiempo con los *sectarios de Serapis o dios del mundo inferior*, en *peces azules* (66). Los judíos, finalmente, en *peces amarillos*, el color que *simboliza la impureza* (80). Observemos que los Judíos en Roma, condenados por los papas a la ignominia, fueron obligados a lucir una cinta o un lazo *color azafrán* sobre sus bonetes.

4. *Página 11, línea 9*

De todos es conocida la interesante Louise de la Vallière, de la que se dice tan acertadamente *que poseía un gusto exquisito sobre todo lo referente al sentimiento, a la vez que desconocía aquella parte menos espontánea del espíritu*.

Santa Teresa, nacida en 1515 en Ávila, España, procedía de una familia noble y renunció al mundo a la edad de veinte años. Nos bastará con citar aquí su pensamiento con respecto al demonio: *¡Si el diablo se dispusiera a amar dejaría de ser diablo! Me remito a su vida compuesta por ella misma.*

5. *Página 12, línea 8, el alma reside entre las dos cejas*

Opinión del filósofo Estratón apodado el físico. Véase *Plut. De plac. Philos.* IV. 5.

6. *Página* 13, *línea* 17; *del gato etc*

Véase la hermosa fábula *el gallo, el gato y el ratón. Libro VI. Fábula 5*

...este animal que me pareció tan dulce.

7. *Página* 15, *línea* 8, *sobre una idea de Winckelmann.*

He aquí el pasaje íntegro: "A poco, dice el historiador del Arte, que examinemos la configuración del rey de los dioses, descubrimos en sus cabezas todas las formas del león rey de los animales: no tan sólo en sus grandes ojos redondos, en su frente alta e imponente y en su nariz, sino también en su cabellera que desciende desde lo alto de la cabeza, luego asciende desde los lados de la frente y se divide cayendo en arco, lo cual no es propio de la cabellera del hombre sino de la melena del león" *Hist. Del Arte, Libro IV, Cap.* II §29.

El pequeño grabado en madera de la parte superior de la página 14, ofrece la parte superior de una cabeza colosal de Júpiter, en la que el *tipo de cabellera* que acabamos de mencionar es del todo reconocible. Esa hermosa cabeza, encontrada en 1785 en Otricoli, se conserva en el museo del Vaticano. Me atrevería a fijar la época alrededor del siglo IX de Roma, momento en el que el culto de Mitras, originario de Persa, arraigaba cada vez más en Italia, donde había sido introducido en el año 687. Podemos ver en el *Museo Pío-Clementino,* Vol. II , l. 19, un *Mitras* con la cabeza de león; se trata de una mala escultura del siglo III de nuestra era, pero se vincula visiblemente a los tipos de un *nuevo modelo* de cabeza de Júpiter, desconocido en la escuela de Fidias (53).

No se me ocurre una mejor manera de acabar esta nota más que añadiendo una observación original : *debemos reprochar a la revolución francesa una falta gravísima, la de haber proscrito las pelucas. Por lo que a mí respecta* (*aquí nos habla el observador*) *no hubiera podido concebir jamás, antes de visitar el tribunal de lo criminal en París en 1826, hasta qué punto una peluca es necesaria para dar majestad a la cabeza humana.* Todo ello remite a lo que ya dije en el texto sobre los peinados masculinos de moda en la época de Luís XIV, a los que comparaba con los de la mitad del siglo XVIII.

*Véase Sir Arthur Brook Faulkner, notes and reflexions etc. Lond.*1827.

8. *Página* 16, *línea* 7. *El Roble etc.*

Este árbol recibe la justa denominación de *hijo de la tierra y columna de los bosques*. Se ha visto en Westfalia un Roble de más de treinta y seis pies de circunferencia y de ciento treinta y seis pies de altura.

El Pino etc. Me refiero al pino piñonero

La Picea Etc . Me refiero al abeto rojo, la *picea excelsa o abies*, que encontramos sobre todo en Noruega.

9. *Página* 17, *línea* 12. *Estábamos sentados etc*

Se trata del inicio del Salmo 137. ¡Es una lástima que un pasaje de poesía tan conmovedor tenga que terminar con una expresión digna de un ogro!

En cuanto al *Sauce de Babilonia*, se trata, tal y como lo indica en el texto de la especie llamada en francés *sau- le pleureur* (sauce llorón) , y con más fortuna en holandés *Treur-Wilg* (sauce elegíaco).

10. *Página* 18, *línea* 7. *Al Águila etc.*

Aquí hablo del águila dorada (*Aquila chrysaetos*). Hace tres pies de altura y entre ocho y doce pies de envergadura. Tiene el pico de color azul oscuro: El iris de un amarillo resplandeciente, y los ojos brillantes como chispas. Su plumaje marrón negro adopta una tonalidad color tierra en el cuello y en la cabeza. De todos los pájaros, es que vuela más alto y más deprisa: se dice que puede sobrevolar, en un minuto, 5.626 pies franceses, es decir, mucho más de lo que puede recorrer el viento en el mismo tiempo.(89)

11. *Página* 18, *línea* 15, *sueño de Sócrates.*

"Timoteo de Atenas nos cuenta en sus biografías que Platón tenía una voz débil, y se dice que Sócrates soñó que tenía sobre sus rodillas un joven cisne, al que le crecieron de repente unas alas y alzó el vuelo con un dulce canto. Aristón vino al día siguiente para recomendarle a su hijo Platón, momento en el que Sócrates hizo saber al padre que su hijo era el cisne con el que había soñado la noche anterior" (89)

12. *Página* 18, *línea* 32, *los títulos prodigados al león.*

Plutarco y Aelien denominan al león *animal solar*, y este último XII. 7. afirma que el León es el símbolo de Ptah o Vulcano egipcio (66.)

13. *Página* 19, *línea* 11. *El caballo etc*

Según nos informa Turner en sus escritos sobre el Tíbet, quizás podríamos reconocer en los caballos *más fuertes y los más fogosos* de la tierra, la raza primigenia de esta especie (18). Se les distingue en Bengala con el nombre de *Tunganes*, relativo a un nombre del cantón de Bután. Son raramente de un único color . La mayoría de la veces presentan un color gris tordo. Turner nos informa además que, a veces, éstos extienden sus miembros de tal manera que el vientre casi toca el suelo. El autor del libro de Job, en su magnífica descripción del caballo, cap. 12 ¿ se estaría refiriendo a esta raza?

Una observación que viene al caso es que el caballo en América, en su *estado salvaje*, se distingue siempre por el mismo color de pelo: el marrón castaño. ¿Podemos concluir, pues, que el Alazán es el caballo primigenio? Me inclino por la afirmación.

Los pasajes impresos en pequeños caracteres (misma página 17.) se pueden encontrar en el libro del Apocalipsis, de claros orígenes indios o persas, en los capítulos 6 y 19 y había un caballo blanco: *el que lo monta se llama Fiel y Veraz: sorprendente alusión a la décima encarnación de Vishnu bajo el nombre de Kalki, que tendrá lugar al final de los siglos para renovar todas las cosas. Véase página 60 del Texto.*

14. *Página* 20, *línea* 11. *Párate etc.*

Se trata de una canción americana que da a conocer Montaigne según el relato de un criado suyo que había viajado por Brasil. Véase Ensayos, *Libro* 1 cap. 30 y *cap. 39 del mismo libro* para la frase que cierra la página 18.

15. *Página* 23, *línea* 15 *y siguientes del Círculo, del Cuadrado, del Triángulo etc.*

Los Pitagóricos sostenían que *el Cielo, la Tierra y el Fuego* estaban simbolizados por *la Esfera, el Cubo y la Pirámide* respectivamente. Siempre que el sentimiento participe en sus semejanzas las percibiremos, pero ¡qué oscuras y frías se nos aparecen cuando se entremezcla con ellas el dogma y el cálculo! He aquí un ejemplo: *los egipcios comparan, afirma un autor de la Antigüedad, el Universo a un triángulo. Sesenta mundos se alineaban en cada uno de sus lados: los otros tres sobre los tres ángulos, en total 183 mundos. El centro del triángulo es el campo de la verdad; allí en una profunda inmovilidad residen las relaciones y los ejemplos de las cosas que han sido y que serán.* ¿Podemos pensar aquí en las famosas Pirámides?(20)

16. *Página 25, línea 18 y siguientes. La Luna es, etc.*

Entre el reducido número de monumentos antiguos que merecen ser tomados en consideración, quizás los más singulares, los más enigmáticos y los que remontan muy atrás en la antigüedad sean las *Máscaras de Medusa*. No es lugar aquí para extenderme en conjeturas sobre un tema sobre el que he recopilado mucho material, pero para confirmar las palabras que aparecen en mi texto sobre un *culto primigenio*, tan sólo diré que mis investigaciones tienden de manera creciente a hacerme ver originalmente en esas máscaras, un jeroglífico o símbolo de algún cuerpo *celeste*, cuya aparición repentina e influencias nuevas y devastadoras, han debido estremecer al hombre de miedo y de terror de forma considerable. Y si recordamos lo que se dice de un *Astro serpiente que pasa entre la tierra y el sol*; *lo que se dice del planeta Venus, antaño mucho más grande y desde entonces caída de los cielos*; y lo que sabemos de nuestra Luna actual, de reciente aparición, (ya que aún existen pueblos que se autodenominan *proselenoi* que existían *antes que la luna* [43, 51]) ¿no podríamos, combinando todos estos datos y sometiéndolos a la sana crítica, leer las causas y los agentes, las circunstancias y los resultados de la última gran revolución de nuestro planeta? ¿Así como el retroceso de su órbita, la inclinación de su eje, sus gigantes (43), su diluvio, su *Atlántida arrojada a los cielos*, y su Libia convertida en desierto (20, 51)? ¡La *máscara de la Medusa* simboliza todo eso a la vez, sus diferentes fenómenos y nuestra *nueva reina de los cielos* (18), que sustituye a la antigua Venus despojada de su esplendor y del culto que se le rendía (Isaías XIV)!...Eso es lo que creo y me explico entonces a mí mismo todos los monumentos relativos, a partir del *disco alado y rodeado de serpientes*, que ornamentan las cornisas de los templos egipcios (26), hasta *el ideal de una elevada y severa belleza femenina*, que con los griegos perderá todo rastro sensible del modelo primigenio. Permitidme aún otra observación. Léase sin reparos el Éxodo y la recopilación del Génesis, sin olvidar la profecía encontrada de Henoc (62), y el remarcable pasaje de los *Actos VII. 43*: compárese todo lo que ahí se dice con todas las demás tradiciones y mitos que traten de mundos destruidos y reconstruidos; ¡remóntese aún, todo lo posible, a las *obras ciclópeas* de la que formaría parte la *máscara de la Medusa* (51) y el velo que cubre *el origen de todas las creencias y de todos los cultos, sin excepción alguna*, será retirado por aquel que quiera ver con sus propios ojos!. Aún otra observación: quizás se trate de un sueño, de una quimera!...quizás, pero obsérvese con atención las medallas autónomas de la *antiquísima Populonia*. Por un lado, recuerdan de forma extraordinaria a una *máscara, con la lengua fuera* (43) y sobre el reverso encontramos ora *dos o tres astros*, ora una *media luna* o un *tridente*; ¡Y Mionnet, lámina LXII, nos ofrece dos números, el 9 y el 10 con esa *máscara*, y lo que toma en el reverso de la segunda por *dos pólipos con una estrella*!,... en ella veo, sueño mi *astro serpiente, mi combate en el cielo, mi tierra destruida, reconstruida, repoblada*, en una palabra ¡mi *historia de Medusa*!...Palaeph. lib. II

17. *Página 26, línea 22, el hombre es una caña, etc*
El fragmento de Pascal, de donde he extraído estas pa-

labras es tan bello y se adapta tan bien a varias de mis observaciones, que no sabría negarme el placer de transcribirlo íntegramente. Quizás esto ayude a salvar al menos una página de este ensayo. Aquí lo tenemos: *"el hombre no es más que una caña...la más débil de la naturaleza; pero es una caña que piensa. No hace falta que el universo entero se arme para que lo aplaste: un vapor, una gota de agua bastan para matarlo. Pero aunque el universo le aplastara seguiría siendo más noble que lo que lo mata, porque sabe que va a morir; y la ventaja que tiene el universo sobre él, éste la ignora. Toda nuestra dignidad consiste, pues, en el pensamiento. Esto es lo que hay que ensalzar y no el espacio y el tiempo. Trabajemos, pues, en pensar bien: éste es el principio de la moral."*

LIBRO SEGUNDO

18. *Página 30, línea 19. I Nemrod etc.*

Véase *Génesis* X. 8,9,10. Es a dicho *bravo cazador*, uno de los fundadores de las nuevas sociedades, que parece corresponder *una* de las *siete compensaciones* concedidas al género humano tras el diluvio, el *Arco infalible*. Las otras seis compensaciones son: *la Luna* (16), *el Vino* (Génesis IX.20, Henoc X. 21), *el Caballo* (13, 51), *la Vaca* (51), *¿la Fortuna?* Y...¡*la mujer* (Génesis I. 27, II 22)!

Los que confunden a *Nemrod* con *Belo*, hijo de Neptuno (el mar) y de Libia (África), le hacen resurgir de las ruinas del globo para reconstruirlas. De ahí los nombres de *gigante*, de *dios*, que le otorgan los LXX. y los intérpretes. (43)

ARQUITECTURA

19. *Página 34, línea 1 del Tabernáculo.*

Véase Éxodo XXVI.10, y XXVI.29. *Revestirás de oro los tableros, etc.*

20. *Página 35, línea 9. El orgullo de Babel.*

Alusión a la famosa Torre con ese nombre, y de la cual, según las últimas investigaciones (1817-1827) ¿existirían aún ruinas reconocibles al Oeste de Bagdad, en un terreno abierto entre el Tigris y el Eufrates?... Dicen que esas ruinas consisten en una especie de montículo o pirámide truncada, de *núcleo sólido*, de aproximadamente 138 pies de alto, y con cuatro caras bien orientadas (105). La cara situada al sur es la más elevada y la mejor conservada: todavía se distinguen *cuatro pisos en disminución de los siete* que, según el perímetro de la base, el ángulo de inclinación de las caras y la elevación progresiva de los pisos, el monumento podría haber tenido. También de esos datos se deduce el cálculo aproximado de la altura total, que no debió ser muy superior a la de la gran Pirámide (105), sobre todo si se le supone una cúspide en plataforma. El revestimiento es de ladrillo cocido al horno, de tres pulgadas de espesor y catorce de superficie; cada uno lleva una *marca o letra cuneiforme* en el lado que apoya sobre la hilera precedente. Tras siete filas de ladrillos, constantemente aparece uno de paja mezclada con pez y alquitrán. Cito esas circunstancias, no como pruebas concluyentes en favor de la identidad de esas ruinas con el monumento en cuestión, sino porque concuerdan bastante bien con las tradiciones, y además nos dan una idea de los materiales de construcciones semejantes. Además, esas Torres, esas Pirámides, y esos santos lugares, se asocian con las antiguas revoluciones de nuestro planeta (16). Hay intérpretes que leen (Gén. 11:4) por si *nos dispersamos*, lo cual, según ellos, indica el temor y la espera de un diluvio, o de cualquier otra gran catástrofe. Los que, al contrario, prefieren para que *no nos dispersemos* atribuyen a los Noaquitas la idea de un punto de vinculación tras el diluvio y la de transmitir el recuerdo a través de un signo *permanente*. Tal y como todavía se presenta la gran

(8)

Pirámide, como elevándose del fondo de un antiguo mar desaparecido (16), podríamos reconocer uno de esos trofeos (y sin duda el más asombroso de todos) a través del cual el hombre, tras su lucha con las fuerzas de la naturaleza, manifestaba al mismo tiempo su nada, su orgullo y algunas veces su grandeza (56). Queda por determinar la fecha y los autores de esas construcciones gigantescas. Quizás un día las Pirámides hablarán. Enterrado bajo las ruinas, el *signo de Babel* se oculta cada vez más hasta llegar a *dudar* de su existencia. Y por el modo en el que una de las *más singulares tradiciones* se incluyó en la recopilación del Génesis, estaríamos casi tentados de ver sólo, como hace un sabio alemán, una *sátira* de algún judío cautivo contra el *antiguo orgullo* de los opresores de su nación, al suponerles ¡la loca aventura de haber querido *escalar al Cielo*!

Todo aquello que los antiguos nos han transmitido acerca de las *maravillas de Babilonia*, hemos de compararlo con lo que los viajeros modernos nos cuentan sobre *esas ruinas*, sin olvidar el curioso *itinerario de Benjamín de Tudela*, rabino del siglo XII, quien dice, al hablar de *la famosa Torre que generara el siglo de la confusión de las lenguas, que fue destruida, desde la base hasta la cúspide por el fuego del cielo*. Cedrenus había dicho que *por un golpe de viento*.

21. *Página* 35, *línea* 12. Si *el Hombre alza etc.*
Véase ese mismo pensamiento, Job XXXIV.14.

22. *Página* 35, *últimas líneas de Arquitectura Gótica.*
Me temo que a pesar de todo lo que se ha dicho y escrito sobre el origen y los elementos de la Arquitectura Gótica, nos encontramos aún en la situación de aplicar a los autores de tantas obras, lo que San Agustín dijo de ciertos pensadores de su época, *que son hombres que se atormentan mucho para no dar con aquello que buscan*. Sin embargo esos escritos guardan cierto interés: muchos se distinguen, ya sea por alguna hipótesis ingeniosa, o por una rara erudición, y consultados con imparcialidad y prudencia en presencia de alguna Catedral, de diferentes épocas y estilos, como por ejemplo la de Estrasburgo, llegaríamos a conclusiones que conciliarían todos los sistemas (32, 106)

Escribí esa nota, tras haber leído y estudiado a *Hawkins, Hall, Gunn, Möller, Stieglitz* y muchos otros, cuando llego a mis manos el excelente artículo de la *Edimburg Review, march* 1829, *p*.420, con motivo de *Britton's Architectural Antiquities*. Ese texto que destaca por tratarse de una crítica sana, creo que resuelve la cuestión. A él remito, gustosamente, a los aficionados a la bella *Arquitectura religiosa*. En el *cuadro sinóptico, página* 71 de mi *Ensayo*, menciono en general a los arquitectos, demasiado poco conocidos de ese tipo de construcción, por el nombre patronímico de *Erwin* que es el del célebre arquitecto que dirigió durante veinte años los trabajos de la Catedral de Estrasburgo (57). Ese edificio iniciado en 1015, más de dos siglos antes de que él naciera, le debe su pórtico, varias mejoras, gran parte de su campanario, y muy probablemente la idea, o los diseños de todo lo que fue terminado mucho después de su muerte. Erwin era de Steinbach, en el ducado de Baden, y murió en 1318. La Iglesia de *San Pancracio de Leyde* y la *Catedral de Orleáns* datan de la época de ese gran hombre.

23. *Página* 38, *líneas* 5 a 7.
Junto al inimitable *La Fontaine*, como admirador de la Arquitectura Gótica, podemos señalar en la misma época, al célebre *caballero Wren*, quien decía al hablar de esas construcciones, *que nunca se pudieron reproducir mayores efectos con tan pocos medios*, ¡Y ese mismo hombre fue el arquitecto de San Pablo de Londres!

El artículo de la *Edimburg Review* citado en la nota precedente dice: *The Works of Iñigo Jones and sir Christofer Wren, entirely superseded and effaced all vestiges of the taste for gothic. It is true that the latter not only wrote upon the style he had exploded, but also erected the two western towers of Westminster Abbey, but it had been better for the beauty of that noble edifice, as well as for his own fame, if he had never attempted either.*

24. *Página 39, línea 5. Entre el pueblo chino etc.*

Nadie, que yo sepa, ha estudiado en profundidad la construcción china. El Libro de un tal *Chambers*, arquitecto inglés, sobre ese tema, sólo es conocido por la mención que hacen *le Roy, en sus ruinas de Grecia, y Pauw, en sus búsquedas filosóficas sobre los Egipcios y los Chinos,* y éste último no otorga ningún valor a esa producción. Por lo que respecta al autor del *Genie de l'Architecture (S.A Cousin. Paris,* 1822) que nos proporciona dos o tres grabados de edificios chinos con sus descripciones, me permitirá que no comparta su opinión demasiado favorable hacia ese tipo de construcción. Sin embargo remito a ese artículo de su hermosa obra, así como a la *relación de la embajada de Lord Macartney en Pekín,* en 1793, donde más de una vez se habla de *columnas de madera pintadas de un hermoso rojo,* y *de tejados cocidos al horno y barnizados de un amarillo que imita al oro...*

25. *Página 40, línea 14. El templo de Neptuno.*

El único ejemplo a citar de un *templo dórico,* en toda su noble severidad, no puede ser otro que el *gran templo de Paestum,* que se cree fue consagrado a Neptuno, divinidad tutelar de la antigua *Posidonia* en la Magna Grecia. Digo dórico, tal y como anteriormente he dicho *gótico,* para utilizar términos generalmente conocidos; porque si tuviéramos que situarlo en la época de los *monumentos de Paestum* antes del establecimiento de las colonias griegas en Italia, el *tipo* podría ser indígena o etrusco, que es lo que considera el *P. Paoli,* a cuya obra sobre esos monumentos remito, así como a las descripciones y gravados que nos han dejado *de la Gardette, Wilkins, Piranesi,* etc. (30, 95)

26. *Página 41, línea 15. El conjunto egipcio etc.*

Podemos consultar la gran obra de la *Description de l'Egipte, tomo IV, página 409, y el Atlas l. 52 y 53,* sobre el monumento cuyo pequeño gravado en madera, me sirvió para determinar el carácter general. La falta o ausencia del *disco alado en la cornisa* (16); y la orientación hacia el sur, en lugar de hacia el levante, de aquello que se ha tomado por la fachada de entrada ¿No indicaría más bien un pórtico lateral o avenida hacia un templo, que el pórtico de un templo en sí? Fuera como fuese, no exista quizás en todo Egipto una muestra de arquitectura más grandiosa, ni de mayor antigüedad. Las columnas recuerdan a las de Tebas: hago constar aparte el dibujo y las proporciones (95)

27. *Página 42, línea 15. I el Partenón etc.*

No comparto, acerca del famoso templo de Minerva en Atenas, la opinión de aquellos que trasladan *al Este la entrada principal,* porque en el tímpano de ese lado figuraba el *nacimiento de la Diosa,* y en el tímpano occidental *su disputa con Neptuno por el dominio de la Ática.* Ese orden cronológico es una bien triste conclusión, allí donde el sentimiento y el orgullo nacional deberían llevar a todo ateniense a afirmar ante el edificio ¡ *El templo de nuestra diosa!*

He hecho llegar, a otros lugares, mis ideas sobre esas esculturas de los dos tímpanos; y quizás de ello se pueda deducir alguna hipótesis completamente nueva. En lugar de la bella figura llamada el *Ilisus*, yo veo la del *dios día, alzándose para ser testigo de la victoria de Minerva*. La *Leucotea* (completamente cubierta) de *Visconti*, se convierte en una *Ilitía*, a la cual los atenienses habían dedicado un templo; y el *Hércules* del mismo anticuario adquiere nuevas pruebas contra aquellos que ven a *Teseo*, a *Baco* o incluso a *Pan* (53, 63).

Por lo demás, muchas de esas figuras son las más perfectas de la Estatuaria griega (63), pero al mismo tiempo las que menos se ajustan con el fin. Remito aquí al incomparable Egipto, que sólo conoció las conveniencias de dos artes societarios. (102)

28. *Página 44, línea 23. En pequeños mármoles etc.*

Nada más ridículo que un *Capitel jónico*, tanto si lo vemos como modificación de algún capitel simbólico indio o egipcio, como cuando recuerda los *cuernos del cordero o la corteza enrollada*; en todo caso no hay nada tan mezquino, débil, ni más heterogéneo que el *capitel jónico*, y lamento que *Scamossi* y otros, se esfuerzan en representarlos regular en todas sus caras. Todos mis respetos para aquél que lo haga desaparecer por completo de la arquitectura. En lo que respecta al *capitel corintio*, al menos tiene conjunto, volumen, proporciones. Sin embargo, la columna corintia en ningún caso puede figurar al exterior de un edificio, y todavía menos formar *anta o pilastra* (30). Encuadrar un cilindro ensanchado en lo alto y rodeado de hojas, ¡es el *nec plus ultra de la absurdidad* y del mal gusto! Lástima que el honorable arquitecto del *Ayuntamiento de Ámsterdam* (57) haya caído en ese grave error y es que, desgraciadamente, había visto el Panteón y San Pedro de Roma (29, 30, 102, 106).

El solo, completamente único uso posible del *orden corintio* (afustada, sin base) sería en una sala de baile circular, formando una *columnata concéntrica* y sosteniendo una cúpula.

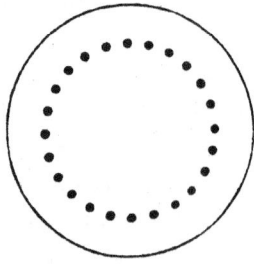

Podríamos *dorar* el capitel, y emplear o imitar para el fuste el *mármol veteado blanco y rojo*.

Véase el cuadro de los signos pág 23. del Estudio.

29. *Página 45, línea 7. Uno de los imponentes monumentos etc.*

Resulta difícil, sino imposible, determinar, hoy en día, qué fue el *Panteón de Roma* en su origen: su *rotonda* constituye un caso aparte. Este templo se ha convertido tras dos mil años de ampliaciones, mutilaciones y artificios, en un modelo lleno de inconveniencias y añadidos desafortunados ¡¡¡Baste con leer juntos los nombres y los emblemas de *Agripa, Séptimo Severo y Urbano VIII*!!!

30. *Página 45, línea 10. El abominable Coloso etc.*

Hay que estar imbuido de todos los prejuicios populares

en lo referente al arte y las creencias, para reconocer el más mínimo interés a esa iglesia de *S. Pedro de Roma*.

Una prueba de la impresión enormemente desagradable que siempre me ha producido, es el deseo tácito de que, durante mi estancia en Roma, un ligero terremoto derrumbara la cúpula, para provocar, de ese modo, su ruina total (49). Me hacen reír, quienes al hablar de esa iglesia, repiten lo que algunos italianos dicen *che fa d'uopo vederla più volte per comprenderne le bellezze*. ¡Bella cosa que sólo se ve hermosa al día siguiente!

Dije anteriormente (28) que esa misma iglesia me parecía haber influido en un *Edificio* que, a pesar de todos sus defectos, ocupará siempre el primer puesto entre las construcciones modernas desde el siglo XVI. Retiremos del *Ayuntamiento de Ámsterdam* las pilastras corintias, y el edifico mejora. Porque ese edificio es imponente y abierto de modo regular, y con la desaparición de las *pilastras con capiteles y basas*, desaparecería también todo lo chocante y *absurdo* de los diferentes pisos, *integrando sus vigas y bancos en columnas y pilastras*. Una regla inviolable en la arquitectura sana, ha de ser que el interior y el exterior de un edificio no entren en contradicción (102). No creo que Egipto proporcione, al contrario que Grecia, un solo ejemplo de un interior de un templo de *dos pisos o filas de columnas*, en el que *una sola columna* que parta del suelo, indique la elevación desde el exterior.

Página 45 línea 16. La columnata.

Sólo faltaba esa *horrible columnata* para convertir la *iglesia de San Pedro de Roma* en ejemplo de arquitectura horrenda. No contento con sus *pinzas de cangrejo*, Bernini (49) empleó además un, llamémoslo, *horrendo dórico*, cuyo capitel *de ábaco cuadrado* ¡es incompatible con un *arquitrabe curvo*!

La comparación entre el remate de un *Anta y el capitel de una columna*, ambos de orden *paestum*, permitirá

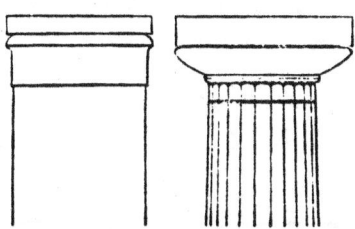

apreciar las exigencias del sentimiento de lo verdadero en la forma y en el empleo de esos dos miembros, posteriormente olvidados y confundidos por los modernos (28).

31. *Página 45. línea 17. Una avenida de Esfinges.*

Se refiere aquí naturalmente a todo aquello que imitara o recordara la uniformidad, el paralelismo y la dirección en línea recta.

Pueden verse acerca de esas *avenidas de Esfinges*, la *description de l'Egipte, tomo II página 503 y siguientes*. Entre otras, la que conducía de Karnak a Luxor, en un espacio de dos mil metros, con más de seiscientas esfinges a cada lado, todas ellas estatuas de proporciones colosales, con las cabezas vueltas hacia la avenida. (56)

32. *Página 46, línea 4. La Iglesia de S. Pancracio.*

La *Iglesia de S. Pancracio de Leyde*, comúnmente conocida como *Hooglandsche-kek*, no fue, al igual que muchas iglesias de esa clase, nunca terminada. Carece incluso de su principal ornamento, el gran Pórtico de entrada. Sólo conservamos íntegros el Coro y el Crucero o transepto. La Nave, a partir de los cuatro grandes pilares del centro, está acompañada por las naves laterales sólo hasta la *sexta arcada*, cuyo arco ojival y los nervios que debían continuarla, se encuentran ahora interrumpidos por, o mejor apuntalados en, un muro constrúido, al parecer de modo provisional, al detenerse las obras o pocos años después; en esa pared, y sobre el eje de la Nave, se abrió después (¿hacia el año 1620?) una gran puerta de muy mal gusto, convirtiéndose en entrada principal al oeste.

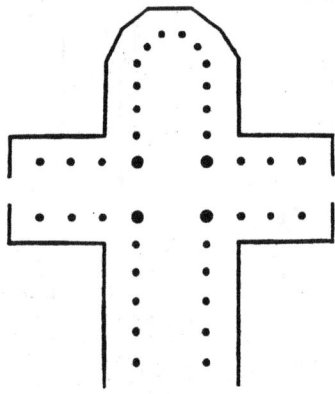

Al comparar la planta incompleta con la planta completa de otras iglesias de la misma época (1200-1350), en las que el Coro es tan largo como la Nave, podemos reconocer esa misma intención. En el caso de la *sexta arcada*, inacabada, habría sido *la primera* al entrar en la Iglesia por el gran pórtico. Fuera como fuese, *cruz greco-mixta o cruz latina*, la planta es simple, muy regular, y el Crucero se percibe de modo igual desde el interior que desde el exterior. Consideración que me parece fundamental en este tipo de construcción religiosa (30, 112, 113), y de las que, no obstante, no hay muchos ejemplos.

Más adelante hablo en detalle de este monumento extraordinario que consiguió, en el corto espacio de poco más de treinta años, el estado en el que se encuentra actualmente, desde la fecha en que se sentaron los cimientos en 1284, hasta su consagración en 1315; lo que parece confirmar la existencia de un solo y único un plan, concebido y dirigido por un solo y único arquitecto o según sus dibujos. El resultado es un conjunto homogéneo, a pesar de más de un resto de *estilo bizantino* que deja sitio al *gótico puro* de la hermosa época de las iglesias de Estrasburgo, Reims, Colonia, Friburgo etc. (22, 93). Todo ello podrá apreciarse en los grabados de gran tamaño que de vez en cuando publico y que vendrán acompañados de una descripción histórica y crítica. Las menciones que, de momento, voy a añadir en esta nota sólo afectan a los dos *Pórticos laterales*, en las que puede *hallarse* algún dato favorable a mi hipótesis sobre los *signos incondicionales* de la Arquitectura religiosa.

Esos dos *Pórticos laterales*, uno al sur y otro al norte del Crucero, se asemejan. Cada uno de ellos se compone de un muro elevado hasta el hastial terminado en punta, y flanqueado por dos *antas* octogonales, con cinco de sus caras exentas a partir de la base y terminadas en torretas cilíndricas a partir de los dos tercios de su altura. Una gran ventana ocupa el espacio entre esas dos *antas*, y se encuentra unida de un modo ingenioso con la puerta situada debajo, a través del *gran nervio*, que surge como un tallo de la arquivolta que corona esa *puerta en arco de medio punto*, para desarrollarse, en forma de ramaje, bajo el arco ojival del crucero; lo cual forma, por decirlo así, *una sola y única línea dominante*, e imprime realmente a esos dos Pórticos ese carácter distintivo y chocante, al reproducir ligeramente, *el rostro humano, con los órganos en direcciones convergentes*:

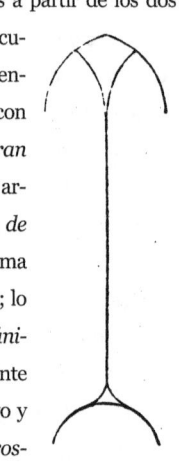

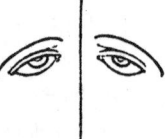

Respecto a las proporciones de esos dos Pórticos, estos son, creo, los elementos principales:

El ancho de un ángulo a otro del muro, multiplicado por dos, da como resultado, a partir del suelo, el alto de la fachada, inclusive una cornisa que soporta una balaustrada de arcadas caladas, detras de la cual se eleva, retirado dos o tres pies, el tímpano propiamente dicho. Por lo tanto, en primer lugar

tenemos un *paralelogramo* compuesto por dos cuadros en elevación, y coronado por un triángulo equilátero cuya base está dada. Nada más simple que ese conjunto general.

Si a continuación admitimos que con *el triángulo* y *el cuadrado* también se hallan las *cantidades tres y cuatro*, como razones o relaciones dimensionales y *numéricas*, que muy probablemente constituyan una de las bases fundamentales de ese tipo de construcción, nada más natural que suponer para nuestra fachada, o más bien, identificar y reconocer las dos divisiones siguientes; que divide *la altura del paralelogramo en tres partes iguales*, otra que lo divide *verticalmente en cuatro*, dando lugar a igual número de *subdivisiones o compartimentos en forma de paralelogramo rectángulo* que provocan y determinan realmente la forma, las dimensiones y hasta los detalles de esa

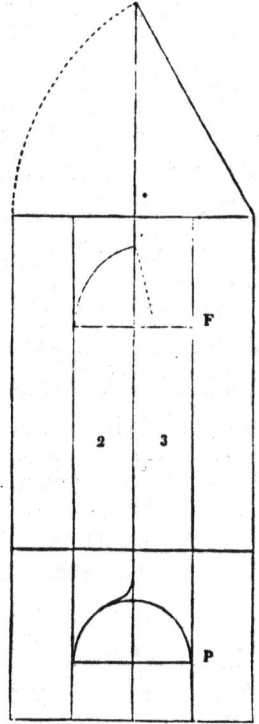

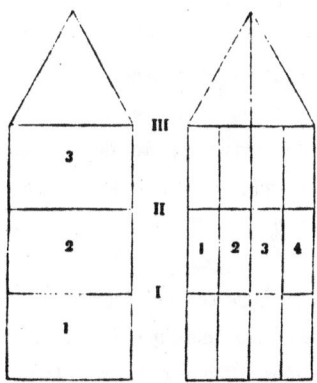

hermosa *ventana ojival* con pilares rectos *que surgen del suelo*, para formar con la puerta que corona, una continuación y desarrollo de rectas y curvas, cuya elegante y noble simplicidad nada interrumpe... Las grandes láminas nº IV y V del Atlas representan el interior y exterior de ese hermoso Pórtico (el del norte) con escrupulosa exactitud. A las mismas remito. La escala en metros proporciona las medidas, y en lo que respecta a los arcos *ojivales o de medio punto*, y en concreto los que coronan la gran ventana, he descubierto que, generalmente, se obtienen por la convergencia de dos segmentos de círculo, trazados alternativamente con un radio igual a *dos tercios* de la distancia entre los pilares rectos, lo cual da lugar, posiblemente, a la doble curva o *catenaria*, propia de *toda ventana gótica con maineles que se desarrolla en ramales recortados*. Se pueden consultar los detalles grabados en grande, lámina VI.

Termino esta extensa nota con una observación que casi pudiera hacer pensar que en nuestra Iglesia de San Pancracio, la planta del Coro ha sufrido algunos cambios posteriores a los *dos Pórticos*. *El ábside* (apsis) o *presbiterio* (véase el plano) es de siete lados o con forma *heptagonal* que es una característica del *gótico puro*, mientras que en el estilo románico o bizantino, de los que toda la iglesia conserva restos, el Coro siempre es *semicircular*. En cuanto a esa desviación que alterna el eje del Coro, tanto a la derecha como a la izquierda de la Nave, y que se dice alude a *la inclinación de la cabeza de Jesús en el momento de morir en la cruz*, también existe en nuestra Iglesia, y resulta bastante visible; pero en realidad, al igual que en otras iglesias del mismo estilo, es el resultado de la obligación de encontrar la situación *hacia oriente*, cada vez que el eje de la Nave pudiera haberse desviado.

Resultaría ridículo alterar el *trazado* de una hermosa planta por una particularidad sin consecuencias; y también he descartado esa *desviación* al realizar el plano en grande que doy de esta Iglesia, l. III. Creo conveniente prevenir al respecto.

ESTATUARIA

33. *Página 48. línea 4. El cuerpo de Osiris.*

Diodoro de Sicilia, lib. I. explica que "queriendo Isis ocultar a Tifón el lugar donde había ocultado el cuerpo de su marido, mandó realizar *unas figuras de cera*, que representaban a un hombre embalsamado. Hizo venir a los sacerdotes de cada tribu, y les entregó una de esas figuras, obligándoles a jurar que no revelarían a nadie dicha entrega y posteriormente hizo creer a cada uno de ellos que era él quien poseía el verdadero cuerpo de Osiris"

34. *Página 48, línea 6. El Dharma.*

Los hindúes, cuya antigüedad está determinada por su famoso *pastor negro* (novena reencarnación de Vishnu bajo del nombre de Chrisna o Quinchina), cuentan que su cuerpo, en el momento de ser honrado en la hoguera, fue arrastrado por las olas del mar, y tras haber sido depositado en la orilla fue transportado a un edificio vecino, donde lo encontraron tres meses después convertido en *estatua de piedra, sin brazos y con los ojos cerrados*.

Dícese, que se dió a esta figura el nombre de *Dharma*. Y precisamente *Dharma-raja*, (rey de la justicia) es el nombre con el que los Hindues designan a *Yama*, divinidad que preside el juicio de los muertos en las regiones inferiores. Por tanto, si pudiéramos relacionar el *Hermes* griego con el *Dharma* hindú, se demostraría así su vinculación con el culto a los muertos. Además, los escritores griegos designaron con la palabra *Hermes* a toda figura similar a la descrita en la metamorfosis mencionada de Vishnu, tal y como demuestran Estrabón y Dion Casio al dar ese nombre a un *joven nacido sin brazo*s, que se encontraba entre los presentes enviados por un rey de las Indias a Augusto.

Véase Estrabón libro XV. C.1.§ 52, Dion-Casio LIV. 9, y las notas 35, 37 y 38.

35. *Página 48, línea 11, en Dédalo.*

Ese nombre griego *Daidalos* (dédalos) fue el que se dió a las estatuas más antiguas que, según Diodoro de Sicilia libro III, eran *representaciones del hombre con los ojos cerrados y los brazos pegados a lo largo del cuerpo.* Véase también Pausanias, IX. 3.

El gravado en madera muestra esas tres características en una de las figuras. Respecto al valor de las diferentes denominaciones: *estilo ático, egineta, etrusco,* con las que se designa a todo el resto, sean realmente originales o copias o imitaciones de producciones de la más antigua estatuaria en Grecia y en Italia, creo que no merece la pena ocuparse en detalle. ¡Qué importancia tienen esas búsquedas en las artes! Y además qué mérito tiene el conducirnos de un modo simple, es decir a menudo de una manera aburrida, a ignorar por completo la obra en cuestión. Así pues, en lo sucesivo, dejemos en manos del azar todos los descubrimientos que no nos hacen ni mejores ni más capaces, y de ese tipo son, sin duda, los hallazgos que remiten a la historia y a los diferentes periodos artísticos. Baste reconocer, en esas antiguas producciones de una estatuaria todavía *sin nombre,* la transición de la *expresión de muerte y de inercia a la de vida y movimiento.* El mejor modo de manifestar esa expresión es el de acentuar las articulaciones o mecanismos de la máquina humana; aumentar el volumen de las venas por las que corre la vida junto con la sangre, abrir de modo forzado el ojo inexpresivo del cadáver para dotarlo, junto con las dos comisuras de la boca, de una expresión opuesta a la que le diera la muerte. De allí esas poses, esos movimientos forzados, esos huesos y venas prominentes, esa mirada tan simple, que nos recuerda vagamente la sorpresa fija y estúpida del despertar.

Las figuras encontradas en la isla de Aegina, hoy propiedad del rey de Baviera, me parecen una transición extraordinaria de ese estilo al de las esculturas del Partenón.. Es cierto que sólo puedo juzgarlas a través de los moldes en yeso obtenidos a partir de los originales restaurados, pero aquello que reconozco como indudablemente antiguo basta para que cada vez que los contemple exclame: *Aquí se halla la verdadera escuela de la estatuaria griega; que se apropie de esas molduras, de esos revestimientos; que multiplique por diez las dimensiones humanas, para crear un Gigante sentado en las llanuras de Tebas junto al Coloso de Memmon* y me habrá proporcionado el elemento corrector que, en la página 50 del texto, propongo para la estatuaria egipcia.

36. *Página 49, línea 5. Cuerpo inanimado moldeado en barro.*

"Entonces Yahveh Dios formó al hombre con polvo del suelo, e insufló en sus narices aliento de vida, y resultó el hombre un ser viviente."(Génesis II.7, Hésiodo X. 60-70.)

Y según la biblia holandesa de Van der Palm:

En de Heere God formeerde den mensch (uit het) atof der aarde, en blies in sijne neusgaten den adem des levens: alzoo werd de mensch tot eene levendige siel.

37. *Página 49, línea 23. Las figuras informes y gigantescas de la Isla de Pascua.*

La pequeña isla de Pascua, situada a aproximadamente 27º 6' de latitud sur, y a 268º 16' de longitud de Tenerife, presenta los restos de una antigua tierra o pequeña montaña volcánica. Aunque se dice que fue descubierta ya en 1686, el almirante holandés *Roggeveen* en 1722, fue el primero en mencionar los monumentos singulares existentes en la costa oriental. Según las descripciones mucho más recientes y detalladas de Cook y Lapérouse, se trata de auténticos *Hermes,* es decir de grandes piedras en forma de pedestal coronadas por una cabeza humana (34, 108). Son numerosas y de diferente tamaño. Algunas aún se hallan en pie, otras han sido derribadas. Miden de quince a treinta y siete pies ingleses de alto, e incluso más, y de diez a doce pies de ancho en los hombros y en la base. Los *cilindros* que soportan las cabezas, fueron colocados después y todos están pintados en *rojo* (65, c).La piedra empleada es volcánica, *pero de una clase que ya no se encuentra en la isla (¿?). La ejecución, aunque algo tosca, no es mala y sólo puede atribuirse a un pueblo anterior, del que desciende la población actual en decadencia.* Cabe destacar, sobretodo, las orejas largas y de gran tamaño que recuerdan los tipos indios (43, b). Los nombres con los que los insulares designan esas estatuas y el lugar que ocupan, vienen a querer decir: *este es el lugar de descanso del jefe.*

Entre el numeroso material reunido para mi Medusa (16), no he olvidado las investigaciones relativas al *modius o calathus*, que llevan en la cabeza numerosas divinidades de origen asiático y que relaciono con los cilindros anteriormente citados. ¿Sería ese *celemín, ese gomor*, posteriormente consagrado (*Éxodo XVI*, 32-36), que llevaba consigo un pueblo errante para transportar un manjar raro y efímero? ¿Y no sería la historia del pueblo de Israel en el desierto la alegoría del hombre que huye de las ruinas del mundo? Poseo una gran cantidad de material que parece demostrarlo ¿Quién sabe cuántos recuerdos de un mundo destruido y renovado se vinculan con esos singulares monumentos de la Isla de Pascua?

Recalquemos vez más que, entre las antigüedades americanas que se descubren de vez en cuando y que se atribuyen a un pueblo anterior desaparecido, bastante a menudo se hallan pequeñas figuras humanas de barro cocido, toscas, formadas únicamente por *un torso informe sin brazos, coronadas por una cabeza*. (34).

38. *Página* 49, *línea* 30. *Una ley de Solón.*

Debería haber dicho *una ley adicional* a la de Solón contra la *violación de las tumbas*. Véanse las palabras de Cicerón al final de su segundo libro *De las leyes*. Esta nueva ley pretendía *reprimir el lujo de las tumbas*, en lo relativo a la ornamentación superflua, incluyendo *la imagen o Hermes del difunto (¿?) Pausan. III.* 12.

Si damos fe a *Zarato*, escritor español del siglo XVI, existía en Perú la costumbre de colocar sobre las tumbas de los grandes hombres del país sus imágenes, representándolos.

39. *Página* 50, *línea* 4. *Nada más ajeno*

Es evidente que no comparto la opinión de Winkelman sobre la primera utilización de la estatuaria. Veamos como se expresa al respecto el historiador del Arte, Liv: 1.c.§ 6.

"Las primeras estatuas parecen haber representado las imágenes de la divinidad, y de ello se deduce que la invención del Arte se remonte más o menos en el tiempo según la antigüedad de las naciones, y según la introducción del culto. Por ello, es muy probable que los Caldeos y los Egipcios comenzaran mucho antes que los Griegos a representar mediante objetos visibles, a los dioses que les inspiraban veneración"

Escuchemos ahora al autor del *libro de la Sabiduría, cap. XIV,* 13 *y ss.*

No hubo ídolos al principio ni siempre existirán; por la vanidad de los hombres entraron en el mundo y, por eso, está decidido su rápido fin. Un padre atribulado por un luto prematuro encarga una imagen del hijo malogrado; al hombre muerto de ayer, hoy como un dios le venera y transmite a los suyos misterios y ritos. A extender este culto contribuyó la ambición del artista, pues deseoso, sin duda, de complacer al soberano, alteró con su arte la semejanza para que saliese más bella.

Cedrenus, o el autor a quien copia, establece una diferencia entre los ídolos (ειδωλοι) y *las imágenes o simulaciones* (ιυδαλμαι). *Ídolo* es el signo de una cosa que no existe ni existirá jamás en la tierra, como las Esfinges, los Centauros y otros seres compuestos similares; *simulación*, al contrario, es la representación de seres u objetos existentes. Según esta definición, la Estatuaria, *hija de una idea simple*, sería todavía más antigua que el culto, que no deja de ser el resultado de ideas complejas, heterogéneas, contradictorias, absurdas...

40. *Página 50, línea 24. El signo por él elegido.*

Es el famoso *Lingam*, símbolo inseparable del culto a Shiva (51). Las tradiciones indias dicen que un santo Gigante o Rajah, llamado *Vanajourem*, que no podía hacerse una idea de un Ser supremo y creador, eligió una *de esas figuras* como objeto de adoración. No comía hasta terminar su oración a *mil Lingam* que moldeaba con sus propias manos, y después arrojaba a las aguas sagradas del Ganges. *Véase en el Hindu Pantheon de Edw. Moor, el capítulo titulado Linga-Yoni, página 382.*

El ídolo de Lampsaco.

Remito a la curiosa obra *Sur le culte du Phallus chez les anciens et les modernes, por J.A.D.* (Dulaure) *Paris* 1805 en 8º. El libro inglés de *Knight* sobre el mismo asunto: *An account of the Worship of Priapus etc. London* 1786 in 4º no es nada conocido. Dupuis lo cita en su Origine des cultes, donde él mismo habla más de una vez de *divinidades genitoras*.

Este culto estaba muy extendido en la antigüedad tal y como demuestran las *dos columnas de bronce* colocadas en el porche del templo de Salomón (I. Reyes VII. 15-22), cuyos nombres *Jachir y Boax* (fuerza y vigor), recuerdan a los *dos falos* consagrados a Baco y Astarté (Afrodita) en el gran templo de la Diosa siria en Hiérapolis. *Véase Luciano de Siria Dea § 16.*

41. *Página 50, línea 31. El Júpiter de Olimpia- Apolo de Amiclea.*

En lo relativo al Júpiter, véase la nota 52, a continuación.

El Apolo de Amiclea era simplemente una columna o estípite de bronce con cabeza humana, dos manos y dos pies. Para esta especie de Hermes, anterior a la L Olimpiada (600 A.C.), un tal Bathycles, que trabajó durante la Olimpiadas LVII y LVIII esculpió, dicen, un trono con el oro que el rey Creso le proporcionó. *Paus.lib.III. §18.*

42. *Página 52, línea 11. No en honor de sus dioses.*

Estas son las palabras de Heródoto traducidas por *Larcher, libro II. § 142.*

"Llegados a este punto de mi historia, decíanme los Egipcios a una con sus sacerdotes, que contando desde el primer rey (Menes) hasta el sacerdote de Vulcano (Sethos), el último que allí reinó, habían pasado en aquel periodo trescientas cuarenta y una generaciones de hombres, en cuyo transcurso se habían ido sucediendo en Egipto, otros tantos sumos sacerdotes e igual numero de reyes. Contando, pues, cien años por cada tres generaciones, las trescientas referidas dan la suma de diez mil años, y las cuarenta y una que restan además, suman once mil trescientas cuarenta. *En el espacio de estos once mil trescientos cuarenta años decían que ningún Dios hubo en forma humana, añadiendo que ni antes ni después, en cuantos reyes había tenido Egipto, se vió cosa semejante*" (39)

43. *Página 53, figura de un Gigante sentado.*

Esta figura no es la imitación fiel o reconstruida de ningún Coloso egipcio todavía existente, entero o en parte. Es un conjunto basado en los restos de los Colosos de Memnon (96), Lucsor y Abu Simbel (97). Hay cuatro gigantes situados delante del gran templo esculpido en la roca que, probablemente, no sólo son los mejor conservados, sino también los más espectaculares de esa clase. Son de enorme dimensión, la mayor que se conocía hasta entonces, sólo por debajo de la gran Esfinge (100). La distancia entre un hombro y otro es de veinticinco pies ingleses y por lo tanto, según la proporción general, la figura incorporada tendría una altura superior a los setenta y cinco pies franceses. En la nota 46, constan mis ideas sobre la *escala o regla de proporciones* en la que, aparentemente, se basaron los estatuarios egipcios para construir los Colosos.

Además de las convenciones alegadas en el texto, acerca del origen y utilización de los Colosos en Egipto, también hago constar (página 48) las tradiciones de una raza de Gigantes que, en una época muy antigua habrían visitado nuestro planeta, dejando una serie de testimonios que sin ellos serían inexplicables (16, 104, 105). Habitarían, por ejemplo, ese *Astro serpiente* (el planeta Saturno) que chocó con la Tierra (16) y el choque los precipitó sobre ésta. *Hijos de Dios, Titanes, Nefilim, Ángeles* como *caídos del cielo*, de su unión con las hijas de los hombres (*autóctonas*) nació una raza nueva, mixta; raza de hombres muy fuertes, *gigantes de carne* cuyas costumbres y necesidades trajeron consigo no sólo grandes catástrofes en la tierra sino también su propia destrucción (*Génesis III*.1.*VI*.4, *Henoc VII, VIII, IX, XC, CV, Hesíodo Teog*.207).Las aguas del diluvio hicieron desaparecer esa raza (*Sabiduría XIV*. 6, *Eclesiástico XVI*. 8) que escapó en parte a la destrucción general para trasmitir, a través de algunos extraños y degenerados descendientes el recuerdo y el testimonio de su existencia: *porque Og, rey de Basán* (mucho después del diluvio) *era el único descendiente de los gigantes. Este es su lecho que es un lecho de hierro, de nueve codos de largo por cuatro de ancho, en codos corrientes.* (*Deut. III*. 11 *Números XIII*.

29. 1 *Sam. XVIII*.4)

Digamos ahora algo acerca de un coloso extraordinario que se ve desde la Península de la India hasta el reino de Mysore, aunque solo estableceremos aquí una relación real o imaginaria con las tradiciones anteriormente citadas. Helo aquí:

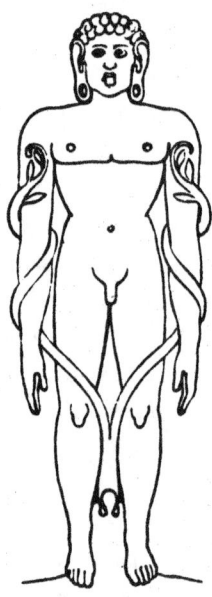

Este Coloso que mide más de setenta pies ingleses es, en primer lugar, una *verdadera roca transformada en Gigante*, y las historias de Gigantes y montañas se confunden en la India.

Los brazos tienen una largura desmesurada; son la fuerza y el poder del hombre. De allí los *Hecatonquiros* o Gigantes y divinidades de *cien brazos*. En el interior de *kool-island* (Australia) existe una raza de hombres que los habitantes de las costas llaman *hombres salvajes: cuyos brazos son casi tan largos como su cuerpo*. ¿Representaría esa raza, junto con el Orang, los últimos restos de una raza *Gigantomixta*, cuyos primeros restos se encontraron en Australia (104) y que habitó en el pasado Etiopía o el Archipiélago indio? Esau y Jacob se disputaban la primogenitura, y el primero, *un Gigante peludo*, fue engañado y suplantado por el segundo, *Gigante negro* ¿Guarda esto relación con las *luchas y combates entre Gigantes y monos* de las que hablan las tradiciones indias? ¿Y el nombre de *Israel*, utilizado por la lengua más antigua para referirse al *planeta Saturno*, pasó así, tarde o temprano, de los vencidos a alguna horda o raza victoriosa? *Véase Génesis XXV. 21-34, XXXII. 24-30, Cedrenus, Año del mundo* CIƆ CIC CIƆ LLLL XXII *Eusebio prœp. Evang. Heródoto II* § 82.

Observemos como la *largura desproporcionada de los brazos* es uno de los rasgos distintivos de la estatuaria más antigua.

El tamaño de las orejas. Los *Enotocoetes* (raza de Indios de tamaño y fuerza prodigiosas) *tenían unas orejas que les llegaban hasta los pies* (Estrabón XV). Señalemos que las estatuas indias tienen unas orejas enormes perforadas que llegan hasta los hombros (37). En las estatuas egipcias las orejas también son grandes, pero en lugar de descender, se orientan hacia arriba. ¿Podríamos decir que el Elefante ha determinado el tipo de unas, y el León el de las otras? Recordemos lo señalado acerca de la máscara al comienzo del segundo libro de este Estudio.

La lengua fuera de la boca. En realidad, ésta no es una particularidad del Coloso en cuestión, sino más bien de un segundo Coloso, muy parecido, aunque de dimensiones inferiores. *Sacar cuanto más la lengua* (ἀελέ) *de la boca*, es, en el océano austral *una mueca de guerra* que recuerda el alele de los griegos y la mueca de las cabezas de la Medusa (16); y esa cabeza o máscara de Medusa está tan viculada con la historia de los Gigantes, que, por el momento, basta con algunas analogías para convencerse.

Guilla, Oulé, son dos de los nombres que, en los mares del Sur, recibe la Luna. *Goula-ho* es el del genio de la muerte con forma de un enorme Gigante. *Goula* era el nombre de una gran máscara triple que, en el pasado, se exhibía en Tunez la décima noche antes del Baïram; sorprendente referencia a las tres Gorgonas o fases de la luna. *Al-gol* es el nombre árabe de la constelación de la cabeza de Medusa, conocida como *cabeza del Demonio* por los Hebreos. *La Luna llena* todavía hoy es época de desastres, plagas, revoluciones en el cielo como en la tierra, masacres, combates de ángeles, caída de estrellas... (Éxodo XII, 22-30, Isaías XIV, 12) Cuando, dicen los Árabes, *la Luna abre la boca, aquél que la contempla se convierte en piedra*. Los Gigantes atacaron a los dioses y les lanzaron diferentes objetos: *apareció de repente una cabeza que saltaba y lanzaba gritos espantosos*, atrayendo hacia ella a los hombres y a los árboles en que se agarraban. Era, dicen las tradiciones de Nueva Zelanda, *la Luna apareciéndose por primera vez* (16, 105) y cuyas primeras influencias terroríficas y devastadoras podrían perfectamente figurar en el famoso *rosario de cuentas del terrible Bheiréva o Siva*, compuesto por auténticas cabezas de Medusa.

Queda el tronco de árbol con sus ramas. No se trata del Loto y tampoco me atrevo a afirmar que sea la lunática Asclepia. ¿Quizá se trate de la hiedra? Quién sabe adónde podría llevarnos ese símbolo cuyo nombre indio, *Eva*, tan parecido al de *Héva o Chéva* (hueso, osamenta) en el Océano Austral, recordaría a la formación de la mujer (18) y su estrecha unión con el hombre (*Génesis I.* 27, *II.* 21-24, *III.* 22). Los Musulmanes dan el nombre de Adán y Eva a algunos colosos de los alrededores. *Adam, el Bud'ha* de la Isla de Ceylan, era un gigante, como demuestra la huella de su pie. Si se prefiere ver en ese árbol, *el árbol sacerdotal, el álamo consagrado a Bud'ha*, puede recordarse el siguiente pasaje del *libro de Henoc LXVI*. 1, 2.

"Los Ángeles (dijo Dios anunciando el Diluvio) están construyendo una casa de madera y cuando terminen su tarea, extenderé mi mano sobre ella y la preservaré y la semilla de vida germinará de ella y se producirá un cambio para que la tierra no quede desocupada."

Y en definitiva, ¿qué es ese Coloso?...*Véase el Hindu Pantheon de Edw. Moor, pág* 253.

44. *Página* 53, *línea* 6. *La Cabiria, los Teraphim*

Quizás, nada más apropiado para darnos una idea exacta del valor de esas *miserables esculturas* llamadas *Teraphim, Lares, Cabirias*, etc...que la anécdota de Raquel, tan hábil para evitar que su padre, a quien se las había robado, las encontrara. (*Génesis XXXI* 19-39). Posteriormente menciono de nuevo este artículo. (103).

45. *Página* 54, *línea* 15. *El Hércules Farnesio*.

¡Extraña fatalidad unida a un nombre! De los tres hombres que en la antigüedad se llamaran *Glycon*, uno es el autor de esta *estatua de Hércules*, ¡los otros dos, un Atleta y un Médico que desgraciaba y envenenaba a sus pacientes!

46. *Página* 56, *línea* 5. *Esas proporciones*

De entre todas las clases de unidades con las que se puede formar un *patrón métrico*, la *longitud de su propio pie* es la que me parece que ha debido de adoptar el hombre al principio. Por medio del desplazamiento del que el pie es el instrumento, el hombre conoció las distancias y las primeras medidas fueron, de manera natural, *medidas de intervalo*. Junto con el pie, se utilizaron así mismo la mano, el antebrazo; surgieron así las medidas en *pies*, en *palmos*, en *codos*, y la Estatuaria, llegada al punto de querer prescribirse *reglas y medidas fijas* al imitar la figura humana,

habría acudido a las unidades de medida de conocimiento y uso generalizado, más aún teniendo en cuenta que éstas formaban parte del objeto mismo que se pretendía medir. Así fue como el propio *pie del hombre* sirvió de medida para el hombre, y cómo éste descubrió contener *seis longitudes de pie*, medidas desde el plano sobre el que se encontraba, hasta la parte superior de la cabeza.

En efecto, las medidas de los diversos Colosos egipcios (la única autoridad en estatuaria) son por lo general de *seis longitudes de pie* en el caso de los Colosos en pie y de cinco en el de los Colosos sentados. A partir de este dato, veamos lo que resultaría de esta primera división, que podría haber provocado el nacimiento de la *división senaria* que aún se aplica a los codos, y que sabemos es la base del sistema métrico egipcio.

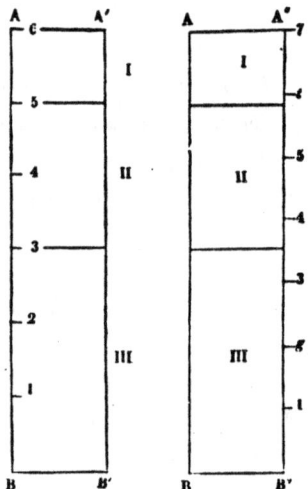

Sea A B el Eje del hombre en pie, dividido en *seis partes iguales*, cada una de las cuales representa una longitud de un pie. Resulta inmediatamente otra división, no por lo natural menos destacable, puesto que por medio de una progresión, bien o mal denominada *aritmética*, se divide la altura total del hombre en tres partes distintas: 1, 2, 3. *El primer sexto* situado en la parte superior del eje A' sería el espacio que ocupan la cabeza y el cuello hasta llegar a los hombros; *los dos sextos siguientes* serían el torso desde los hombros hasta el principio de los muslos (punto medio de la altura total del hombre); finalmente *los otros tres sextos o semi-eje*, servirían para determinar la longitud de toda la parte inferior del cuerpo, muslos y piernas incluidos.

Tras esta segunda división tan natural y, por así decirlo, exigida por la conciencia misma de la organización de nuestro propio cuerpo, no quedaba a la estatuaria más que realizar la separación métrica entre cabeza y cuello, piernas y muslos. La estructura ósea de la cabeza y de las articulaciones de la rodilla, tan evidentes a la vista y al tacto, determinarían sobre el plano A" B" dos puntos: *t* y *g*, que coinciden con una nueva división de la altura del hombre *en siete partes iguales*; es decir, que la cabeza resultaría medir *un séptimo* desde el mentón hasta su parte superior, y las piernas medirían *dos séptimos* desde las plantas de los pies hasta el punto intermedio de las rodillas, razón por la que el eje A" B" se dividiría en *siete longitudes o alturas de cabeza*, división conocida y aplicada por el sistema o canon egipcio, como parece que demuestra el que el ratio entre la cabeza y el pie de sus Colosos sea *de seis a siete*.

Habida cuenta de que las principales medidas a lo largo del eje vienen dadas, bien sea en función del pie, bien sea en función de la cabeza, conforme a ciertas grandes divisiones perceptibles de la estructura ósea, y tras haber descubierto por experiencia que los brazos con las manos incluídas (miembros todos ellos del torso), miden *seis longitudes de pie* (es decir, la distancia *c d*, que equivale a la altura del eje del hombre AB) cuando están extendidos horizontalmente, el Arte llegó por medio de procedimientos similares a deducir las medidas también fijas de los miembros o partes del cuerpo que se extendían a lo ancho de uno y otro lado del eje: así fue cómo se estableció la anchura entre los hombros, la de las caderas, la de las rodillas, etc...

Me imagino que para establecer estas relaciones entre las *longitudes conocidas* de los miembros en cuanto a altura, y *la anchura o espesor* de los mismos aún por determinar, se sirvieron simplemente de una *cuadrícula* como la siguiente, y que a través de sus cuadros,

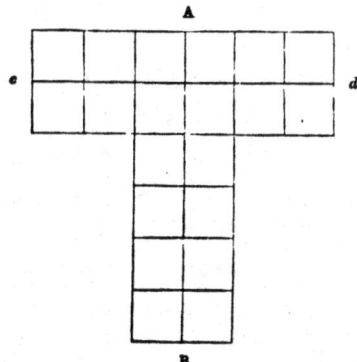

determinados en este caso por la división del eje A B en *seis longitudes de pie*, se habría trazado la *figura humana en pie* con todos sus miembros extendidos a fin de captar, en un solo golpe de vista, las diferentes partes en *sus proporciones respectivas y relativas*.

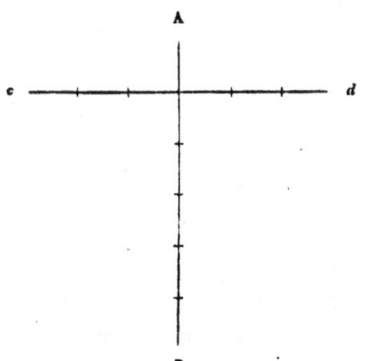

Encontraría así explicación todo un pasaje de Diodoro de Sicilia en el que este autor (*lib I ad fin*), al hablar de la manera en que tallan los estatuarios egipcios, -completamente distinta a la de los griegos, puesto que, a diferencia de éstos, *aquellos no se dejan guiar por un simple golpe de vista sino que miden todas las partes del cuerpo humano, las unas en función de las otras, desde las más pequeñas hasta las más grandes*-, añade que en este sentido, los egipcios habían dividido la altura total del hombre en *Veintiuna partes y un cuarto*. Por el momento, el número de partes no es importante, basta con observar que Diodoro, aplicando esta división a una *construcción real de los Colosos por medio de hileras o bloques trabajados por separado e incluso por diferentes artistas*, no podía estar hablando de otra cosa que de alguna variante de la *cuadrícula* que acabo de mostrar, dividida y construida no ya en función de longitudes de pie o cabeza, sino en función de alguna otra unidad. Así, bien tomándose esa unidad misma como medida, bien por medio de su propia subdivisión en un mayor número de cuadros *a lo largo y a ambos lados del eje*, podrían inscribirse en la cuadrícula con mayor facilidad y precisión las diferentes partes del cuerpo humano, *desde las más pequeñas hasta las más grandes*. Efectivamente varios descubrimientos realizados en Egipto son prueba de la existencia y el uso de *esas cuadrículas*, en las cuales una figura humana en pie, ocupa por lo general entre *veintiuna y veintidós divisiones o cuadros*, lo que concuerda perfectamente con las palabras de Diodoro.

Una vez probada la existencia de esas *cuadrículas*, la división de las mismas carecería de importancia, tanto si es en pies o en cabezas o de cualquier otro modo, si no fuera porque el número de *Veintiuna partes y un cuarto* expresamente indicado en el texto griego suscita curiosidad, por poca que sea: *¿por qué ese número impar y esa fracción?*

Lo que sigue me ha parecido conducir a la solución del problema,

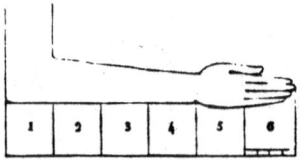

En Egipto, como sabemos, el *Codo* era la *unidad de medida* más usada, y desde tiempos más remotos. Sin entrar aquí a investigar su verdadero valor, que ha variado según la época, se trata en todo caso de una medida tomada del hombre, que representa *el espacio comprendido entre el codo y la punta del dedo corazón*, y que es más que probable que haya sido en un principio la verdadera medida de esta parte del cuerpo del hombre *de aquel tiempo, sin importar* ahora *si se trataba de un gigante o un enano*. Baste admitir que ese codo era entonces proporcional a la altura de ese hombre, como aún ocurre en nuestros días en el caso de todo hombre bien proporcionado. De este modo, resulta que la altura del hombre contiene, desde la planta de los pies hasta la parte superior de la cabeza, *cuatro medidas de su propio codo* y, conforme a la división de ese codo en palmos y dedos, *veinticuatro palmos o noventa y seis dedos*, tantos como divisiones forman la *cuadrícula*. No obstante, no es ésta la división de la que habla Diodoro: él menciona claramente *Veintiuna divisiones y un cuarto*.

Existe un Codo llamado *sagrado* que contiene un *palmo o cuatro dedos de más*, es decir, que cada palmo es un sexto más grande, de manera que si se aplica este codo a la altura de la figura humana, ésta contiene *tres medidas de codo sagrado más dos palmos y medio*, y una *cuadrícula* construida conforme a estos nuevos palmos, contiene *veinte cuadros y medio*, que tampoco es la división de Diodoro.

¿Concluiremos por tanto que existe un *tercer codo* a medio camino entre el llamado *sagrado* y el antiguo codo *viril*, o que en el texto griego hay un error del copista? Tal vez las medidas exactas de los restos de la estatua de Osimandias, *cuyo pie* (del que se conserva gran parte) medía *siete codos* según Diodoro, nos conducirían a algún resultado. Medido en milímetros, *ese pie* debe tener unos 3.700, lo que supondría que la figura, supuestamente *en pie*, mediría unos 22.200 milímetros o seis longitudes de pie, y exactamente *doce veces* la altura media del hombre estimada en unos 1.849 o 1.850 mm, de lo que se deduce, a través de la reducción proporcional del tamaño del Coloso hasta esta *estatura real de hombre*, divida en *veintiún partes* (y otros tantos palmos de 88 milímetros cada uno), que el *codo real* tiene *entre 528 y 529 mm* y es por tanto más pequeño que el codo *sagrado* de 539 milímetros, y más grande que el antiguo codo *viril* de 462. De esta manera se explicaría, a excepción de la fracción exacta de un (para lo cual tal vez sería necesario un cálculo más exacto), la escala de Diodoro (96).

Durante una sesión del Real Instituto de los Países Bajos en noviembre de 1825, hice ya algunas consideraciones sobre esta *división del eje del hombre en veintiuna partes y un cuarto*, y mi ponencia estuvo acompañada de varias ilustraciones a gran escala acompañadas de otros tantos *datos* que sirvieran como punto de partida y comparación. Reproduzco aquí los tres o cuatros más importantes.

Primer dato de partida. *Relación del pie y de la cabeza con el verdadero codo del hombre, que la altura total del hombre contiene cuatro veces:*

De lo que se deduce que la relación del pie y el *codo viril* es de 4 a 6 o 2 a 3, y la de la cabeza con este mismo codo es aproximadamente de 7 a 12, relaciones éstas generales y que constatan la *división del eje del hombre en seis longi-*

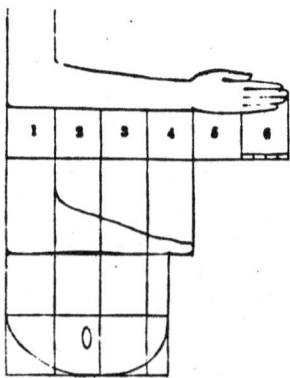

tudes de pie o siete alturas de cabeza: la cabeza mantiene con el pie un ratio de 6 a 7.

Segundo dato de partida. *Cuadro sinóptico comparativo que presenta las tres divisiones del eje del hombre en seis pies, siete cabezas y cuatro codos, según el antiguo codo viril*:

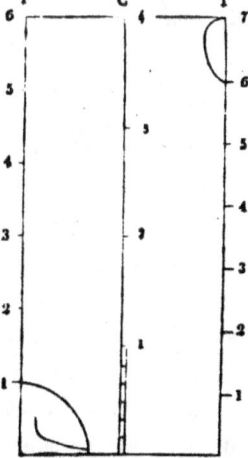

De donde surgen tres posibles *cuadrículas* diferentes en las que puede trazarse, con mayor o menor éxito, la figura humana en pie.

Tercer dato de partida. *Cuadrícula construida según la escala de Diodoro en veintiuna divisiones y un cuarto, con una figura egipcia trazada en ella y, a uno y otro lado, a modo de comparación, la escala de seis pies y la de cuatro codos o veinticuatro palmos respectivamente.*

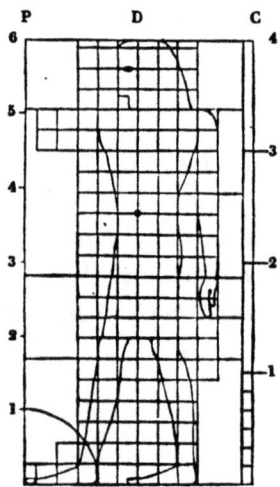

Nadie duda ya de que por medio de estos tres datos de partida presentados de manera tan evidente, además de conseguir conocer las verdaderas proporciones de la figura egipcia, se obtienen además otros resultados más o menos interesantes, como entre otros, según mi parecer, el proporcionar la explicación de por qué la famosa *estatua de Memnon* (96), que fuera como sabemos restaurada en hileras, lo fuera en *cuatro* de éstas, partiendo de la cintura (a nivel del codo) hasta llegar a la altura de las clavículas.

¿No serán éstas acaso cuatro de *las veintiuna divisiones o palmos* de la escala de Diodoro, localizados entre la catorceava y décimo-octava división de la *cuadrícula*? La cabeza y el codo están hechos de un único bloque, creo que debido tanto a su menor volumen o espesor en todos los sentidos, como al hecho de que los detalles de la cara y el peinado no admitan juntas, tratándose en cualquier caso de un Coloso trabajado o restaurado por bloques separados, procedimiento sobre el que resulta curioso que Diodoro haga tanto hincapié, puesto que todos los Colosos egipcios que se conservan, intactos o en parte, son monolitos, y tal es el caso también de esta *estatua de Memnon*, cuya restauración es muy posterior a Diodoro (96).

En resumen. Tres o cuatro escalas han podido servir como canon a la estatuaria egipcia: la de seis pies o siete cabezas, la de cuatro codos o veinticuatro palmos, y finalmente la de veintiuna divisiones y un cuarto. Observamos además que esta última, resultado creo yo, de la aplicación de un codo de 528 a 529 milímetros a la altura efectiva del hombre, es, pese a su división de todo punto *convencional*, la *única* que de un modo tan natural como altamente aproximativo, determina el emplazamiento sobre el eje de un *punto* infinitamente interesante, que varía en la naturaleza y que la estructura ósea no muestra en absoluto; *un punto* del que, junto con *otros dos*, depende toda la belleza de un *torso viril*, y que no seríamos siquiera capaces de imaginar sin las indicaciones de dichos puntos: *el Ombligo y los dos pezones.*

Vértice superior (en la escala de Diodoro) *de un triángulo equilátero cuya base es la línea de los hombros o clavículas, el Ombligo, situado sobre la décimo-tercera división del eje, determina de manera real y simultánea tanto la máxima anchura de un hombro a otro en la décimo-octava división, como el emplazamiento de los dos pezones a lo largo de los lados del triángulo, sobre la décimo-sexta división*; y todo ello de manera tan acertada, que basta el sentimiento del estatuario para su incorporación como regla fija.

	MEM.	OS.	IBS.
Codo	6.	6.	6.
Pie	4.	4.	3[?].
Cabeza	?	?	?
Anchura entre hombros	7[?].	6[?].	7.
Del hombro al codo	4.	3[?].	4[?].
De la línea del hombro al ombligo	?	?	?
Longitud de la pierna desde la planta del pie hasta sobre rodilla.	7[?]	?	7 ?
Altura total de la figura asseguda	19 [?]	20 ?	19 [?]
Altura estimada de la figura dempeus	23 [?]	24 ?	23 ?

Sobre todo, el *pie como dos tercios del codo y su relación con la cabeza* me parecen de gran importancia para la estatuaria.

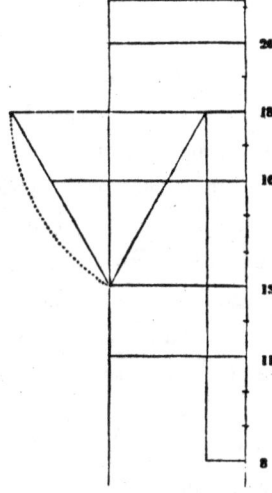

Por desgracia, el absoluto deterioro del Coloso de Memnon (96), la diseminación de los restos del de Osimandias y la falta de cualquier medida exacta de los de Abu Simbel (97), no permiten determinar hasta qué punto este *triángulo* sería verificable en esos casos. Por otro lado, todos son Colosos sentados, postura que por fuerza comprime el Ombligo, y además es de la figura egipcia en pie de la que yo hablo, y en este sentido, recomiendo a la estatuaria la siguiente *escala o tabla comparativa* en la que indico, hasta donde me ha sido posible a día de hoy, las relaciones proporcionales de los miembros principales de cada uno de los tres Colosos mencionados, para proceder después a su comparación. El palmo o sexta parte del codo sirve como unidad de medida.

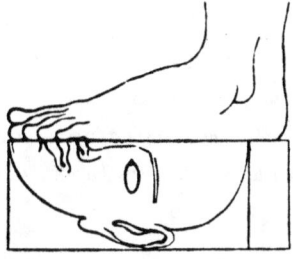

47 y 48. *Estas dos notas se han suprimido o incorporado a la siguiente.*

49. *Página 56, líneas 15-20. Miguel Ángel – Bernini.*

Se dice que Bernini, al igual que Miguel Ángel, era arquitecto, escultor y pintor. Escultores tanto uno como otro, se asemejan a veces en su arte de la misma manera que Racine y Esquilo en el suyo. *La Esther y la Berenice* del dramaturgo francés son, en relación al *Prometeo* del dramaturgo griego, algo similar a lo que la *Santa Teresa* y la *Dafne* de Bernini en relación al *Moisés* de Miguel Ángel (54, 67, 107). No conozco a Bernini como pintor, pero la *Cruz iluminada* que proyectó para la iglesia de San Pedro de Roma (109) demuestra que no carecía del sentimiento de la verdadera pintura, sentimiento que no compartía con Miguel Ángel, quien extraordinario e *insolente* en todo, supo sin embargo, *él sólo*, utilizar los colores y los pinceles para forzar a la pintura a hacerse, en contra de su propia esencia, *completamente monumental* (67, 72, 78). En cuanto al título de arquitecto, incluir el nombre de Bernini (30) en los anales de la más noble de las artes sería mancillarlos, y si igualmente negamos dicho título a Miguel Ángel también, es porque en lugar de ofrecernos un *Osa sobre el monte Pelión* como hubiera sido perfectamente capaz de hacer, este gran hombre se contentó con tomar prestada una mala idea de Bramante y *colocar ese vil solideo lleno de agujeros sobre la apertura de una silla retrete en forma de cruz griega, más tarde transformada en planta de cruz latina*.

Es bien conocida la opinión de Winkelmann sobre las desviaciones de los dos artistas en cuestión: *Bernini* -dice- [...] *precisamente escogió el camino que ha conducido al otro* (a Miguel Angel) *por sendas inhóspitas y escarpadas, pero que a él no le ha inspirado sino sonrisas*. Palabras de singular energía que he citado en mi texto.

50. *Página 57, grabados en madera.*
Uno de ellos es una imitación libre y restaurada de un busto colosal llamado del *joven Memnon*, que Belzoni transportó con gran cuidado y perseverancia de Tebas a El Cairo, desde donde este fragmento pasó más tarde a Inglaterra (*Véase "Narrative of the operations and recent discoveries within the pyramids, temples, tombs, and excavations, in Egypt and Nubia"* de G.Belzoni y la descripción del Museo Británico de Londres). El otro grabado es la cabeza o máscara de uno de los dos fantásticos *Leones egipcios* de la subida al Capitolio de Roma. El grabado de la página siguiente, 51, representa al animal completo visto de perfil. Estos dos Leones de un excelente estilo y magnífica factura, poseen una grandeza natural y están hechos de una piedra denominada *basalto*, es decir, un granito de vetas negras de schorel.

En el tercer libro y en el *apéndice* volveré a hablar de estos Leones.

51. *Página 58, línea 10. El Nandi*
El *Nandi* o gran Toro blanco de los hindúes, es la montura del dios Siva, y por lo general se sitúa a la entrada de su pagoda sobre una tarima, en el centro de una especie de pórtico. A menudo, delante de él se coloca un *Lingam* (40), prueba de que este *Toro* es uno de los símbolos de la fecundidad o la reproducción de los seres. Una de las características del *Nandi* es el radio espinoso sobre su espinazo, que recuerda a la aleta dorsal de los peces. Así mismo se supone que el Nandi nace en el mar. Las monedas de los Mogoles llevan un toro similar pero en pie y cargado con el disco solar.

En el jardín del Real Instituto en Ámsterdam puede verse la estatua de un *Nandi* que proviene de una isla de Java y que muestro aquí indicando los detalles más destacados.

Aprovecho esta nota para referirme a una de las representaciones más peculiares de Toro que la Antigüedad haya podido legarnos: los *Toros de Guisando*, en España, que según los lugareños *han estado ahí desde siempre*, o sea, desde las últimas grandes revoluciones del planeta y la aparición de la Luna, a la que hacen referencia todas estas imágenes y tradiciones del toro, el becerro y todo el ganado mayor del que la Antigüedad está repleta. (16, 18, 43, 103, 104, 105).

52. *Página 60, línea 1. El Júpiter olímpico.*

Luciano, mofándose en su *Júpiter trágico* de los dioses que se crean los hombres para sí, introduce los ídolos o estatuas que representan a esos dioses por rango según el material de que están hechas: *¡Lo mejor* (hace decir a Mercurio) *es ver cómo Minerva, Apolo, Venus y todos los demás dioses de Grecia pasan a segundo plano respecto a los de los Bárbaros, puesto que éstos son de oro macizo, mientras que los primeros, recubiertos de una lámina de oro como máximo, y con alguna acanaladura decorando el marfil, son de madera y están llenos de moscas y arañas.*

¡Podría decirse que el Júpiter olímpico habla! Para poder obtener toda la información concerniente a este *famoso muñeco* puede consultarse la gran obra de Quatremère de Quincy *sobre la estatuaria crisoelefantina.* Véase también la información referente a una estatua de Osiris hecha de varios metales, *Clemente alex. ad gent.*

53. *Página 60, línea 11. Un Fidias*

En una explicación manuscrita de las esculturas del Partenón (27), expreso mi opinión sobre ese estatuario que me sigue pareciendo *problemático.* Aquí no lo considero sino como artífice del Júpiter olímpico.

Junto a los nombre de *Fidias* y de *Alcamenes,* su discípulo, en el texto menciono a *Pausias de Sición,* aunque es más de un siglo posterior, por su dominio de la aplicación del color sobre el marfil, que es precisamente la técnica a la que hago referencia.

54. *Página 60, línea 19. Miguel Ángel etc.*

En las notas finales de su traducción de las "*Imágenes*" *de Filostrato, p.* 855, Blaise de Vigenère dice, al hablar de la dificultad de tallar el mármol: *A este respecto pudiera yo decir que he visto a Miguel Ángel, a sus ya más de sesenta años y por tanto menos vigoroso, arrancar más lascas a un bloque de mármol durísimo en un cuarto de hora, que tres escultores jóvenes en tres o cuatro horas, cosa prácticamente imposible de creer si no se ve. Abatía la piedra con tal furia e impetuosidad, que temiera yo que toda la obra saltara en pedazos, pues de un solo golpe caían al suelo grandes trozos de tres o cuatro dedos de espesor, y apuraba tanto los golpes, que si se hubiera desviado, por poco que fuera, habría podido echarlo todo a perder, puesto que después ya no cabe reparación posible, ni puede recomponerse con parches luego, como se hace con las imágenes de arcilla o escayola.*

55. *Página 60, línea 26. el Torso.*

No hubiera mencionado *este fragmento* -de sobra conocido- en mis notas, si no fuera porque existe una *restauración en dibujo del mismo,* conforme a mi estilo, restauración que precisamente lleva mi nombre. Se trata de un *Pan o Marsias con patas de chivo tocando la flauta,* acompañado o no por el joven Olimpo, según se quiera reconocer (o no) en esta restauración la escena de *conjunto* de la que habla *Plinio* 35.5, que seguramente evoca una de las *pinturas de Herculano,* Tom.I l.16. El Pan o Marsias es cierto que no tiene patas de chivo, pero no hay otra explicación para la forma inclinada hacia dentro de los muslos a la altura de la rodilla, y la curva singular del muslo derecho con un pliegue en la parte inferior. Es además una singular sandez creer que está sentado sobre una piel de león, pues es de pantera o tigre la cabeza cuyos restos son aún reconocibles sobre el muslo izquierdo. Una cabeza de león sería proporcionalmente mucho más grande.

56. *Nota suprimida e incluida en el apéndice.*

57. *Página 61, línea 7. Un Erwin.*
Véase la nota 22 y el *cuadro sinóptico* de la página 71 del texto, y puesto que se trata de un gran arquitecto, me complazco en citar aquí al célebre *Jacobo van Campen*, a quien se debe el Ayuntamiento de Amsterdam, el edificio más bello de la era moderna (28). *Van Campen*, originario de Harlem, fue amigo de Rubens, visitó Italia y murió en 1658. *Véanse las grandes láminas del Atlas nº II y III.*

58. *Página 61, línea 12. Riparografías.*
Véanse las notas 68 y 69 que siguen.

59. *Página 61, línea 14. No enseñaron a sus hijos nada.*
Véase "La epístola a Lucilio" de Séneca, 88ª.

60. *Página 61, líneas 30. El Anciano.*
Nombre que se da a Dios en el *Libro de Henoc* (16). Véanse las visiones que se derivan en los capítulos 15 y 68 (20, 72). Este libro, que se creía perdido, se encontró en Abisinia hacia finales del siglo pasado.
La divinidad Sais.
Se trata de la gran imagen de Isis tocada con un velo de la que habla Plutarco en su *Tratado de Isis y Osiris* (104). Véase también el *Comentario al Timeo de Platón de* Proclo.

61.62. *Notas suprimidas. Véase la nota 98 a continuación.*

63. *Página 63. Grabado.*
Para todo lo relativo a esta bella Estatua (de la que no reproduzco aquí más que el dibujo del conjunto), cabe remitirse a los diferentes grabados y descripciones que ofrecen desde Wikelmann, *Monumenti antichi inediti nº* 68, hasta Bouillon en su grabado *Musée d'antiques*, donde pese a las proporciones demasiado estilizadas, se encuentra la mejor reproducción de esta figura, puesto que se la representa justo *de frente*, tal y como es debido. Contemplar el grabado del *Museo Pío Clementino*, tom.II l.41 hace sentir que es necesario que así sea.

Pese a que en mi texto conservo a esta estatua su nombre de *Baco indio o hebón o barbu* que Visconti utiliza en su explicación, en ocasiones se me antoja reconocer en ella, bien a un *Esculapio* conforme a la descripción que nos ofrece Calístrato de la figura de ese dios en su *Catálogo de estatuas nº* 10, bien a un *Platón* vestido a la oriental, al recordar esa estatua suya en la que puede leerse la inscripción: *Mitrídates de Persia, hijo de Rhodobate* [sic] *ha dedicado a las Musas esta estatua de Platón, que es obra de Silanión.*

Silanión trabajó en la CXIVª olimpiada. *Véase Diógenes Laercio sobre Platón en la "Vida de los filósofos ilustres", III.25.*

PINTURA

64. *Página 65, línea 1. Todos nacemos pintores.*
En este sentido, puede encontrarse un diálogo extremadamente interesante en la *"Vida de Apolonio de Tiana"* atribuida a Filostrato, *Libro II, capítulo* 22 cuya consulta

sugiero, sin poder sin embargo resistirme al placer de ofrecer aquí al menos el siguiente pasaje, libremente traducido del original:

Apolonio. Decidme, Damis, ¿creéis que la Pintura es algo en realidad?

Damis. Desde luego, si bien la verdad es que no sé el qué

Apolonio. ¿Qué hace pues este Arte?

Damis. Vemos que mezcla todos los colores como por ejemplo el rojo y el blanco, el amarillo y el azul, el naranja y el verde...

Apolonio. ¿Mas no será con alguna finalidad?

Damis. ¿Acaso no sea para ofrecernos una representación de los diversos objetos como un hombre, un caballo, un navío?

Apolonio. ¿La pintura es entonces imitación?

Damis. ¿Qué otra cosa podría ser?

Apolonio. ¿Qué es pues lo que a veces vemos en los cielos cuando las nubes vienen a distraerse las unas a las otras en forma de Centauros, Esfinges y otros monstruos semejantes? ¿Diríamos que esa es la obra de alguien que quiere imitar esta o aquella cosa?

Damis. Así me lo parece.

Apolonio. ¡Así pues Dios es pintor y, aparte de gobernar el mundo, se divierte plasmando sus fantasías como hacen los niños sobre la arena!

Damis. ¡No quiera ese dios que lo entienda yo de esa manera!

Apolonio. Queréis en ese caso más bien decir que las figuras no son semejantes a nada, que es el azar el que las produce al llevar las nubes de un lado para otro, pero que nosotros mismos, que hemos recibido de la Naturaleza un principio e instinto de imitación, nos imaginamos cosas semejantes.

Damis. Cuando menos eso debe creerse.

Apolonio. El Arte será así doblemente imitador. Primero, al imaginarse las cosas en la mente tan sólo, lo cual es una facultad común a todos los hombres y después, al trazarlas de nuevo a mano y así representarlas de manera visible, que es en lo que consiste el arte de la pintura, o sea, la Pintura propiamente dicha.

Damis. No hay nada que añadir a eso.

Apolonio. Eso mismo debe entenderse de la Plástica, puesto que reconoceréis ante mí que la Pintura no sólo consiste en el empleo de los colores, ya que a los pintores más antiguos un solo color les bastaba; y incluso a menudo se contentaban con un simple trazo y sin embargo, la marca inocente del objeto se discernía perfectamente. Es así como la cabeza de un Etíope, por más que esté trazada en rojo o blanco, no dejará de parecer negra a los ojos del que la mira, puesto que su nariz chata, su cabello rizado, sus gruesos labios vendrán a ennegrecer y mostrar como un verdadero Etíope lo que sin embargo no es más que una imitación muy imperfecta... Digamos por tanto que para juzgar un cuadro, necesitamos esta facultad innata que primero nos hace concebir mentalmente la forma del objeto o animal imitado por el Arte, y que éste pretende que reconozcamos...

65. *Página* 65, *línea* 11. *Así nacieron.*

La idea de que la Pintura deba su origen a la escritura simbólica o jeroglífica es muy antigua y me parece ajustarse tan perfectamente a la evolución de la mente humana, que me sorprende ver cómo algunos sabios se la atribuyen como propia y la enuncian como nueva.

Una idea que pudiera serlo mucho más es la relacionada con el color fijo de las figuras de los jeroglíficos egipcios, color siempre simbólico, hasta el punto que parece concordar con el objeto representado, dando eso lugar a más de una conjetura sobre el *valor moral de los colores*. Sólo haré un comentario, sin detenerme, sobre los *tres colores* más impactantes que el antiguo Egipto parece haber atribuido a sus tres deidades principales: el *Sol,* la *Luna* y el *Nilo,* reverenciados, combinados y representados bajo mil nombres y apariencias.

Al Sol (Osiris), la más importante divinidad *masculina,* pertenece el color *rojo,* imagen del *fuego luz.* Esta es la explicación del color atribuido al disco, signo figurativo del Sol, y al *León,* su signo simbólico (12), y a mil objetos deducidos de estas dos especies de signos (37,99).

A la Luna (Isis), esposa y hermana de Osiris y astro de menor resplandor, el *color amarillo;* el *disco,* su signo figurativo y la *serpiente erguida,* uno de sus numerosos símbolos, se pintan de este color. En su calidad de *diosa de la muerte, Isis termutis o Némesis* (16,43,103) enviaba esta especie de serpiente contra los malvados (*Números* 21:6).

Así queda explicada la distinción entre las *carnes rojas y amarillas* de hombres y mujeres en las pinturas egipcias.

Al Nilo, elemento húmedo que como tal refleja el cielo, conviene el *color azul,* por lo que el zigzag y la *serpiente ondulante* (signos figurativo y simbólico del movimiento de las aguas) siempre se trazan en *azul.* Todos los pájaros en los jeroglíficos son así mismo *azules,* quizá por ser habitantes del aire. En cuanto al *Buitre hembra,* el símbolo de la *maternidad o fecundidad sobrenatural,* encuentro que guarda cierta relación con el *Nilo* (105). Por otra parte, ¿no explicará este *Buitre* (*madre virgen*) el *manto azul* con que los pintores representan tradicionalmente a la Virgen María? texto p.63

En cuanto a estas conjeturas, veamos una sobre el *Escarabajo,* que desempeña un papel destacado en los jeroglíficos. Tal y como lo represento aquí, es como a menudo lo encontramos en la *parte superior* del sarcófago, y *repetido* sobre la envoltura de la momia propiamente dicha. Esta observación no resulta indiferente. Los primeros Cristianos decían que para tener sueños de buen augurio, era necesario tener a *Cristo en el Oriente o sobre la cabeza* y así, el *Escarabajo,* según San Ambrosio, era para los primeros Cristianos el *símbolo de su Cristo.* ¿Por qué? No lo explica. Sin embargo, puesto que el *Escarabajo* es el *signo de la virilidad* debido a la especie comúnmente conocida como "escarabajo pelotero", ¿sería así mismo el *hijo engendrado de uno solo, el hijo bienamado, el único, el mundo,* cosas todas ellas aplicables a Jesús, y que se expresan en *lengua copta* con palabras cuya inicial es una letra equivalente a la x de los Griegos, monograma de Cristo?

Aún hay algo más. Es según el *Escarabajo de cabeza humana y alas extendidas* como yo me imagino a los *Querubines del Arca,* tallados no en bulto redondo sino *repujados* directamente sobre la tapa. *Éxodo* 25: 18. *Flabio Josefo. Antiq.* III 6. (41)

66. *Véase la nota precedente como referencia de los números 3 y 12.*

67. *Página 66, línea 10. La Capilla Sixtina.*

La impresión que podemos experimentar al contemplar las gigantescas pinturas de esta Capilla, es la que provoca sobre nosotros todo objeto o masa enorme, con los cuales nosotros mismos no seríamos capaces de establecer relación alguna (105). ¿Qué es, de hecho, lo que nos transmite esta bóveda inmensa con sus gigantes sentados o suspendidos, y ese *juicio* que nos deja sin poder emitir el nuestro? ¡Nada, absolutamente nada, pero si esas famosas pinturas nos cierran la boca y el corazón, si nos dejan paralizados y *di smalto* como dice Dante de la cabeza de Medusa, es porque ejercen sobre nosotros ese poder absoluto que no ha de rendir cuenta alguna de sus actuaciones, inexplicables para nosotros!

Mencionemos de pasada que por causa de una de esas combinaciones, fortuitas pero no obstante tan destacables en ocasiones, esa *Capilla Sixtina* se comenzó en 1474, el mismo año en que nació Miguel Ángel, como si por así decirlo se preparara para el niño que acababa de nacer, el futuro escenario de su máxima gloria. Miguel Ángel tenía treinta y ocho años cuando pintó la bóveda y más de sesenta cuando pintó el *juicio universal*.

La bóveda tan sólo le llevó veinte meses de trabajo, el *juicio* seis años, aunque a intervalos. Conocemos cuál fue su respuesta a quienes le propusieron que esta última composición no fuera un fresco, como las pinturas de la bóveda, sino un óleo: *que no quería utilizar una técnica de vieja*. También rechazó en el arte todo aquello que tan sólo supusiera embellecimientos inútiles: "*come quegli* –comenta Vasari–, *che forse non volea abassare quel suo grande ingegno in simili cose*" (49, 72, 78).

68. *Página 66, línea 13. Esas escenas de barbería.*
Plinio (lib. 35, cap.10) dice de un tal *Pyreicus*, que pintaba *barberías, zapaterías, interiores de cocina, etc.*, por lo que se le dió el sobrenombre de *Riparógrafo* (pintor de cosas viles). A artistas como él y a quienes por desgracia los admiran, son aplicables estas palabras de Platón y de Cicerón: *No es posible* –dice el primero (Ælio Arístides Discursos II, 27)– *que quien se dedica a semejantes estupideces, no sea completamente incapaz de concebir algo grande y digno de admiración*; Cicerón (paradoja V) se *asombra de que los hombres, seres juiciosos, se dejen cautivar por cosas que a penas consiguen entretener por un instante a los niños*. Así mismo es relevante al caso el reproche de Máximo de Tiro a quienes se dicen filósofos, pero sin embargo no se comportan como tales: *¡cómo osáis decirme que sois Espartanos! Si admiráis la tiara de los Medas, la mesa de los Bárbaros y el canto de los persas, ¡vosotros mismos os habéis convertido en persas y bárbaros!*

69. *Página 66, líneas 18-19. El descubrimiento de las estatuas de la Antigüedad – La Reforma.*
Por causa de uno de esos contrastes sorprendentes que marcan los anales de la memoria humana, prácticamente en una misma época, vimos a la mitad del mundo cristiano colocar las divinidades paganas, *salidas de la tierra*, al lado de sus propios ídolos, mientras que la otra mitad llevaba a gala el título de *iconoclastas*. El Arte se tornó pagano, sensual en Italia; ateo, material, crápula en los países protestantes (106).

70. *Página 67, línea 19. El Camposanto de Pisa.*
Edificio bien conocido por los ciudadanos de Pisa e idea de su arzobispo Lanfranchi, se erigió cerca de la Catedral, para servir a los fieles como lugar de sepultura (106). El arquitecto fue Giovanni Pisano, hijo de Niccolo, que lo terminó hacia el año 1283. Se trata de un vasto terreno rodeado de galerías cubiertas que forma un paralelogramo sostenido por arcos de medio punto. Las pinturas que adornan los muros interiores son obra de los pintores más antiguos de Italia desde *Giotto* hasta *Gozzoli* 1300-1450, a quienes debemos nuestros paradigmas de una *pintura esquemática y religiosa*; véanse las notas 71, 74, 79, 83, 84 y 86.

71. *Página 67, línea 20. La vieja escuela italiana.*

Estos son los nombres y fechas relativos a algunos de los pintores de la vieja escuela italiana que se menciona en el texto, o de quienes se ha tomado prestada alguna figura.

1º: *Giotto o Ambrogiotto*, nacido en 1276 muy cerca de Florencia y muerto en 1336 o 1340, pinta en el Camposanto de Pisa (hacia 1310) *la historia de Job* en dos grandes cuadros (109). *El Ángel en pie* de la página 62 del texto forma parte de una representación de la gloria de Dios en el primero de ellos (78, 79, 83). Giotto es considerado como máximo representante de una escuela que lleva su nombre.

2º: *Buonamico Christofano llamado Buffalmacco* de Florencia, nacido en 1262 y muerto hacia 1310. En el Camposanto se le atribuye el gran cuadro del *Calvario*, del que he tomado prestados los *tres Ángeles volando alrededor de la Cruz*, y el *episodio del ladrón malvado*, páginas 74 y 77 del texto. Véanse notas 83 y 86.

3º: *Pietro Cavallini o Nicolo Pietro*, discípulo de Giotto, trabajó con su maestro en el célebre mosaico llamado la *Navicella* que puede verse bajo el pórtico de San Pedro en Roma (30). Se desconocen las fechas de su nacimiento y muerte. Lo cito en relación al *Calvario ya mencionado*, que un crítico actual le atribuye (83, 84).

4º: *Simon Memmi de Siena*, nacido en 1285 y muerto en 1335. A este pintor de gran mérito corresponde, según Vasari, la figura del *Cristo transfigurado* de la página 71 del texto (79). Ignoro en base a qué evidencia se atribuyen desde hace ya algún tiempo a un tal *Antonio llamado "El Veneciano"* (aunque naciera en Florencia donde ejerció también la medicina hacia el año 1350), las pinturas del Camposanto en una de las cuales (*la visión de San Rainiero*) se encuentra esta figura. Por otro lado, para juzgar el mérito de *Memmi* basta con contemplar la célebre *capilla llamada "de los españoles"* en el monasterio de Santa María Novella en Florencia, que he visitado a menudo, lápiz en mano.

5º: *Andrea di Cione o Andrea Orcagna*, pintor, escultor y arquitecto florentino, nacido en 1325 y muerto en 1389. Es en el gran cuadro del *juicio universal* que se encuentra en el Camposanto, donde aparece *la bella figura de Ángel* de la que se habla al final del artículo sobre la naturaleza de la Pintura, página 103 del texto. Véase también la nota 68.

Bernardo Orcagna, hermano del anterior, ayudó a éste y trabajó también solo (85).

Estos cinco o seis artistas pertenecen a la vieja escuela italiana. *Masaccio y Masolini*, ¿fundaron una nueva? No sé a cuál considerar que pertenece *Fra Giovanni da Fiésole*, a quien menciono en la página 70 del texto y en el cuadro sinóptico de la página 71, pero este pintor merece el lugar que yo le concedo junto al inmortal *Albrecht Dürer*, quizá el más grande de los pintores. *Fra Giovanni* nació en 1387 y murió en 1453; *Albrecht Dürer* nació en 1471 y murió en 1528, y es en esa última época donde sitúo yo la extinción de la *pintura religiosa*.

72. *Página 67, línea 23. El Padre Eterno.*

Ante la sola idea de que el Padre Eterno fuese representado por medio de la Estatuaria o de la Pintura, algunos detractores alzaron sus voces contra lo que consideraban una *profanación*. Sin embargo no es ésta la palabra adecuada sino más bien la palabra inglesa *non-sense*. No es que la imagen de un hermoso anciano con larga barba blanca y cubierto por un amplio manto que simboliza el *Anciano de los Días* (60), constituya una imagen *anti-bíblica* puesto que la propia Biblia proporciona estos elementos incluso en varias de sus páginas más veneradas, sino que el *non-sense* consiste en que el pintor *limita de manera sensible* la imagen que el poeta mantuvo indeterminada y vaga; aparte de este matiz la *profanación* y el *non-sense* son lo mismo.

Por tanto, si la Pintura fuera capaz de aproximarse en su representación del *Ser Supremo* a esta vaguedad de la Poesía, sería tan inocente y culpable como esta última; he aquí lo que espero poder señalar con respecto al *Padre Eterno de Rafael* excepto por las restricciones implícitas apenas mencionadas en el texto.

Tomemos la idea general pero dotemos a la figura de proporciones colosales: que sólo sean visibles la cabeza (¡y qué cabeza!) y los brazos extendidos de un extremo al otro del cuadro; que por tanto las manos parezcan alcanzar los límites que separarán el *ser y la nada* rechazando los torbellinos del caos; que estos torbellinos serpenteen alrededor de la figura perfilando vagamente las partes que deberemos intuir: *de ahí la vaguedad de formas y colores para cuanto no los tiene ni tendrá jamás determinados y mesurables*, y el cuadro será poesía, poesía de la Biblia, y ni siquiera el más rígido de los protestantes condenaría en un arte, sin incurrir en contradicción, lo que acepta o aún más lo que admira y venera en otro, cuyas imágenes son, a menudo, mil veces más materiales, por no decir, a veces indecentes y verdaderamente profanas (*Éxodo XXIII. 23*)

Sin embargo debemos añadir que sólo en el caso en que, como aquí, Dios pudiera ser representado absolutamente aislado de cualquier comparación con la *materia formal* podría permitirse al genio semejante imagen y audacia puesto que, personalmente, siempre condenaría, no como protestante sino como cualquier persona razonable, toda representación de la *Divinidad limitada en el espacio*. En Rafael el resultado es una figura de un anciano parecida a la de Noé, Abraham, Moisés; y en Miguel-Ángel un ser, un *animal imposible de definir*, tal y como designaríamos su Dios *creando el sol y la luna* en la bóveda de la Capilla Sixtina (67).

73. *Página 67, línea 24. El Arcángel San Miguel.*

Para que este cuadro del Arcángel San Miguel derrotando a Satanás, mereciera el primer puesto de todos cuantos Rafael concibió y ejecutó, necesitaría:

Que el Arcángel nos hubiera ofrecido un *Ser sobrenatural* ligeramente vestido y armado tan solo con una lanza en su mano derecha en lugar de presentarse materialmente como un simple guerrero equipado con todo tipo de armas, como un Perseo o un Beleforonte, con las alas en los pies o en la espalda.

Que en lugar de un paisaje ridículo, un fondo de rocas y de torbellinos de llamas y humo hubiera representado vagamente el abismo en que se precipita el demonio.

Y por último que este cuadro, con unas dimensiones el doble de grandes de las que actualmente tiene, tuviera forma de vidriera y que hubiese sido pintado como un fresco o sobre vidrio en lugar de al óleo y sobre madera.

Sin embargo este cuadro, tal como existe, será siempre uno de los más hermosos intentos de *pintura esquemática*. Rafael lo pintó en 1517, tres o cuatro años antes de su muerte: es su canto del Cisne (78).

74. *Página 67, línea 28. De Galateas etc.*

No hay nada mejor que la galería Ghisi (hoy pequeña Farnesio) en la que Rafael pintó la *fábula de Psique* para demostrar la influencia fatal que el *estudio de la antigüedad* tuvo sobre él; y el siguiente pasaje de una carta dirigida a su amigo el conde Castiglioni ilustra el estado de indecisión en que este estudio le había precipitado y que le lleva a una desafortunada elección de temas y a la representación de *desnudos* que deben ser evitados en la verdadera pintura. He aquí el pasaje que trata sobre la *Galatea desnuda sobre las aguas* y que forma parte de la colección de la mencionada galería Ghisi: *Della Galatea mi terrei un gran maestro, se vi fossero la metà delle tante cose che V.S. mi scrive: ma nelle sue parole riconosco l'amore che mi porta, e le dico che per dipingere una bella, mi bisogneria vedere più belle, con questa condizione che V.S si trovasse meco a fare scelta del meglio. Ma essendo carestia e di buoni giudici e di belle donne, io mi servo di certa idea che mi viene alla mente. Se questa ha in sè alcuna eccelenza di arte, io non so, ben m'affatico d'averla.*

¡Quien reconoce en este lenguaje a un amable Rafael debutando a la edad de diecisiete años y plagiando de forma inocente a la buena escuela! Su primer cuadro fue *Un Crucifijo entre dos ángeles* (83).

75. *Página 68, línea 1. Pintura sobre vidrio.*

No creo que haya nadie que no coincida conmigo en que, de todos los procedimientos en Pintura, es el *del vidrio* el que mejor responde a la esencia de un arte que es exclusivamente *expresión visible del pensamiento*; pero tampoco nadie puede dejar de lamentar conmigo el sacrificio de la pureza y de la ligereza de los contornos que se produce por la necesidad de fijar los vidrios con rieles y soldaduras que dividen el cuadro y destruyen el efecto de *inmaterialidad* que de lo contrario produciría este tipo de pintura. Se trataría por tanto de hallar un remedio a este defecto y he aquí mi propuesta.

Como en el antiguo procedimiento, yo propongo dividir toda la Vidriera con *barras de hierro*, pero en lugar de horizontales y verticales cortándose en ángulo recto, sugiero que sean *oblicuas de manera que formen una rejilla regular con rombos más o menos grandes según la necesidad en cada caso.* Cada rombo contendrá un vidrio de una sola pieza que representará aquella parte del cuadro que corresponda por la superposición de la rejilla.

¿Cuál sería el resultado de este método a la vez más sim-

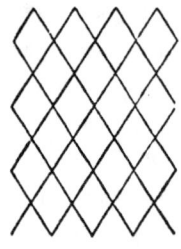

ple y más agradable a la vista por la disposición menos rígida de las barras o rieles? En mi opinión el resultado implicaría una ilusión óptica extremadamente favorable al cuadro. Los objetos parecerían más o menos alejados de la rejilla, *verdadera rejilla y destinada a ser reconocida como tal*; mientras que la imaginación sustituiría con facilidad las partes aparentemente cortadas o tapadas por las barras. ¿Acaso se captaría peor el conjunto, la forma y hasta los mínimos detalles del pájaro al ser visto tan solo a través de su jaula? Y la joven religiosa que aparece en el locutorio tras la rejilla que la separa del mundo, ¿resulta menos reconocible y menos interesante ante los ojos de quienes la visitan? Y por otra parte, ¿no sería mucho más cómodo para el pintor poder disponer los objetos de su cuadro o la división de los rombos de manera que todas

aquellas partes que quisiera resaltar tales como el rostro, las manos, etc pudieran conservarse íntegras dejando así el resto a la imaginación? Se crearía de esta manera una verdadera rejilla calada a través de la cual percibiríamos un cielo poblado de seres etéreos e inmateriales.

Hagamos ahora referencia a los colores que deberían emplearse en la pintura sobre vidrio y que deberían reducirse a los siguientes.

El Blanco. Debe destinarse exclusivamente a los tejidos pero únicamente cuando éstos cubran a espíritus puros y debe ser *el blanco más puro* que podamos imaginar (109). En algunas vidrieras los vestidos blancos están hechos con óxido de estaño, lo cual es preferible en la técnica, mientras que en otras el vidrio queda sin pintar. *Véase texto p.71*

El Amarillo. No puede utilizarse un amarillo que no tenga el brillo suficiente para imitar al oro. Se dice que el más brillante se obtiene del óxido de plata.

El Rojo. Debe utilizarse simplemente para representar *la sangre más pura* (la de Jesús), mi *rojo* no puede ser otro que *el encarnado* en todo su esplendor, que supone un matiz extremadamente difícil de conseguir (109). El óxido de hierro parece ser el elemento fundamental.

El Azul. El *azur o azul zafiro* (el cobalto oxidado) constituye el color ideal para representar el *cielo o firmamento* sobre el que destacan las figuras. Este color, como *el amarillo*, se obtiene únicamente con la pasta, sólo hay que encontrar un *azul de base* lo más cercano posible para aquellos rombos que este *azul cobalto* no pudiera rellenar completamente.

El Naranja, el violeta y el verde constituyen tintes prohibidos, a menos que sirvan para representar los colores del *arco iris*.

De todo cuanto acabo de decir se deduce que la pintura sobre vidrio, absolutamente extraña a toda expresión de *materialidad* no admite ninguna indicación pronunciada de sombras, y que *la carne* sólo puede aparecer como *signo cromático* de la forma humana. Una carne pálida y casi uniforme es suficiente. La pintura china, excepto en las modificaciones prescritas por el sentimiento, podría servir como modelo a la pintura sobre vidrio. Según los chinos, *el rostro humano tiene el mismo color en cada una de sus partes,* ¡y tiene razón! Lo que hace falta son colores enteros, puros, brillantes (108, 109). Nada de matices o los mínimos posibles. Éstos representan la perspectiva del cuerpo humano y lo *materializan*: en la pintura sobre vidrio sólo son necesarios los *únicos signos que hacen visible el pensamiento*.

Una figura en la que podría apreciarse todo el lujo y el brillo de los colores mientras que la rejilla serviría de trazado sería la siguiente:

Símbolo de la vida futura, esta figura recuerda las hermosas palabras de Dante:

.... *Vermi siam*
nati a formar l´angelica farfalla.

76. *Página 68, línea 24. El León.*

Sólo logro imaginar un único tema en que el *León*, con otros dos grandes animales podría entrar en el terreno de la pintura, junto con el *Águila* y el *Caballo*, que son los únicos que incumben a este Arte. He aquí el tema: *Dios creando los animales.*

De lo alto de un cuadro de anchura inmensa surge un trazo de fuego, que surca las nubes y golpea contra la tierra. En el centro, nace del seno de esa tierra entreabierta un maravilloso *Caballo blanco*. A su lado *el rey de los animales* se abre paso entre las rocas partidas y sobre sus cabezas planea *el gran Águila hembra*. Los tres tienen la mirada fija en el *rayo-palabra* que acaba de darles el *ser*. En la parte delantera del cuadro y entre flujos de espuma el *Coloso de los mares* levanta su enorme cabeza mientras que, *sola* entre todos estos animales, *la hidra* serpiente huye de la voz de su Creador intentando envolverse en las profundas tinieblas que constituyen el fondo de esta amplia composición.

(36)

En efecto, así es como yo mismo he concebido y trazado este tema, el segundo de las *nueve grandes carpetas* que sirven, junto con otras más pequeñas, de referencia en mis lecturas sobre La Biblia de Rafael. Las nueve carpetas son:

1.- *Dios ordenando el Caos*. En la anterior nota 72 explico cómo concibo el tema.

2.- *Dios creando los animales*. Tema de la presente nota (10, 12, 13, 18).

3.- *Adán y Eva expulsados del Paraíso*. Bajo este título combino el Génesis, Milton, el sentimiento y el arte. Este es por cierto el único tema del antiguo testamento que admite la representación de la mujer.

4.- *El Diluvio o los Gigantes exterminados*. Según las palabras de la Sabiduría XIV.6. Tema completamente nuevo. (16,43)

5. y 6.- *Moisés sobre el monte Sinaí, y el Cielo y el Infierno disputándose su cuerpo*. Dos temas eminentemente poéticos. (78)

7. 8. Y 9.- Por último *Jesús como el más alto ideal de héroe moral en las tres épocas de su lucha contra el mundo: el combate, el sacrificio y el triunfo, o como dice el Evangelio su tentación en el desierto, su muerte en la cruz y su ascensión o transfiguración*. (78)

77. *Página 69, línea 15. De una Bacante.*

A este tipo de mujeres conviene un vestuario que ofrezca los distintos *matices del amarillo al rojo*. Apolunio de Tiana (IV, 21) reprochando a los Atenienses sus bailes lascivos, exclama: *¿de dónde habéis sacado este vestido amarillo y rojo y estos tintes de azafrán?* Los histriones y las bailarinas lucían vestidos similares. Se denominaban *crocota o crocotata* del crocus o azafrán que se utilizaba para teñirlos (3). *Véase las Pinturas de Herculano, tom. II. L.17.*

78. *Página 70, línea 7. Su Cristo transfigurado.*

En el declive de un talento quizás siempre ajeno a la alta poesía del arte, Rafael adueña del más magnífico y poético tema que existe para la pintura. Más incapaz que nunca de concebir semejante ideal recurrió a una reminiscencia que le llevó a crear una falsa analogía. Entre los estudios que hizo cuando era joven siguiendo la antigua escuela italiana (71), y a los que sabemos que recurrió en más de una ocasión con más o menos éxito, parece haberse encontrado también la figura de un Cristo, *no transfigurado* como hubiera necesitado, sino *subiendo al cielo* (una ascensión).

Esta figura de un gran maestro antiguo del siglo XIV y que todavía puede verse en el *cementerio de San Miniato al monte*, cerca de Florencia es altamente representativa del signo del *movimiento, del vuelo*. Sin embargo, sin mostrar el más mínimo respeto a la diferencia existente entre la *expresión de una ascensión en el tiempo y una manifestación tranquila, solemne, inmóvil en el espacio*, Rafael adapta su plagio a su nueva creación y comete un *contrasentido* imperdonable. Relean ustedes, al llegar a este punto mi Artículo sobre la Pintura, pero permítanme antes realizar las siguientes observaciones sobre Rafael, *heredero pero no propagador de los verdaderos signos de su Arte*.

Rafael fue noble y puro pero nunca se elevó por encima de la hermosa humanidad (73). *Noble* porque supo pintar maravillosamente al sabio y a los patriarcas. *Puro y sensible*, pintó a la joven madre acariciando el fruto de castos amores; pero no supo captar ni las inspiraciones ni el furor profético de un Moisés, de un Isaías, ni el *pudor de una virgen siendo madre por un alumbramiento inconcebible*. Sus ángeles son hermosos pero no son más que unos adolescentes agradables y sin vicios, igual que su José ante el Faraón, y que ni siquiera recuerdan ya a los de la antigua escuela, y sobre todo a los de la incomparable Fra-Giovanni, *tan angélico él* (71, 79, 83). Rafael fracasa ante este último y ante la antigua escuela por sus Ángeles y sus Vírgenes, igual que fracasa ante Miguel Ángel por sus profetas y ante Leonardo da Vinci por el *ideal de un Cristo* (71, 109). Pero ¿quién nos ofrecerá al fin un *verdadero Cristo transfigurado* que represente en algún edificio religioso *el más sublime emblema de las relaciones del hombre con su Dios?* A esto me refería en la parte del Libro Tercero que permaneció manuscrito.

79. *Página 71. Grabados sobre madera.*
Véase la anterior nota 71 así como la que le precede.

80. *Página 73, línea 3. La apoteosis de Enrique IV.*
Este tema forma parte del gran cuadro de la *Regencia de María de Médicis*, uno de los que Rubens pintó en la galería de *Luxemburgo* en París. Siempre he creído que esta es la galería que cabe citar para hacerse una idea acertada del verdadero talento de su autor. Allí encontramos reunidos los dos géneros preferidos de Rubens, la *alegoría y el retrato*, en los que destacó porque era pintor mundano, cortesano e incluso diplomático. Rubens es el *sofista de la pintura* y las palabras de S. Agustín sobre las virtudes de los paganos que no son más que *espléndidos pecados* (splendida peccata) fueron aplicadas con mucho más acierto por Richardson padre a las producciones del jefe de la escuela flamenca. (84)

81. *Página 73, línea 10. La extremaunción*
Con excepción de dos o tres grandes retablos y una bóveda, Poussin sólo pintó *cuadros de caballete* y sin embargo merece ostentar el título de pintor e incluso de gran pintor. Y esto porque varios de sus cuadros reflejan su hermosa alma, sus costumbres dulces y puras, su sincera e independiente pobreza. Podemos perdonarle al creador del *Testamento de Eudamidas* el haberlo realizado al óleo y en pequeño e inclinado sobre un caballete. Si bien su mano se envilece al realizar un *oficio de vieja* (67), su alma se ennoblece al identificarse con el tema del que se ocupa. Es esta alma la que engrandece ante sus ojos estos *pequeños personajes* y contó con el apoyo de otras almas como la suya, que fueron las únicas dignas de interpretar y apreciar sus creaciones. En el texto he expresado mis ideas sobre el cuadro de *Eudamidas* y sobre el de *la Extremaunción* considerándolos desde el punto de vista de su *valor lineal*. Estas son dos de sus obras más representativas. En cuanto a sus *Pastores de Arcadia y a su Diluvio*, hubiera sido deseable que al igual que ocurre con los cuadros de los antiguos nos quedara simplemente la indicación del tema. Nuestra imaginación hubiera bastado y la intención tan conmovedora y sublime del autor no habría quedado falseada por la insuficiencia de sus medios o mejor dicho, de la propia insuficiencia del mismo arte.

82. *Página 73, línea 27. Rembrandt.*
¡Uno, dos y tres! ¡Leonardo da Vinci, Albrecht Dürer y Rembrandt! ¡No! Cambien y mezclen ustedes los núme-

ros, las filas, los nombres: *conviértanlo en uno solo, en un todo único y obtendrán al Dios de la pintura!* (88, 108)

La escuela inglesa tiende a reconocer a este *dios*.

83. *Página 74, Grabado sobre madera.*

El cuadro del que se extrae este episodio representa el calvario con un gran número de figuras. Es uno de los grandes frescos del Camposanto de Pisa atribuido por Vasari a *Buffalmacco* (71), y posteriormente a *un tal Pietro d´Orvieto o Niccolò Pietro*, que podría ser *Pietro Cavallini*, alumno de *Giotto* (71).

Vasari dice: "*Dipinse questia fresco nella Chiesa di S. Francesco di Assisi, una Crocifissione con uomini a cavallo armati in varie foggie. In aria fece alcuni Angioli, che fermati in su l´ali in diverse attitudini, piangono dirottamente, e stringendosi alcuni le mani al petto, altri incrocciandole, ed altri battendosi le palme, mostrano avere estremo dolore della morte del figliolo di Dio*".

Es para Vasari este cuadro *el cuerpo de los ángeles, a partir de las caderas, se difumina en las nubes*.

Incluso el propio biógrafo explica que otro pintor tuvo la misma idea puesto que, decía, *al tener alas, los Ángeles no necesitan pies*, y efectivamente, la indicación excesivamente explícita de los pies, es uno de los motivos por los que los ángeles y otros seres celestiales de Rafael resultan demasiado terrenales (72, 73, 78). La antigua escuela les dotaba de largos vestidos que escondían o envolvían esta parte por resultar demasiado terrenal y material (79, 86).

84. *Página 77. Grabado sobre madera.*

Este episodio del *ladrón malvado* procede también del mismo cuadro que el episodio anterior y por tanto, permanece la duda de su autor (71, 83). He suprimido al verdugo torturando al culpable. Rubens retomó esta escena (80).

85. *Página 78, línea 23. Un demonio.*

Probablemente, Dante tomó de la *Visión del joven Alberucci*, la idea para su poema, un largo relato que se encuentra en el Capítulo 18 y que tiene como conclusión que *una sola buena acción es capaz de borrar muchos pecados ante Dios*. Cuenta la historia de un hombre viejo y rico cuyo ángel de la guarda le salva el alma de las garras del Demonio de la manera brevemente descrita en el texto.

86. *Página 79. Grabado sobre madera.*

Esta hermosa figura de Ángel ocupa el centro del gran cuadro que representa el *Juicio Universal* y que es parte a su vez del inmenso fresco en el que se trata este tema junto con el del *Infierno*. Se trata de dos creaciones extremadamente admirables de *los dos hermanos Orgagna (Andrea y Bernardo)* conservadas en el Camposanto de Pisa (71). La obra del primero de ellos, *Nuestro Ángel*, ha sido considerada hasta ahora como una figura *muy problemática*. En el texto podrán ustedes apreciar mi explicación de la misma pero quisiera añadir aquí, con el fin de apoyar mi opinión de que su autor amaba la poesía con pasión, que él mismo se dedicaba a ella y que admiraba sobre todo la de Dante de donde sacó, como también hizo su hermano *Bernardo* varias ideas. Este último tomó prestado su *Infierno* íntegramente del de Dante: En este sentido Lanxi dice de manera enérgica: *danteggiarono i due fratelli*.

He aquí a continuación el pasaje en el que el poeta lleva a cabo la bella y conmovedora comparación que yo, por mi parte, he aplicado a nuestro Ángel.

San Pedro indignado ante la horrible corrupción de la corte romana exclama encendido con una santa indignación y en presencia de todo el Cielo:

(39)

.... Se io mi trascoloro,
Non ti maravigliar: che, dicend´io,
Vedrai trascolorar tutti costoro.
Quegli, ch´usurpa in terra il luogo mio,
Il luogo mio, il luogo mio, che vaca
Nella presenza del Figliuol di Dio,
Fatto ha del cimiterio mio cloaca
Del sangue e della puzza, onde´l perverso,
Che cade di quassù, laggiù si placa.
Di quel color, che per lo Sole avverso
Nube dipinge da sera e da mane,
Vid´io allora tutto´l ciel cosperso.
E come donna onesta che permane
Di secura, e per l´altrui fallanza,
Pure ascoltando timida si fane,
Così Beatrice trasmutò sembianza:
E tale ecclissi credo che´n ciel fue
Quando patì la suprema possanza.

87.- *Página 80. Figura de Águila.*

"Cuéntame Águila, ¿por qué sobrevuelas este sepulcro y hacia qué parte del Impíreo te diriges?

Soy yo, el alma de Platón elevándose hacia el cielo mientras que mi cuerpo permanece en el país de Atenas"

LIBRO TERCERO

88. *Página 84, línea 18. No importa el signo.*

¿Pueden ustedes ver este asiento vacío sobre el cual dos hombres lanzan una mirada de gran extrañeza? Es porque *quien ocupaba ese asiento y* estaba sentado con ellos ante la misma mesa, acaba de desaparecer de golpe y de una manera absolutamente sobrenatural. No se trataba por tanto de un simple mortal. No, *sin duda*, el *que acaba de cortar y bendecir el pan ante nosotros era nuestro querido maestro;¡ era el divino Jesús!* Exclaman los dos hombres. Y Rembrandt estuvo sublime, al ofrecernos, a nosotros los cristianos, la *escena de los discípulos de Emaús* de esta manera, puesto que encontró *el signo, el único signo* capaz de fecundar el pensamiento y hacerle engendrar la más perfecta imagen de Jesús, al no ofrecer ningún cuerpo material a los ojos (82).

89. *Página 85, línea 3. Su orden paestum.*

Con este término se hace referencia a la columna o mejor, a todo el género de construcción utilizado en los templos de *Paestum* en la Magna Grecia, y concretamente en el más grande de estos templos, dedicado, dicen, a Neptuno (25). Algunos anticuarios sitúan esta época, conocida como la segunda de la arquitectura griega entre el reino de Cypsela y la guerra de los Persas, es decir entre la 30 y la 75 olimpiada (658-476 antes de nuestra era).

90. 91. 92. 93. *Notas suprimidas.*

94. *Página 85, línea 33. Son las metopas*

Los Griegos, así como sus antecesores los Indios y los Egipcios coloreaban las distintas partes de su arquitectura y a veces iincluso las *simulaban* utilizando esta técnica (100, 106)!!

95. *Página 86, línea 8. Hermópolis.*

He aquí la *columna Hermópolis* tal y como prometí anteriormente (26). Tiene alrededor de 14 metros de altura por un diámetro de cerca de 3 metros, y consta de 25 capas incluidos la base y el dado. El capitel recuerda a una inacabada columna de Loto troncado. Mis observaciones sobre esta columna se incluyen en el Libro Tercero.

(40)

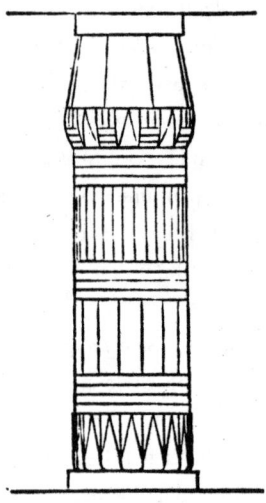

96. *Página 86, línea 8. El Coloso de Tebas.*

Este Coloso es uno de los que todavía pueden contemplarse en las llanuras de Tebas y que al igual que todos los Colosos en Egipto formaba parte de algún gran edificio. En la anterior nota 46 hice referencia a su *restauración:* restauración ésta bastante interesante, en mi opinión, porque intenta dar nociones y medidas más precisas. ¿Es esto cosa del hombre o del tiempo? ¿Fue la rabia enloquecida de un Cambyse o un terremoto lo que destruyó la mitad de esta estatua? No existen más que dudas y silencio sobre este tema así como sobre los autores y la época de la restauración. Sin embargo creo que fue encargada por el emperador Adriano aunque no se ejecutó hasta cincuenta años más tarde. En cuanto al nombre, podría resultar de una vaga asociación con leyendas relacionadas con este Coloso, al igual que ocurrió con la estatua de *Pasquin*.

97. *Página 86, línea 9. La maravilla, etc.*

"El gran templo de Ibsamboul bien merece el viaje a Nubia. Resulta increíble imaginar el trabajo que esta excavación supuso. La fachada está decorada por cuatro Colosos sentados que no miden menos de sesenta y un pies de altura. Los cuatro representan un trabajo magnífico, y fueron realizados con una roca blanquecina" (43, 46).

Palabras de Belzoni, Stratton, Gaud, Champollion, etc.

98. *Página 86, línea 11. De una Pirámide.*

Tenía intención de dedicar unas palabras a las Pirámides en alguna de estas notas pero estos *monumentos gigantescos* me parecen estar tan relacionados con las antiguas revoluciones de nuestro mundo que los he convertido en objeto concreto de investigación y que se encuentran recogidas en mi *Medusa* (16, 20, 37, 43, 105). Sin embargo, se trata simplemente de *la única gran Pirámide* que, en mi opinión se construyó varios siglos antes que las demás y que no es construcción más que parte. Su núcleo es la roca viva en la que ya se hallaba la cueva conocida como la *habitación de la reina* y la galería horizontal que lleva hasta ella, ambas constituyen *antiquísimas* excavaciones naturales perfeccionadas por el arte. Asumo la intención de los *cuatro triángulos equiláteros* que se alzan sobre los cuatro lados orientados de una planta perfectamente cuadrada; de donde, gracias a la inclinación de las caras con respecto al eje, la altura perpendicular de la Pirámide iguala a la mitad de la diagonal de la base o al radio de la esfera en la que se inscribiría la Pirámide si se repitiera subterráneamente y en sentido inverso sobre la misma base. Esta es la idea que considero como inspiradora del Infierno y el Purgatorio de Dante. Admito que se pueda agrandar y elevar la Pirámide tanto como se quiera, y de ahí que se quedara desnuda. Por último las galerías retomadas o continuadas con el mismo ángulo de inclinación, me parecen simplemente el resultado de una primera galería o dirección que determinaría sobre el eje el centro de gravedad de la Pirámide en algún punto sensible. Debe actualmente reconocerse que ese centro se encontraría situado en el punto central del pavimento de la cámara conocida como del Rey, y que de acuerdo con la intención de sus fundadores debían construirse sobre el mismo eje y hacia arriba, veinte nuevas galerías que conducirían a veinte santuarios, situados unos sobre otros, alzándose así cerca del Cielo, allí donde esta Pirámide (que en mi opinión representa la verdadera Torre de Babel) debía lucir su cabeza!

99. *Página* 86, *línea* 13. *Estas Esfinges*.

Quisiera solamente hacer una breve referencia sobre la gran Esfinge puesto que en el Apéndice del tercer libro me remito a la misma.

El núcleo se encuentra en la roca viva y se ha suplido cuanto faltaba por medio de una verdadera construcción. Sobre todo la cabeza presenta indicios de capas que me dan la sensación de corresponderse con una escala de proporciones por divisiones iguales han duplicadas debido al tamaño enorme del Coloso. Se trata de una Andro- Esfinge o Esfinge masculina y por ello todavía conserva las huellas del cemento rojo con la que fue recubierta. (65)

Hasta aquí todo esto no son más que medidas sin resultado, incluso tras los descubrimientos de Caviglia en 1819. Por lo que he podido observar en las proporciones de algunas estatuas de Esfinge la altura total desde el vientre o zócalo hasta el punto más alto de la cabeza, es a la longitud total (incluidas las patas delanteras extendidas) como 7 a 12, con lo que, si admitimos, junto a los expertos de la expedición una altura de unos 24 metros para nuestro Coloso (75 pies), resultaría una longitud total de unos 40 o 41 metros (130 pies). Estas proporciones difieren de las indicadas por Pline que se ajustaban más bien a las de los simples Leones egipcios. Véase el Apéndice del Libro Tercero, L. B. Del Atlas así como las notas nº 31 y 50.

100. *Página* 86, *línea* 15. *Inconveniencia, etc.*

Admiremos una vez más a Egipto, incluso en sus aberraciones. Al cubrir los muros exteriores y las diferentes partes de sus edificios con millares de figuras exaltadas con los colores más deslumbrantes, lo único que hizo, por decirlo de alguna manera, fue crear una nueva especie de materiales abigarrados. No podemos hablar aquí ni de estatuaria ni de pintura como tales, pero la unidad arquitectónica se ha conservado (94).

101. *Página* 86, *línea* 20. *El Edificio, etc.*

¿Desean ustedes que un Edificio provoque a primera vista la impresión más fuerte posible? Ofrézcanle al Espectador un primer punto de vista lo más cercano posible a este Edificio.

Esta corta distancia convertirá en palpable la comparación entre el hombre y la construcción o masa que contempla, a la vez que los efectos pronunciados de los claros y sombras sobre las diferentes partes del mismo (siempre que se den los signos característicos del Edificio) asegurarán una interpretación .instantánea

¡Pero cómo captar de un sólo vistazo toda la amplitud de un Edificio, su altura o longitud!

He aquí mi respuesta::

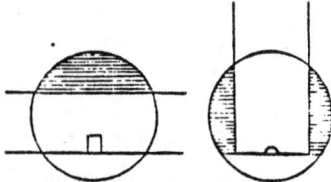

(42)

Dadas dos Construcciones, una de ellas con direcciones horizontales y la otra con direcciones ascendentes, en mi opinión bastará con toda la altura de la primera o toda la longitud de la segunda para realizar el radio o medio diámetro de la base del cono respecto del cual el ojo será el vértice en un ángulo de 40 a 45 grados. El eje del cono en horizontal será igual a la distancia más corta posible entre el ojo y el Edificio.

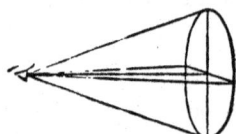

Una vez reconocidas la altura o la longitud como inscritas en el área/campo de la visión, podemos confiar el resto a nuestra imaginación que será la que, sin duda alguna, continuará y prolongará más allá de esta área las direcciones horizontales o ascendentes que aparentemente resultan interrumpidas por la circunferencia. Añadamos a este juego tan fecundo y favorable para la elocuencia de estas dos clases de Construcciones, las nuevas áreas que, con la velocidad del rayo, describe el eje de la visión alrededor de la primera, que aportan cada una nuevas percepciones (al reunirse a las anteriores que aún permanecen en la retina) y obtendremos así el conjunto de percepciones igual al que bajo un mismo ángulo óptico y según las erróneas reglas de toda perspectiva práctica, sólo podría obtenerse desde una distancia doble a la que acabo de señalar.

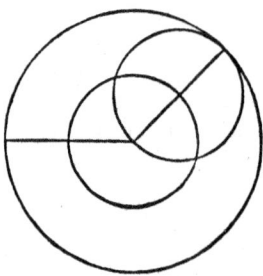

Todas las notas posteriores a la 101, desde la 102 hasta la 115, ambas incluidas, han sido momentáneamente suprimidas junto con la parte del texto del Libro Tercero a la que hacían referencia.

(1)

ARTÍCULO ADICIONAL

EN FORMA DE NOTAS DE LAS PALABRAS DEL LIBRO II, PÁGINA 34, LÍNEAS 1 Y 2.

Este acuerdo moral, etc.

Después de todo cuanto he dicho a lo largo del texto y recordado a menudo en las notas, respecto *del valor moral de los signos lineales y cromáticos* en su aplicación a los grandes fenómenos de la naturaleza y a las creaciones clásicas del Arte, quizás hubiera debido dejar en manos del Lector *las conclusiones mínimas deducibles de mi principio*. Sin embargo, como estas conclusiones pueden resultar confusas y como además, algunas de nuestras ideas dependen de la educación y de las costumbres del país al que pertenezcamos, he pensado que nadie podría reprocharme que yo mismo presentara, con un cierto orden, *las últimas aplicaciones de mi teoría*, organizándolas en dos clases diferentes que juntas recogen *la totalidad de la manera de ser* del hombre actual que vive en sociedad, es decir en un estado que se denomina, de manera más o menos acertada, estado *corrector* del estado primitivo o de naturaleza. Estas dos clases o divisiones son:

1º. *La vestimenta del Hombre,* o el resultado de su habilidad para vestirse.

2º. *La vivienda del Hombre* o el resultado de su habilidad para resguardarse.

Ambas suponen una compensación de las negaciones de la naturaleza respecto del hombre o de su distanciamiento de ella. Se trata de compensaciones más o menos imperiosas en las distintas partes del mundo, y cuya obtención depende en primer lugar del clima y las producciones que serán modificadas posteriormente por los descubrimientos, las necesidades crecientes y por las opiniones y que, *en última instancia* desearíamos ver al máximo harmonizadas con la existencia y la dignidad del hombre, como ser orgánico, intelectual y moral a la vez. Así diremos que:

§ 1.

Toda sociedad elevada al rango de Nación, se compone de *uno o varios Jefes o Representantes de la misma, de Agricultores, de Magistrados, de Negociantes, de Artesanos, de Sabios y de Guerreros*. Cada uno de estos miembros del Estado debe aparecer en público revestido del signo de su *dignidad o profesión*. ¿Cuál será ese *signo*?

En cualquier sociedad en la que, como afirma Montesquieu, *la mujer es libre por las leyes pero cautiva por las costumbres*, ésta puede aparecer primero como *niña*, después como *esposa, madre y viuda*. ¿Cuál sería la vestimenta adecuada para cada una de ellas?

Comencemos por *la vestimenta del Hombre*.

El orden, la paz y la equidad constituyen el objetivo de todo contrato social y por tanto *Aquel* en quien se delega la suprema vigilancia no puede lucir unas vestimentas que no *simbolicen de manera incondicional la calma, el espíritu del orden y de la unión* so pena de caer en una gran contradicción. Sin embargo hasta ahora todos los soberanos de la Europa moderna han decidido comparecer ante sus pueblos vestidos con el atuendo militar y la espada al costado.

¿Por qué no sustituir esta vestimenta, que representa el despotismo y las instituciones feudales por la *única vestimenta* que sanciona la razón y el sentimiento? Esto es, *la túnica amplia y lánguida con amplias mangas y de un blanco resplandeciente*. Esta sería, por su forma general y por su color, la única vestimenta adecuada para Quien represente en público a toda una Nación, y no, aquella vestimenta que no simboliza más que a una sola casta que además representa a la fuerza armada, a la razón del más fuerte! Ya en el ensayo cité las palabras de Platón según las cuales *la vestimenta absolutamente blanca es la más apropiada para el hombre pacífico y luminoso*, ¡y a quién sino a este hombre sería razonable otorgar el honor de estar al frente de una sociedad de hombres moralmente libres!

El Jefe de estado lucirá sobre la cabeza una *corona ducal de terciopelo azul turquesa* que irá ceñida a la frente por una lámina de oro en forma de diadema.

Destaquemos que el color rojo nunca podría formar parte de las insignias del Príncipe. El rojo, símbolo colorado de movimiento y explosión, nos recuerda demasiado al color púrpura fatal de los conquistadores y triunfadores y evoca a Alejandro y César!

Los hombres de estado, ministros, magistrados y miembros de los tribunales llevarán indistintamente un vestido o toga blanca como la del jefe pero menos amplia y de una lana o tejido menos precioso y su birrete será todo de terciopelo *azul*.

Los *Negociantes* y los *Hombres* dedicados a la parte más noble y útil del comercio, las ciencias y las artes, y por tanto exclusivamente moral, lucirán una *toga corta de color negro* y un birrete de terciopelo del mismo color.

Para los *agricultores y artesanos*, el corte del vestido debe favorecer la libertad de movimientos de los miembros, en función del trabajo u oficio que realicen, y por ello, la exhibición siempre masculina, pero decente, del desnudo. El color gris más o menos oscuro que recuerda al color del suelo y que se confunde con el polvo será el más apropiado para esta clase tan útil de la sociedad, compuesta por la gran mayoría.

Desgraciadamente, la fuerza armada resulta necesaria, y a menudo se requieren una de tierra y otra de mar, y a la hora de elegir el uniforme adecuado deberá prevalecer por encima de otras consideraciones la libertad de movimientos para manejar las armas específicas de cada cuerpo así como la analogía o identidad de colores.

La casta militar es la única que admite cualquier distinción entre los seres humanos que la componen puesto que ésta resulta imprescindible para el mantenimiento de la disciplina, y creo en la adecuación de la distinción que a continuación propongo, excepto algunas modificaciones que podrían introducirse para reforzar la severidad masculina. Sólo diré que más que el oro, es la plata el material adecuado. Hasta el guerrero más valiente no puede dejar de contemplar sus acciones más brillantes como actos desgraciadamente necesarios. Los Hebreos llamaban a su dios destructor, *el Dios de las armas celestes, es decir, de los astros de la noche de fatal influencia y capaz de brillar, únicamente, en las tinieblas*. En mi opinión el uniforme más adecuado sería la casaca corta y el pantalón ceñido, ambos de color negro bordado con plata según el grado. El negro y la plata recuerdan el acero, tan elocuente en tiempos de caballerías, y que en algunos casos todavía podría emplearse.

(3)

Una música guerrera es necesaria puesto que representa unas veces el grito de la patria en peligro que llama a las armas, y otras el canto de la victoria y la liberación. En ambos casos serán los colores y los signos más distintivos los que identifiquen al *trompeta*, mensajero de la guerra o de la victoria. Los colores rojo y dorado le serán asignados. Como sabemos, el rojo es el signo cromático de toda expresión repentina y chocante; y cuando el ciego Saunderson definía el color rojo como *la trompeta de los ojos* y el sordo de Massières equiparaba el sonido de la trompeta con el color rojo del oído, uno y otro sólo tenían en mente *el juicio infalible* del sentimiento.

Este mismo sentimiento no puede manifestarse en el campo de batalla más que por una bandera blanca, flotando en el aire, ya sea a la cabeza del grupo, ya sea entre los combatientes. ¡No hay nada que resulta más inapropiado para ser visto de lejos e incluso distinguido de cerca que aquellas figuritas de los escudos encaramadas en lo alto de un palo de escoba! Si alguien se extrañara al verme asignar el color blanco, signo cromático de calma, de orden y de equilibrio, a un objeto agitado constantemente, respondería que la bandera, signo de orden y de alianza, corresponde absolutamente con mi principio. Asimismo, en el mar, la bandera blanca produce un hermoso efecto y puede contemplarse desde bien lejos. En el centro del campo podrían figurar, pero solo en oro, los escudos del Estado que se repetirían de nuevo pero blasonados y divididos sobre la armadura del *porta estandarte*.

Acabo de describir los signos correspondientes al envoltorio más aparente del Hombre pero quisiera añadir algo más acerca de sus ropas interiores. La forma de las piezas que componen este interior será de una simplicidad extrema. Las modificaciones oportunas en función del clima, la edad y el rango se llevarán a cabo respetando el sentido común y la decencia. Lo que conviene realzar y conservar es la línea de la parte superior de las piernas, hasta las rodillas, independientemente de que éstas vayan cubiertas en todo o en parte por el vestido o la toga o queden completamente al descubierto. Así, el pantalón de una sola pieza, más o menos ceñido, de color negro, gris o blanco según la casta, se unirá desde la parte más alta de la cintura al botín o zapato. El calzado será de cuero negro y lo más reluciente posible y recubrirá el pie como un acero pulido y con resortes que añadirá a la vez la gracia masculina y el aplomo de la pose y del caminar del Hombre.

Podría poner fin aquí a mis apreciaciones sobre el atuendo del Hombre pero debo recordar el don que la Naturaleza le dio al concederle una barba aunque a veces no sirviera más que para contribuir a la vergüenza de su especie. Parece como si a intervalos, el hombre temiera su condición de hombre y debiera por tanto obrar en consecuencia. Con el título de Historia de la barba podría escribirse incluso la historia del Hombre mismo y comprobaríamos como en aquellas épocas en las que el hombre ha lucido la barba, ha logrado ser virtuoso o malvado, magnánimo o cruel, hombre de estado, guerrero o cualquier otra cosa con una energía que le faltaría si se le privara de este ornamento. Sin barba, sus cualidades, buenas y malas, quedan impregnadas de una cierta feminidad. El Hombre nunca sucumbió al yugo ni a la dominación de la mujer en aquellas tierras en que la barba era algo sagrado. Esta observación no debería resultar indiferente a la política y sin embargo parece que Pedro el Grande no la tuvo en consideración.

Pasemos a la *vestimenta de la mujer*.

Lo que a continuación comentaré incumbe principalmente a la mujer de las clases más altas de la sociedad aunque es posible y sencillo aplicarlo a las más bajas. Se trata únicamente de comprender el verdadero sentido de esta cuestión. *La mujer no puede ser más que esposa*, es decir, que desde la esposa del príncipe hasta la esposa del más humilde artesano, el *único título* que le corresponde en público es el de *compañera única y legítima de un solo hombre, de madre de sus hijos y de viuda tras su muerte*. Resulta necesario para el orden de la sociedad así como para el bienestar de la mujer que estas tres distintas variantes de un único destino se manifiesten por medio de signos exteriores.

La joven Esposa, a caballo entre la niña y la madre, puede aún permitirse, durante los primeros meses del matrimonio, el *vestido o túnica blanca* que cae hasta los pies, el gran sombrero de paja (*pamela*), las flores y las cintas, pero en lugar de ofrecer los distintos matices del blanco al rojo, ofrecerá más bien una *mezcla de blanco y azul*. El calzado, que hasta ahora había sido de nanquín pálido, será ahora *violeta*.

La Esposa a punto de ser madre, así como la que ya lo es, lucirá una *amplia túnica talar de un hermoso color azul ultramarino*. Ya no lucirá sombrero, a menos que vaya al campo, sino un *tocado y velo de color blanco*. No saldrá nunca más sin velo. La reputación de la mujer casada exige que no atraiga más miradas que las de su esposo y sus hijos. El calzado será de tela o terciopelo azul. Este será su atuendo como esposa y madre, joven o vieja.

La Viuda lucirá la misma túnica talar pero más larga y *completamente negra*. Su tocado será blanco y su velo de *crepé negro,* y el calzado de paño o de terciopelo negro. Si la *viuda* volviera a casarse recuperaría la *túnica azul* del atuendo de esposa pero conservaría el *velo negro,* que ya no será de crepé sino de *gasa negra*.

Mencionemos de paso la costumbre romana según la cual, la viuda que no volvía a casarse recibía una corona en el Templo *del Pudor*. Además se mencionaba sobre su tumba, añadiendo el epíteto de UNIVIRA (mujer de un solo esposo) a su nombre, como prueba de este hecho tan poco común. Para los egipcios, la *paloma negra* simbolizaba a la joven viuda. Podríamos tomar prestado este emblema y convertirlo en un pequeño ornamento para la cabeza o el cuello, de la misma manera que una *espiga de oro o una flor de lis de plata* resultarían muy apropiadas para decorar el cabello de la joven madre, esposa o viuda, en algunas ocasiones.

Con respecto a la mujer soltera de cierta edad, sólo puedo imaginarla llevando una vida retirada o a cargo de asuntos ajenos a su sexo y a su destino y por tanto, sin poder aparecer en público como *mujer* ni exigir un trato que ningún título proclama.

Que la mujer reflexione sobre cuanto acabo de decir, y si realmente es consciente de sus deberes y su dignidad, reconocerá entonces mi *pragmática* como el medio más simple y apropiado para que, quienes no la conocieren, se comportaran siempre de la manera más conveniente y decente con ella. El hombre bien educado no podrá confundirse, como constantemente ocurre, respecto del título que corresponde a una mujer a la que ve por primera vez, y sabrá por tanto lo que puede decir y lo que debe callar según la identifique como casada o no, o viuda. ¡Cuánto respeto, miramientos, y discursos adecuados encontraríamos entonces ahí donde, a falta de *signos expresivos*, ahora no hay más que duda, incertidumbre, vacilar y, en el mejor de los casos, silencio!

De todas las *modas femeninas*, desde las cruzadas hasta nuestros días, no existe ninguna que, *de manera general*, me guste más que la de mediados del siglo XVII. La *cintura*, un poco más corta y menos ceñida y el atuendo que nos transmitieron el pincel de *Terburg* y el buril de *Bosse* es a la vez, elegante, noble y decente. Imaginemos a una *Santa Teresa* y a una *Louise de la Vallière* luciendo este atuendo, una para agradar a su Dios y la otra para gustar a su rey, ambos únicos objetos de su pensamiento, imaginando que poseen tal objeto en su totalidad y viéndose luego condenadas a llorar por el frío, la ausencia y la pérdida, y obtendremos así *los colores, las telas y las modificaciones* que estos dos modelos de profunda y perfecta sensibilidad hubieran aportado al atuendo propuesto, convirtiéndolo en elocuente y misterioso envoltorio de lenguaje y los ocultos movimientos del corazón! No me queda nada más que añadir.

En cuanto a los niños, de ambos sexos, lucirán el atuendo que más favorezca al desarrollo de su físico, hasta su presentación en sociedad. Corresponde a los padres, a los tutores, cuidar de la generación naciente así como inspirarle lo antes posible el gusto por lo razonable y decente y servirle de ejemplo.

§.2.

El segundo resultado de la habilidad del Hombre, a falta de relación directa con la Naturaleza, es el *Arte de la construcción o de refugiarse*.

El objetivo del hombre en su elección o construcción de una vivienda es sentirse cómodo y protegido de la mejor manera posible, según el clima y según su estado, sus ocupaciones y sus necesidades. De todo ello dependerá la disposición de las distintas habitaciones, su tamaño, su iluminación, que debe respetar la primera condición de toda construcción, es decir, la solidez, y no sólo real sino también aparente y visible: constituye una exigencia del sentimiento.

En general, los materiales empleados en cualquier construcción son la *piedra, viva o dura, los ladrillos cocidos al horno, la madera y el hierro*.

La piedra dura debe siempre conservar su aspecto, así como los ladrillos, la madera y el hierro y es por culpa del ridículo empeño que se pone en encubrir, enyesar y pintar estos materiales y a menudo, en hacerlos pasar los unos por los otros, que se produce el desagradable efecto que crean la mayoría de nuestra casas y por tanto calles enteras, e incluso a veces, toda una ciudad.

Sé muy bien, que nuestros *pequeños ladrillos rojos* resultan muy chocantes a la vista y debo por tanto perdonar la idea de enyesarlos. Sin embargo ¿por qué no hacerlos mucho más grandes y con un tinte más claro? ¿Y por qué no encontrar una manera de aprovechar la forma de los ladrillos (levemente hundido por ambas caras) para unirlos sin que resulte tan evidente, o emplear un cemento del mismo color en lugar de resaltar las juntas con cal blanca?

Resulta común ver cómo los *marcos* de las puertas y todo cuanto es carpintería en una casa adoptan colores absolutamente ajenos a la naturaleza de la madera. He aquí una contrasentido que se observa cada vez con más frecuencia.

Se pintan las *rejas y las balaustradas de hierro*, unas veces de *verde* y otras de *blanco*. La utilidad de las mismas consiste en servir de cercado, de pretil o de punto de apoyo y sin embargo, al pintarlas así, se les priva de toda apariencia y se les iguala a las cosas más endebles y frágiles. ¡Parecen *tallos de girasol o tubos de loza*! Nada más sencillo y más apropiado que darle una capa de *barniz negro* al hierro que así conserva al menos su color natural, en aquellos países en los que resulta necesario protegerlo del óxido.

Todo cuanto digo acerca de las *rejas de clausura* puede aplicarse, en general, a los maineles de las ventanas. Cuanto más conserve la ventana su intención de *vano o de simple entrada de luz* sin hallarse obstruida por barras de madera (pintadas de blanco y formando siempre ángulos rectos), más evidente será el agradable efecto que producen en una fachada *macizos y huecos* bien distribuidos, predominando siempre el macizo sobre el hueco, de lo que surgen ventanas mucho más pequeñas de lo habitual con *traviesas* que les ayudan a conservar su rol de *abertura*. Observen ustedes cuánto ha perdido el maravilloso Ayuntamiento de Ámsterdam desde que, al ser convertido en palacio real, se sustituyó su antiguo ventanal de plomo por las horribles y pesadas ventanas "a la inglesa"!

La *cubierta o techumbre* supone la conservación de todo edificio. Su forma depende del clima. Como plataforma, carece de interés. El color será diferente dependiendo de que el techo se eleve en forma de prisma o en punta. Se dará prioridad a la pizarra y a las tejas del mismo color. Piensen ustedes en el horrible efecto causado por las tejas rojas que no toman como modelo ninguna buhardilla de la naturaleza, y de qué manera tan cruda contrastan, en cualquier estación, tanto con un cielo sereno como nublado!

Terminemos con una breve referencia al interior y a los decorados de un apartamento.

Las *alfombras* no deben recordar demasiado al suelo o al césped pero deben conservar el color de los mismos: el *negro ceniza o el verde*. Cualquier otro color haría insoportable la idea de poner suavemente el pie. Las denominadas *alfombras de Turquía* son de un gusto bárbaro, pero sin embargo al no representar ningún dibujo determinado, la mezcla y el capricho abogan a su favor. Es como un campo sembrado con todas las flores y hojas de la primavera y el otoño. El pie se desliza pero no choca y es que no existe nada más absurdo en las alfombras que los fingidos relieves y las zonas de luces y sombras; esto supone una contradicción para los sentidos que los enfrenta a unos con otros.

Las *cortinas de las ventanas y de la cama serán de un color verde oscuro tirando a azul*. La naturaleza creó el follaje de color verde, que es el único que, como ya hemos constatado, no hiere nunca al sentimiento con independencia del estado en que se encuentre el alma. Las cortinas representan el follaje doméstico y las de la cama, *esconden tantos misterios relacionados con el nacimiento y la muerte del hombre* que no existe mejor manera de simbolizarlos que *con el color verde de aquellos lugares* que los escondieron por primera vez!

Los asientos tapizados serán de *terciopelo negro* ya que necesitan el color menos llamativo y la más espesa de las telas.

Los vasos, las copas y toda la vajilla, se inspirarán en las formas de las *conchas*, pudiendo adoptar, a menudo, varios matices. Sin embargo, aquellos objetos de la vajilla que no sean de oro, plata o cristal, deberán, en mi opinión, *ser de un color blanco puro* y decorados, como mucho, con un pequeño borde dorado. La pintura sobre porcelana representa uno de los mil ejemplos del fracaso humano que desafía el sentimiento de lo bello y verdadero.

Una última palabra. *Las barcas y los coches*, que constituyen viviendas ambulantes y transitorias del hombre pueden adoptar una *variedad de colores* según la forma, la materia y el uso de las distintas partes que componen el conjunto. Cuanto más nos evoque una *barca*, grande o pequeña, los elementos propios del hecho de flotar, más estará cumpliendo con su *tipo primitivo*: el árbol hueco y el bote salvavidas. *El carro o coche abierto*, podría imitar la forma y el color de la *gran Concha marina*, con su brillante y transparente nacarado. El tren será siempre de hierro y conservará el color del mismo, excepto la *Locomotora* que irá pintada de un rojo resplandeciente, haciendo que este tren nos recuerde a las *ardientes ruedas* del poeta latino.

———

(1)

EXPLICACIÓN

Y REMISIÓN DE LAS QUINCE LÁMINAS DEL ATLAS

LÁMINA I. EL PRINCIPIO

Nos ofrece *la idea o noción primigenia* cuyo desarrollo se encuentra en el ensayo.

Texto p. 23. Notas n°. 2, 3,15, 65, 75, 77.

L. II PÓRTICO DEL ANTIGUO AYUNTAMIENTO DE AMSTERDAM

Después de las excavaciones en la roca viva, no existe un tipo mejor para una *Construcción completamente terrestre o política*, que esta masculina y sólida entrada del más bello Edificio de los tiempos modernos.

La elevación y el plano de este Pórtico (que encierra el famoso tribunal *como santuario de la Ley*) darán una idea de la inspiración que me brindaron para crear el proyecto que presento en la siguiente lámina.

Texto p. 73-78. Notas 27, 28, 57, 97.

L. III CORTE/ SECCIÓN DE UNA CONSTRUCCIÓN POLÍTICA

Comparen ustedes esta lámina con la anterior: fíjense con atención en el plano geométrico donde se indica el corte a lo largo del pequeño eje orientado S.N., y podrán hacerse una idea acertada de este proyecto de una *Construcción política* en que la Estatuaria como *arte societario* viene a socorrer a la Arquitectura de manera interior.

Texto p. 73-78. Notas 27. Lámina VIII.

L. IV. PORTAL SEPTENTRIONAL DE S. PANCRACIO DE LEYDE

Esta *cuarta lámina* así como la sexta y otras tres que no forman parte de este Atlas, acompañarán a un texto histórico y descriptivo de la mencionada iglesia de S. Pancracio.

Texto p. 4. Notas 22, 32.

L. V PILAR O PIE DERECHO DE UNA VENTANA OJIVAL

Es un proyecto que yo mismo he inventado para hacer valer toda la elocuencia de una *gran ventana ojival en el centro de un Edificio religioso*. El mismo plano del pilar y el plano pequeño del interior me ayudarán a explicarme a falta del texto suprimido del Tercer Libro al que hace referencia este grabado.

Texto p. 73-78. Notas 22-32.

L. VI GRAN VENTANA SUR DE S. PANCRACIO

Es diferente, por sus detalles, de la ventana del Portal norte. *Véase la Lámina IV.*

(2)

L. VII MOMIA EGIPCIA

El original de esta *Caja de momia* está conservado en el Museo de Antigüedades de Leyde. En el texto suprimido del Tercer libro se mencionaba el mismo como *tipo de la imagen hermes del gran hombre*.

Texto p. 41. Notas 33, 34, 37, 39. Lámina VIII.

L. VIII HERMES DE GUILLERMO I

I*magen retrato de este gran hombre* que sirve como ejemplo de lo que yo entiendo por Estatuaria como *arte societario asociado*, es decir que trabaja de manera conjunta con la Arquitectura en el interior de su construcción política para completar su elocuencia. Grabado destinado al tercer libro.

Texto p. 73-78. Apéndice. Notas 39. Láminas III y VII.

L. IX FIGURA DE UNA DIOSA EGIPCIA

Hago referencia a esta *figura*, que, con mucha frecuencia se encuentra en los monumentos egipcios únicamente *como un paradigma de la supuesta pintura o plástica coloreada de los antiguos*. Los caracteres jeroglíficos que aparecen abajo, nada tienen que ver con ella.

Texto p. 57. Notas 65, 100.

L. X EL ÁNGEL DEL ÚLTIMO DÍA

Todo cuanto concierne a esta *bella figura* pintada en fresco en el Camposanto de Pisa ha sido ya dicho tanto en el texto como en las notas. Simplemente añadiré a favor del presente grabado que fue ejecutado en base a un calco del original realizado por el caballero Lazinio hijo, a petición de mi hermano, el caballero J. E Humbert que se encuentra actualmente en Italia (1832).

Texto p. 68-70. Notas 70, 71, 86.

L. XI. PINTURA SOBRE VIDRIO

Mi elección de la presente figura de Ángel, dibujada y coloreada por mí mismo e inspirada en una de las grandes vidrieras pintadas hacia 1555 en la antigua Catedral de Amsterdam, responde únicamente a la intención de ofrecer de la manera más fiel posible un paradigma de *este género de pintura*. Reflejo por tanto con exactitud la indicación concreta de las varillas y de las ranuras de plomo, que fijan y unen entre sí los distintos trozos de vidrio, por lo que el resultado se ajusta al antiguo procedimiento.

Texto p. 68-70. Notas 70, 71, 86.

L. XII LA CRUZ.

Proyecto de una vidriera pintada en la que todas las divisiones del armazón de hierro podrían servir de trazado del cuadro y éste conservaría sin embargo toda su unidad.

Texto p. 59. Notas 49, 75

(3)

A. B. C. LÁMINAS SUPLEMENTARIAS

Estas tres láminas hacen referencia al Apéndice del *tercer libro* donde se habla de la Estatuaria como *Arte absoluto*.

L. A. *El Coloso o Gigante de la costa* visto desde el mar del Norte a una distancia de aproximadamente dos mil metros en dirección nordeste, formando un ángulo de 22° 3' con el eje del monumento orientado OSO-ENE: se supone que el ojo del espectador se encuentra a una altura de unos ocho a diez metros por encima del nivel del mar.

L. B. *El Coloso y sus tres aspectos principales*, con su plano, orientación y medidas.

L. C. *Curso de la ramificación del Rin que se pierde en la arena* con la indicación del emplazamiento y orientación del Coloso. El Meridiano que se ha tomado aquí como *primer Meridiano* se encuentra a 21°3´15´´ E del de Tenerife.

Texto p. 53. Apéndice. Notas 16, 20, 50, 51, 99

(1)

REVISIÓN

DEL ENSAYO SOBRE

LOS SIGNOS INCONDICIONALES EN EL ARTE

(Publicado 1827 – 1832)

CON UN CUADRO SINÓPTICO

(2)

El abajo firmante, Autor del Ensayo sobre los signos incondicionales en el Arte, acaba de entregar un ejemplar completamente revisado y corregido por si mismo, en la Biblioteca del instituto Real de los Países Bajos. En base a tal Ejemplar que servirá, en su momento, de copia única para una nueva Edición completa, se ha redactado mientras tanto la presente Revisión que remite a la copia anterior en forma de errata. Así, a partir de ahora podrán observarse las principales correcciones que el Autor ha decidido realizar en su obra por una parte y por otra se apreciará en qué medida la nueva Edición se distinguirá de manera esencial de la actual. Por lo demás, no debe entenderse aquí por correccciones todas aquellas que que se encuentren ordinariamente recogidas bajo tal denominación en una errata. Se tratará exclusivamente de verdaderas mejoras. Las faltas de ortografía, de puntuación e incluso de lengua, si bien no alteran el sentido del texto en absoluto han sido ignoradas por nuestra parte y esto por dos buenas razones, a saber: por una parte, porque a menudo hubiera sido necesaria una circunspección para aquello que en el Ejemplar corregido no ha supuesto esfuerzo alguno y por otra, porque no concebimos ningún lector que, reparando en tales faltas, no esté en condiciones de corregirlas por sí mismo.

Leyde, Septiembre 1839

REVISIÓN

TEXTO

Página 4.

La figura debe ser reemplazada por otra más pequeña, donde la normal partirá del centro del globo.

Página 5.

Línea 1ª, que parece dividir *léase*: que se supone que divide el cuerpo humano etc.

La figura del óvalo se substituirá por otra, más puramente y más correctamente trazada, y las dos últimas líneas de esta página se transportarán al inicio de la página siguiente.

Página 6.

Esta página, la única de todo el texto con un interlineado diferente a causa de la colocación de las figuras, se cambiará de la manera siguiente, para unificarlo. Los tres óvalos del centro figurarán al inicio de la página, tras las dos líneas tomadas de la página anterior, y los dos óvalos actuales quedan suprimidos; seguirá entonces el texto, que deberá leerse del siguiente modo:

" en uno y otro caso, la dirección de los órganos, en lugar de ser una y simple, es decir, horizontal, se compone para cada órgano doble, o supuestamente tal, de *dos oblicuas*, que tienen su punto de partida o de tendencia sobre el eje, en *un punto por debajo o por encima* de la intersección horizontal. A la primera de esas dos variedades (situada a nuestra izquierda) le atribuyo la acepción de *direcciones oblicuas expansivas*; a la segunda (situada a nuestra derecha) la de *direcciones oblicuas convergentes* y a continuación sabremos por qué."

"¿Cuál es ahora la impresión que produce la disposición tan elemental de los órganos en el sentido de las tres direcciones que acabo de mencionar?"

Ahora se colocan los tres óvalos en cuestión, debajo del texto, siguiendo el interlineado adoptado y sin faltas de puntuación.

Página 7.

Línea 5, *léase*: libre de toda condición *a priori*.

La cabeza de Venus requiere algunas correcciones: los ojos son demasiado abiertos y demasiado grandes.

Página 9.

Línea 22, *léase*: y semejante juicio, es una simbología absoluta y primigenia de los colores que lo sanciona.

Véase revisión de notas nº 65.

Línea 31. argentina, *léase*: plateada

Página 13.

La pequeña cabeza del Gato no vale nada: le falta la expresión santurrona que un nuevo grabado le concederá .

Página 15.

Ni la cabeza o faz de León, ni su trazado elemental responden al objetivo. Esas dos figuras serán reemplazadas por otras dos.

Página 16.

Línea 6, *léase*: con tendencia a crecer rápido, el Pino de Italia, etc.

Página 19.

Línea 20. Nos *queda aún el corcel de color ébano,* etc.

Lástima, pensé hace algún tiempo, que fueran mulos y no caballos lo que Homero unció al carro fúnebre de Héctor; y de repente además, y al contrario de lo que digo aquí en el texto, esos caballos que hubiera querido, me los imaginaba totalmente blancos... ¿Será porque el color *blanco* conviene mejor a los que ya no están, y el *negro* a los que los lloran?... De aquí podemos quizás señalar una distinción completamente nueva, y proclive a producir un gran efecto en cualquier cortejo fúnebre, sobre todo si éste tiene lugar de noche...

Suprimo las dos figuras de esta página 17 por tratarse de repeticiones inútiles.

Página 23.

Línea 26. Qué lejos estamos, pues, etc.

Observemos aún aquí lo que perdería el Arco Iris si lo viéramos en su totalidad, es decir, como una circunferencia entera; lo que perdería incluso si fuera más allá del hemiciclo. Hay más elementos de infinito en la curva que se estrecha. ¿El Sol y la Luna, cuando salen, qué discos de fuego y de luz parecen anunciarnos? En mi *gran Carpeta del Diluvio* (nota 76), el enorme cometa, instrumento de venganza divina, parece como si se extendiera a lo largo del horizonte, los dos tercios escondidos debajo.

Página 25.

Línea 1, *léase del siguiente modo todo el artículo del triángulo*:

"Siempre empírica, aunque es la figura rectilínea más sencilla de todas, el Triángulo tendrá un valor realmente estético, cuando gracias a la base paralela al plano horizontal y presentando dos lados iguales, se convierte para nosotros en la imagen de una *convergencia de puntos extremos y terrestres hacia un punto único en el cielo.*"

"Invertido con respecto a nosotros, el Triángulo no puede concebirse disociado de las ideas de movimiento, de inestabilidad, de extensión, etc. que despiertan *las dos expansivas, que forman el ángulo de la cima hacia el Nadir*"

Página 26.

Suprímanse las líneas 4 y 5:

Línea 22, *léase*: esa simple y a la vez sublime cita que da comienzo en su base y que termina en su cima, *el hombre no es, etc.*

Página 31.

Línea 1 *léase*: Debido a nuestro amor por la Arquitectura nos repugna etc.

Línea 7. metamorfoseó léase: transformó.

Página 32.

Línea 25, *léase*: ha sido dicho, en palabras de un escritor famoso, que de entre todas las Artes etc

Línea 30. naturaleza transplantada, léase :segunda naturaleza.

Página 33.

Línea 2. creándose etc, *léase*: rivalizando, por así decirlo, con la misma naturaleza, haciendo incluso etc.

Línea 20. concepciones léase: creaciones.

Línea 22. *léase*: Que nadie se equivoque: todo objeto final o determinado etc.

En el Ejemplar corregido aquí se ha dejado un espacio, tras la línea 20, para incluir en letra redonda pequeña, una observación muy interesante, demasiado relacionada con el tema que nos ocupa como para ser omitida o rechazada en una nota. Esta observación relativa a nuestros juicios contaminados por una influencia impura cualquiera, enlaza todavía más con el párrafo siguiente, y que, por lo tanto, debería comenzar de este modo: Las impresiones y los juicios no son resultado de nuestra, etc.

Página 34.

Línea 15 y siguientes, de modo que etc cambiar y leer: de modo que no es lo mismo para nosotros uno de esos Templos gigantescos del antiguo Egipto, o una de esas grandes Iglesias o Catedrales de la Edad Media: construcciones, sin embargo, todas ellas etc.

Página 35.

A partir de la línea 15 de esta página 35, en el Ejemplar corregido empieza y continúa hasta una parte de la página 39, un cambio total en la disposición y situación del texto y los dibujos, ya que éstos se suprimen, con excepción de uno solo, que también será reemplazado. He aquí una idea de esos cambios;

Se suprimen los dibujos de la página 35, y las líneas del texto que aparece debajo, se trasladan al pie de la página 36. En ésta, en lugar del dibujo actual (suprimido), aparecerá uno, que únicamente mostrará el elemento de la construcción conocida como gótica o religiosa. A continuación el texto continuará en la página 37, hasta el dibujo del Casco, debajo del cual, en lugar de lo que aparece actualmente, podrá leerse:

"Semejante acuerdo en apariencia fortuito y material, pero de origen instintivo y de influencia moral, merece etc." y el resto del comienzo de la página 38, hasta los dibujos.

Última línea, *léase*: concebido y ejecutado.

Página 40.

Línea 15, léase: nos recuerdan a la vez, a esos hermosos pórticos y a esa cabaña etc.

Página 41.

Línea 13 y siguientes; cambiar y leer: "...y si, en lugar de ser demasiado fiel su tipo primitivo de cubierta a dos aguas, el orden dórico o toscano, empleando, desde entonces, materiales diferentes y sometidos a otras leyes, hubiese sabido acomodar el coronamiento de sus templos, la elocuencia etc".

Suprimir el dibujo que ya no tiene ningún sentido aquí.

Página 43.

Línea 11, léase: de regla y de medida.

Página 39.

En el Ejemplar corregido y en la onceava línea de esta página termina el Capítulo de la Arquitectura; lo que sigue está de más para el lector inteligente, o se trata mejor en un tercer libro.

Página 48.

Línea 6, estela léase: estípite.

Página 49.

El dibujo desaparece: Véase la revisión de las Notas que figura a continuación nº 37.

Línea 30. Una ley de Solón léase: una antigua ley de los Atenienses.

Páginas 50-57

A partir de la línea 29 de la página 50 y hasta la línea 20 de la página 57 incluida, el Ejemplar corregido presenta, tanto en el texto como en las ilustraciones, varios cambios y supresiones de bastante consideración a fin de reducir estas siete páginas a cinco, en parte por las mismas razones aducidas en relación a la página 44.

Página 58

Línea 24. Por este motivo los Colosos sentados etc.

En la nueva Edición, se hará una breve referencia a una

obra maestra del teatro francés.

Racine (me pregunto) ¿acaso no ha puesto en verdadero ridículo a su Joás, en el momento mismo de la catástrofe, al hacerlo sentar sobre un supuesto trono a imitar y remedar al monarca barbudo?

Siempre lo había pensado, y lo que digo en el texto sobre los Colosos sentados (posición que conviene tan sólo a la edad y la dignidad), me confirma totalmente esa idea originaria. Por lo demás, nada más fácil que recordar una de las más bellas y sorprendentes escenas teatrales que existen, con toda la noble simplicidad que le es propia y que el texto mismo en que se inspira la historia parece obligado a garantizarle. Se diría que se trata de mis principios y mis signos.

Joás, un bello niño de nueve o diez años de largos cabellos rubios vestido con una larga túnica de lino, de un blanco resplandeciente, se encuentra de pie, erguido, y visto de frente, justo en el centro del escenario sobre una piedra cercana a una columna; el mismo sumo sacerdote acaba de retirar el velo o cortina que lo ocultaba... y para que no haya incoherencia alguna entre el espectáculo y las palabras, las de Yehoyadá : "subid sobre vuestro trono" son reemplazadas por estas otras: "subid sobre esta piedra"...

Y esa piedra, una especie de altar de dos o tres peldaños o escalones, que ocupa el fondo del escenario, entre dos columnas, había servido también, al comienzo del cuarto acto para depositar sobre el mismo, de manera más conforme a la tradición que si fuera sobre una mesa, el libro de la ley, la diadema, etc. El velo o cortina era uno de aquellos que daban paso a los lugares sagrados en los templos antiguos, y para rematar y completar esta magnífica escena, incluso la vestimenta de los personajes era conforme al simbolismo de los colores que propongo: el blanco, y sólo ese blanco más o menos puro, para todos los habitantes del Templo. El rojo escarlata y el amarillo únicamente para Atalía. Para los personajes secundarios, el colorido propio a su facción; tan sólo Abner se distinguiría por su armadura negra.

Página 62, 63 *y* 64.

Cualquier corrección que pudieran estas páginas no son necesarias en la nueva Edición, en la que este artículo sobre la Estatuaria acaba con las palabras escritura completamente intelectual, u otras similares, con las que finaliza el segundo párrafo de la página 54 en la versión actual. De nuevo se trata de cambios debidos a modificaciones para la inclusión de determinados fragmentos en el tercer libro. Véase la nota anterior en relación a la página 44.

Páginas 65, 66, 67 *y* 68.

Estas páginas se reducen a dos en el Ejemplar corregido. Los cambios, correcciones y supresiones (incluído el dibujo) comienzan en el párrafo segundo de la página 65 en las palabras esta pintura y finalizan en la línea 6 de la página 68 en las palabras otros lugares sagrados. No obstante, el autor declara que el texto actual por la concepción del orígen y la esencia de la pintura que expone, constituye una profesión de fe en cuanto a la indicación del único fin que debe proponerse el Arte.

En un tercer libro conferirá a todo ello su verdadero valor puesto que existen razones de peso para no decir nada más por el momento. Las personas conocedoras de las Lecturas por parte del autor sobre las Logias del Vaticano o la Biblia de Rafael saben también de las contrariedades y críticas que sobre todo las tres últimas lecturas han suscitado. (Véase nota 78). Tal vez sería este el momento de hacer referencia a ciertos escritos de los Primeros Padres, entre otros los de Tertuliano, que concluye diciendo que Dios no es en absoluto un espíritu contencioso. El autor recuerda también otro escrito al que una vez aludió el célebre Gagliuffi en una situación similar, durante el tiempo de cautividad que compartieron en Civitavecchia.

Entre otros papeles y esbozos salvados, se conservan, junto con el dístico latino improvisado a pie de página, el retrato de ese sabio Ragusano, teólogo, jurisconsulto y poeta, dibujado a lápiz por el autor y datado del 13 de febrero de 1800.

Página 69.

La tercera figura o cabeza femenina situada a la derecha será reemplazada por otra más en consonancia con el texto, el cual será así mismo modificado conforme a los obervaciones, tal vez completamente novedosas, sobre el color negro, si es que en verdad se trata de un color...

Sea o no un color, ese negro, aplicado a los ropajes de la joven, nos ha parecido ejercer sobre ella una influencia de una naturaleza y un matiz tan extremadamente delicados, que por el momento nos ha sido imposible precisarla, incluso con independencia de los términos o palabras a emplear.

No obstante, existen de dos preguntas cuya solución podría encaminarnos:

Primera pregunta: ¿Podemos imaginar un Espíritu puro, un Ángel vestido de negro?

Segunda pregunta: ¿La joven se sonroja en la oscuridad?

A estas dos preguntas podría añadirse una tercera que tal vez contenga parte de la respuesta a las otras dos: ¿Por qué con frecuencia vemos a la joven viuda prolongar el tiempo de luto más allá de lo que exigen las conveniencias?

Página 70.

Línea 4. un análisis etc.

El uso que, en relación al Cristo Transfigurado de Rafael hemos hecho de la nota 78 (véase) hace necesario un cambio en el texto a fin de que este intercalado y fusión de observaciones altamente interesantes y favorables a mi principio no las presente como enfrentadas. Así pues, por el momento dejamos el texto tal como está, sin realizar cambio o corrección alguna. En cuanto a la figura de Cristo del viejo maestro, el tipo de Cristo transfigurado de Rafael, quizá será suficiente su mención, sin necesidad de reproducirlo. Quisiéramos creer que se nuestra palabra al respecto bastará.

Página 72.

Línea 19.¿Quién será el artista etc?

Para un Jesús que la Pintura no nos ha ofrecido todavía y que es del que se trata aquí, osamos remitir a la escena d nuestro Ensayo dramático, donde ese Jesús se presenta ofreciendo el cáliz a su discípulo amado, bebe de esta copa, Amigo, etc. Véase este verso, así como los anteriores y posteriores en las páginas 61-68 la edición in 4º. Leyde 1815.

Página 73.

Línea 5, a lo largo de una vertical.

Nuestra explicación: A lo largo de una vertical que será siempre el eje de la causa de la impresión que se persigue, puesto que todo debe hacer referencia a esa causa, sea cual sea la forma en que se presenta ante los ojos, siempre y cuando sea inteligible de manera incondicional y altamente elocuente.

Página 74.

Estos tres ángeles que vuelan en torno a la Cruz proceden de un único gran cuadro representando el Calvario, pero no ocupan en el mismo la misma posición. Pese a estar más alejados de la Cruz, no por ello dejan de expresar esos mismo grados de dolor que yo reconozco en ellos.

He creído así poder concentrar la idea del pintor para acomodarla mejor al tema que me ocupa. En cualquier caso el presente grabado no responde aún completamente al objetivo, puesto que le falta el carácter individual del original y en la nueva Edición se incluirá un nuevo grabado. Véase la nota 83.

Página 80.

Línea 2. Cuando vi esta figura por primera vez etc.

Fue en 1789 cuando, durante una visita a la Toscana en compañía de Sir William Young Ottley, esa bella figura de un Ángel me conmovió por primera vez y la dibujé, primero sola y en grande para mi, y después en pequeño, con el otro Ángel en pie detrás y el Cristo y la Virgen por encima. La obra del mismo Ottley (Series of Plates etc. London, 1826. fol) incluye el grabado de este último dibujo entre otros que también llevan mi nombre , simplemente escrito como David Humbert. Al haber perdido, por causa de los acontecimientos que tuvieran lugar en aquella época, todos mis estudios realizados en Italia, en el momento de publicación de mi Ensayo, en el que estaba absolutamente decidido a hablar de esta figura de Ángel y reproducir una imagen del mismo no me quedaba otro recurso, al menos en aquel momento, que recurrir a la copia de Lasinio, desgraciadamente demasiado pequeña, en las pinturas de éste en el Camposanto de Pisa.

Este es el motivo de la ausencia del verdadero carácter del original. Con posterioridad, he tenido ocasión de hacer una copia exacta en cobre, a partir de la cual se ejecutará una en madera, destinada a la nueva Edición.

Véanse las notas 71 y 68.

Página 80.

Suprímase el dibujo del Águila.

Página 81.

(El cuadro sinóptico sinóptico al que hace referencia esta nota no aparece en la edición de 1827 que se ha utilizado, N del E)

La inclusión del nombre de Alberto Durero debe tomarse con cierta precaución. Este gran hombre era un dibujante demasiado hábil como para no haber caído a menudo en el materialismo de su arte. Remitimos a la sección razonada y crítica de nuestro Catálogo de grabados del Gabinete de Leyde (Clase III, Letra B, Nº2) donde se compara a Durero con sus antecesores y con algunos otros artistas de primer orden de su tiempo y posteriores.

Aquí termina la Revisión de este Texto, que permanece sin embargo imperfecto como consecuencia del aplazamiento de la publicación de los dos Artículos que, en su momento debían completar todo el Ensayo, tal y como se aprecia en la Advertencia de las páginas 87 y 88 y que convendría releer a estos efectos. En la nueva Edición proyectada, el Ensayo no terminará con estos dos Artículos que hemos asignado a otros fines, sino con una serie de observaciones redactadas en forma de Cuadros a los que ya hacíamos referencia en la página 85, y de los cuales se podrá tener una idea gracias al gran Cuadro sinóptico que acompaña a la presente revisión puesto que cada dato indicará el tema de uno de estos Cuadros o Capítulos. Así, al remitirnos simplemente a los tipos que cabe consultar o al presentarlos de una manera sencilla, abrimos un campo mucho más amplio para la inteligencia del Artista y de todos aquellos que se dedican a las Artes que si les ofreciéramos los resultados de la aplicación personal de los tipos y prototipos. Esto hubiera sido como pronunciar nuestra opinión en última instancia.

Estos dos Artículos serán publicados más adelante y por separado y serán lo que siempre debieron ser: algunas de las muchas respuestas que se pueden dar al llamamiento hecho a las tres Artes. En este caso se nos objetará que nuestras afirmaciones son demasiado absolutas, demasiado exclusivas y que al no admitir más que un orden de tipos y de elementos determinado, rechazan y limitan cualquier libertad de elección. Pero si se reflexiona sobre esta cuestión se observará que estos tipos sólo podrían ser aquellos que constituyen o representan el Principio, una vez admitidos de manera irrevocable; que por otra parte, en absoluto presentamos estos tipos como fin sino como medio; y que por tanto queda pendiente su modificación. Es cierto que esta modificación es la única libertad, aunque amplia y fecunda en bellos resultados, que concedemos al verdadero genio, a quien por otra parte no imponemos ninguna otra ley aparte de esta. Ley que además él mismo debería imponerse, y que consiste en no concebir ni engendrar nada que no tienda a entretener, a propagar y a simbolizar las únicas y verdaderas relaciones del hombre con sus semejantes y con su Dios. He aquí una feliz y sana obligación que asegura al Cultivador de las Artes un lugar honorable en la Sociedad y que le eleva incluso al rango de miembro indispensable.

Hagamos ahora referencia a las Notas y al Atlas que acompañan la edición actual de nuestro Ensayo.

En primer lugar decir que el Atlas queda completamente suprimido a efectos de una nueva Edición. Los grabados en madera incluidos en el texto junto con otros que se incluirán en un Tercer libro deberían bastar y efectivamente, bastarán. Con excepción de la gran Lámina coloreada Nº 1, que representa el Principio, todas las demás descritas en las páginas 35 y 36 de las notas, pueden considerarse como suprimidas de este ensayo; de hecho, las denominadas A, B, C ya en un principio, formaban parte indirecta del mismo, así como el Apéndice al que completaban.

Con respecto a las notas, si bien es cierto que una Obra de la naturaleza de nuestro Ensayo no debería necesitarlas y que además, ninguna de las que hemos incluido puede ser considerada como absolutamente indispensable para la comprensión del texto, entendemos que, en caso de eliminarlas todas estaríamos privando al lector de algo que, legítimamente, le incumbe. En primer lugar, al menos treinta de ellas representan fuentes de autoridad, y el lector podría estar interesado en consultarlas inmediatamente. Considero justo ahorrarle la molestia y el tiempo de búsqueda, y quizás, para más comodidad, situaremos este primer tipo de Notas a pie de página del texto al que hacen referencia, aunque claramente abreviadas. En segundo lugar, hay unas veinte notas que aunque resulten aparentemente ajenas al tema, están siempre relacionadas con el mismo en algún punto y pueden constituir nuevos apéndices del ensayo en la misma línea que el relativo a La vestimenta del Hombre, etc. (páginas 31 a 34 Artículo Adicional) y que despertarán siempre interés a menudo fructífero. Se conservarán por tanto ambas clases.

Quedan por el contrario suprimidas, todas aquellas que o bien resulten inútiles o superfluas como consecuencia de alguna modificación o supresión en el texto original o bien hayan quedado incluidas dentro del texto, como ocurrió sobre todo en el Ejemplar corregido con respecto a un Tercer Libro añadido.

No creo que sea necesario señalar de ninguna manera especial las Notas pertenecientes a cada una de estas tres clases. Simplemente rogamos al lector que perdone algunos errores de imprenta y de correspondencia de algunas de las notas y sus números. Lo único que añadiremos en la presente revisión estará en relación con los seis Artículos que harán de Apéndices y de los cuales dos irán dedicados a cada uno de los tres Artes que constituyen el tema de nuestro Ensayo: la Arquitectura, la Estatuaria y la Pintura.

El primero de los Artículos dedicados a la Arquitectura se compondrá de Observaciones sobre el Pórtico de Hermópolis-magna en relación con la Construcción que nosotros hemos denominado política (véase el gran cuadro sinóptico). El segundo constará de Observaciones sobre la Iglesia de san Pancracio de Leyde para estudiar algunos elementos de lo que nosotros hemos llamado Construcción religiosa (véase el cuadro mencionado). Para ello utilizaremos las Notas 22, 26, 28, 32 y 95 así como sus remisiones y citas, y en relación con nuestra investigación sobre la más antigua Arquitectura así como la de la Edad Media, necesitaremos todo cuanto pueda servir para determinar y establecer, cada vez más, la gran línea divisoria entre las dos clases de Construcción ya mencionadas, es decir, la política y la religiosa.

La Estatuaria es el segundo Arte al que cabe dedicar dos Artículos suplementarios y como tal, tendrá los suyos. El primero tratará sobre las Figuras tan curiosas y notables de la Isla de Pascua y el segundo sobre las proporciones de la Figura egipcia. En este sentido utilizaremos las Notas 37, 39, 43 y 46. Las dos primeras están relacionadas con nuestro tema y constituyen un argumento tan sólido a favor de nuestra hipótesis sobre un primer uso de la Estatuaria que nos hemos propuesto darles la extensión que el interés de esta cuestión requiera. Ofreceremos asimismo una de estas Figuras de la Isla de Pascua con sus medidas tal y como nos las proporciona l´Atlas du voyage de Lapeyrousse sin olvidar (para satisfacer la curiosidad del lector) lo que, sobre el primero de estos monumentos se dijo en la Rélation authentique de l´ Almiral Roggeven, que fue al fin hallada y publicada en Zelanda entre 1836 y 1838. Investigaremos además, en todo cuanto interese y reafirme nuestra hipótesis, si efectivamente, las palabras duelo y simulacro, aparentemente derivadas en hebreo de una misma raíz, pueden explicarse una por otra en sus respectivas relaciones respecto de un culto primitivo a los muertos, tal y como defendía el célebre Selden al hablar del origen de la idolatría.

La nota 46 dedicada al Canon o reglas de las proporciones de la figura egipcia se presenta como un todo completo. Trataremos sin embargo de conseguir las medidas que aún faltan en el pequeño cuadro sinóptico comparativo de los tres Colosos más célebres, En cuanto a la denominación, hay que interpretar siempre sus nombres como apelativos. El Coloso denominado de Ipsambul o mejor, de Abu Simbel, es uno de los Colosos situados delante del famoso templo que lleva el mismo nombre y del que fueron tomadas las medidas. Véanse las Notas 96 y 97.

Las Notas relativas a la Pintura son las que corresponden a los números 65, 70, 71 y 75 que inspirarán en gran parte los dos Artículos adicionales dedicados a este Arte. El Artículo realtivo a la Pintura sobre vidrio será una ampliación de la Nota 75 a la que añadiremos varias observaciones sobre la Pintura al fresco: éstos serán los dos únicos procedimientos admisibles de ahora en adelante. En el Artículo realtivo al Origen de la Pintura, que será anterior, estudiaremos sobre todo la escritura simbólica en su relación con los signos cromáticos. Comprobaremos como, desde el nacimiento de la humanidad, por así decirlo, debió de existir un simbolismo de los colores que, aunque inocente y puro en su origen, degeneró pronto como elemento de un lenguaje de sacerdotes y así, a partir de los dogmas que simbolizaron el paganismo hasta aquellos que simbolizaron el cristianismo, ambos incluidos, cada vez que han aparecido los colores, del blanco al negro, éstos han resultado tan ininteligibles y contradictorios como los propios dogmas y esto, por la sencilla razón de que "el simbolismo de los colores, al nacer del sentimiento y en consecuencia ser su expresión absolutamente instintiva, no podía por tanto expresar al mismo tiempo aquello que a menudo tendía a combatir y someter tal sentimiento".

En una pequeña memoria presentada ante la Tercera Clase del Instituto Real de los Países Bajos que tenía como objetivo una interpretación más satisfactoria que las propuestas hasta aquel momento de las doce piedras que decoraban el Efod del sumo sacerdote de los judíos, analizábamos este simbolismo de los colores en su aplicación a algún sistema astronómico con el que sin duda estaba relacionado este Efod, como amuleto o cuadro, por el color y las propiedades de las piedras, las apariencias y las influencias celestes, la sucesión de las estaciones, de las horas y partes del día, etc. Por lo demás nos tomamos la libertad de recomendar esta memoria a la atención de los sabios. En nuestra opinión, los sonidos y los signos radicales de un lenguaje primitivo cualquiera se formaron en gran parte bajo la impresión de una naturaleza completamente cromática.

(12)

Antes de adentrarse en el *Cuadro Sinóptico* que sigue a la presente Revisión, sería conveniente releer el Capítulo *Llamamiento* que inaugura el Libro Tercero, así como la *Advertencia* que le sigue, es decir las páginas 73 a 78 de la versión anterior, y a continuación, una vez que se estudie el *Cuadro*, quizás agradezcan ustedes el haber podido consultar *los monumentos, libros y pasajes de autores, antiguos y modernos*, a los cuales se refieren los distintos datos, y con este fin, les ofrezco la siguiente lista::

Con respecto a la construcción política consúltese:

Dato 1. Todo el Libro Primero del Ensayo que remite al estudio del Hombre y al de la Naturaleza y las Ciencias físicas y matemáticas.

Dato 2. *Pausan.* II. 25. *Strabon* XVIII. *Dodwell, Cyclopean and Pelasgic remains etc.* así como todas las principales obras sobre los monumentos de la India, Egipto, etc.

Dato 3. *Description de l'Egypte, Tom.* IV. p. 409 *y siguientes. Atlas pl.* 52 y 53. *Prov.* IX.I.

Dato 4. *Heródoto* VII. 200, VIII. 52. *Xenofón memor.* III.5. *Pausan.* I. 2. X.8. *Vitruv.* II.I.

Homero Iliada XVIII. 503, 504. *Odisea* III. 405 *y siguientes. Prov.* VIII. 14,15,16.

Polybe VI, VIII y IX, *y la nota* 130 *de Larcher sobre la Talía de Herodoto*}83.

Memoire de l´Academie des belles lettres, Tomo III. p. 191. *Tom.* IV. p. 198.

Dato 5. *Heródoto* II. 86. *Séneca Epit.* 64. *Multum egerunt etc. Sapience* XIV. 14 *y siguientes. Selden de Diis Syris.* pág 42.

Con respecto a la construcción religiosa, consúltese:

Dato 1. Todo el Libro Primero del Ensayo que remite al estudio del Hombre y al de la Naturaleza y las Ciencias físicas y matemáticas.

Dato 2. Entre las maravillas de la Naturaleza, las denominadas *creaciones basálticas; los Picos de los Alpes y del Cáucaso,* etc.

Dato 3. *Homero Odisea* XIII. 109, *y siguientes. Porfirio de Antro Ninfas* XX- XXIII. *Entrada a la gran Pirámide. Philo Biblius, alud. Praep. Evang.*1.9

Dato 4. *Maravillas de la Naturaleza, cuevas célebres etc. Séneca Epit.* 41. *Si tibi occurrit etc.*

Dato 5. *El Espectáculo del firmamento y los fenómenos celestes.* Ps. XIX. (*vulg.* XVIII). *Eccl.* XLIII, 1, 12, 13. etc. La Poesía Sagrada de los Orientales: la de los grandes Poetas ; *Job, los Salmos, los Profetas, etc. Dante, Milton, etc.* Las Pinturas de la antigua escuela alemana e italiana de los siglos XIII y XIV. *S. Greg. Mang.* VIII.110. *El Apocalipsis*

(13)

CUADRO

COMO RESPUESTA PROVISIONAL

AL LLAMAMIENTO

(LIBRO TERCERO, PÁG. 73-76.)

(14)

CUADRO

DE LAS DIFERENCIAS Y DE LOS CONTRASTES QUE DEBEN PRESENTAR LAS PRODUCCIONES RESPECTIVA DE LAS RELACIONES DEL HOMBRE CON SUS SEMENJANTES, Y QUE, FIELES A SU ESENCIA Y A SUS MEDIOS, ESTAS MODIFICAR, EN EL LLAMAMIENTO QUE LES HARÁ

UNO POLÍTICO

CONSTRUCCIÓN,
que simboliza las relaciones sociales del hombre.

I.
Elementos prototipo.

El rostro humano (el del hombre) en estado de calma absoluta. Las líneas y las direcciones horizontales. El paralelogramo y el paralelepípedo rectángulos, sus bases (en los lados largos) paralelos al plano horizontal. El color blanco calcáreo.

II.
Aspecto general.

Gran e imponente masa en extensión alargada. Amontonamiento de enormes bloques de piedra viva que testimonian ostensiblemente la fuerza y los esfuerzos del hombre en pos de un objetivo común. Aplicación y modificación de las construcciones conocidas como ciclópeas o pelásgicas, a través del sistema egipcio.

III.
Entrada única.

Pórtico en columnata, flanqueada por dos largas antas o macizos alineados, encarados hacia el sur. Expresión y símbolo de la cosa pública, y de su apoyo en la columna, repetida diez veces a la luz del día. La columna del pórtico de Hermópolis magna, en el alto Egipto, será el tipo para el conjunto cilíndrico y las grandes proporciones.

IV.
Interior.

Vasto recinto, arena o patio interior paralelogramo con avenida sobre la línea del eje en profundidad, atravesando los largos lados. Su tipo es todo espacio que los Antiguos rodeaban de paredes construidas con grandes bloques de rocas, para celebrar, al aire libre, sus asambleas públicas, sentados sobre los escalones o piedras pulidas, dispuestas en circunferencia.

V.
Complemento de los signos mediante la Estatuaria.

Serie de imágenes-retrato de maestros y bienhechores del género humano que simbolizan bajo la forma de Hermes-coloso las divinidades tutelares del lugar, ocupando el centro. Culto legítimo a los muertos restablecido por la Estatuaria que debe su origen y su prototipo a la primera momia, situada de pie contra el muro.

De estos datos obtenemos

EL EDIFICIO POLÍTICO,

Nuevo Areópago, de donde saldrán los oráculos, que regularán los derechos y los deberes de los pueblos y de los reyes, y que lleva por inscripción:

Obediencia a la ley

SINÓPTICO

DE LA ARQUITECTURA, DE LA ESTATUARIA Y DE LA PINTURA, COMO EXPRESIÓN
DE SUS RELACIONES CON DIOS, QUE REMITEN A LOS TIPOS Y PROTOTIPOS,
TRES ARTES DEBEN INTERROGAR, CONSULTAR, ADOPTAR O
CONCURRIR A ELEVAR Y A ADORNAR DOS EDIFICIOS,

Y EL OTRO RELIGIOSO.

CONSTRUCCIÓN,

Que simboliza las relaciones individuales del hombre.

I.
Elementos prototipo.

El rostro humano (el de la mujer) en estado de contemplación celeste. Las líneas y las direcciones convergentes-ascendentes. El triángulo isósceles y la pirámide de plano regular y lados iguales, las bases paralelas al plano horizontal. El color pizarra-pálido.

II.
Aspecto general.

Conjunto piramidal que se eleva de la tierra como por erupción de prismas y haces Basálticos, retirados los unos de los otros, para formar una aguja truncada en la cima. No hay ningún indicio de cimientos o de trabajos humanos interrumpidos o retomados. Concepción realizada por el pensamiento acompañada de un símbolo adecuado, ofrecido por la naturaleza.

III.
Entrada única.

Hueco o vano en punto medio y en molduras entrantes, formando un estrecho pasaje a través de la pared que mira hacia el Norte. Orientación recomendada por el sentimiento, y al que los primeros hombres habían asignado en la entrada de sus criptas o tumbas, transformados desde entonces en santuarios y moradas de la divinidad.

IV.
Interior.

En el centro, inmensa bóveda o arcada ojival en punto de arranque, formando continuidad con los pies rectos en haz, para desarrollarse juntos a continuación, a lo largo de las aristas y sobre las superficies abovedadas, en tallos y en follajes calados y recortados. Expresión mixta de la elocuencia de los bosques y de la de la espaciosa caverna que tapiza una antigua vegetación petrificada.

V.
Complemento de los signos mediante la Pintura.

Grandes frescos sobre las paredes interiores, y vidrieras pintadas orientadas hacia el sur y que ofrece, en colores lisos, puros y brillantes, las iniciales de una elevada palabra intelectual, que tan sólo podrá leerse en su totalidad, más allá de la tumba. Llamamiento a la Pintura en su esencia primigenia e ideográfica.

De estos datos obtenemos

EL EDIFICIO RELIGIOSO

Trofeo de la Esperanza llena de inmortalidad, que se eleva del centro de un vasto campo de sepultura, y que lleva por inscripción:

Victoria sobre el mundo

www.ingramcontent.com/pod-product-compliance
Lightning Source LLC
Chambersburg PA
CBHW081420230426
43668CB00016B/2297